WERNER SASSE JUNG-HEE AN

DER MOND GESPIEGELT IN TAUSEND FLÜSSEN

Das Leben des Buddha Gautama

in Verse gesetzt im Jahre 1447 von

König Sejong

·웛月
·힌印
쳔千
강江
지之
·콕曲
·쌍上

SOHAKSA VERLAG

Die Übersetzung wurde gefördert von der Daesan Foundation, Seoul/Korea

SASSE, Werner / An, Jung-Hee

DER MOND GESPIEGELT IN TAUSEND FLÜSSEN
Das Leben des Buddha Gautama- in Verse gesetzt im
Jahre 1447 von König Sejong -
1. Auflg.: Seoul/Korea: Sohaksa Verlag 2002
10-1 NAMYOUNG-DONG, YONGSAN-KU, SEOUL, KOREA 140-160
TEL : (02) 796-7600~1, 796-7655 FAX : (02) 796-8700

ISBN 89-7191-212-X   13740

DER MOND GESPIEGELT IN TAUSEND FLÜSSEN

Das Leben des Buddha Gautama

in Verse gesetzt im Jahre 1447 von

König Sejong

Vorwort

Die Biographie des Buddha Gautama in Versen, *Wŏl-in-ch'ŏn'gang-chi-kok* ("Das Lied vom Mond gespiegelt in tausend Flüssen"), wurde von König Sejong (r. 1418-50), dem vierten König der koreanischen Yi-Dynastie (1392-1905/10), auch "Sejong der Große" genannt, persönlich verfaßt.

"Sejong wurde zum Schreiben dieses poetischen Zyklusses angeregt durch den Tod seiner geliebten Königin, Sohyŏn, im 3. Monat des Mondkalenders 1446. In der Überzeugung, daß fromme Werke, wie die Veröffentlichung buddhistischer Bücher, das wirksamste Mittel seien, ihr ein gutes Leben nach dem Tode zu sichern, befahl er seinem zweiten Sohn, Prinz Suyang, dem späteren König Sejo (r. 1455-88), eine Biographie des Sakyamuni zu verfassen. Mit Hilfe verehrter Mönche und im Buddhismus bewanderter Gelehrten-Bürokraten vollendete der Prinz das 24-bändige *Sŏkpo sangjŏl (Episoden aus dem Leben des Buddha),* welches dieser im siebten Monat des Jahres 1447 Sejong überreichte. Der König war beim Lesen der Biographie des Buddha derart bewegt, daß er sich sofort daran setzte, das *Wŏl-in-ch'ŏn'gang-chi-kok* zu schreiben. Man glaubt daher, daß beide Hymnen zusammen im Jahre 1447 veröffentlicht wurden"[1]

Ursprünglich umfasste das Werk 580 Doppelzeilen in drei Bänden und wurde bei Hofbanketten gesungen. Von diesen 580 Doppelzeilen sind die meisten heute verlorengegangen, aber 1961 wurde Band 1 vollständig aufgefunden, und dieser erste Band wird hiermit erstmals in einer westlichen Sprache zugänglich gemacht.

*

Die Autoren, die die Eindeutschung dieses Textes aus dem 15. Jh. vorlegen, tun dies mit sehr gemischten Gefühlen und wohl wissend, daß der entstandene Text ein Kompromiß ist, der zu Mißverständnissen und Unmut

---

[1] An Pyŏng-Hŭi 安秉禧 *Wŏl-in-ch'ŏn'gang-chi-kok-haeje* 月印千江之曲解題, Seoul: 1992, p. 85 (Übers. Verf.)

geradezu herausfordert. Gemessen an literarischen Texten in deutscher Sprache ist der Stil ein ungemein holpriger, und gemessen am koreanischen Original hat der eingedeutschte Text sehr an Lebendigkeit und Wärme verloren.

Und doch schien dieser Kompromiß im Lichte des angestrebten Zieles unumgänglich gewesen zu sein, denn das Ziel war nicht eine Übersetzung, die das Werk in seiner literarischen Größe versucht, ins Deutsche zu übertragen. Vielmehr ging es vor allem zunächst darum, den Studenten der Koreanistik das Einlesen in Texte in der koreanischen Sprache des 15. Jh. zu erleichtern, und zwar anhand eines grammatisch und inhaltlich vollständig bearbeiteten Werkes. Die Übersetzung hält sich daher so nah an die Struktur der koreanischen Sprache und die Zeilenstruktur des Originals, wie es eben im Deutschen möglich ist, und nimmt auch ungeschickte Wendungen in Kauf, um das koreanische Original auf Deutsch nachzubilden.

Der Übersetzung ist ein Vokabelteil mit einer Morphemanalyse beigegeben. Sie sollen das parallele Lesen des mittelkoreanischen Textes und der Übersetzung erleichtern und in die vor 550 Jahren geschriebene Sprache einführen. Im Vokabelteil und in Anmerkungen wurde auch versucht, bei aller gebotenen Kürze den Hintergrund und den Zusammenhang buddhistischer Inhalte zu erhellen.

Wir hoffen, daß der Leser mit Hilfe unserer Übersetzung und des Vokabelteils beginnt zu ahnen, welch literarisch schöner Text zugrunde liegt, und daß er hierdurch Spaß daran bekommt, sich mit vormoderner koreanischer Literatur intensiver zu beschäftigen.

*

Die Übersetzung wurde gefördert von der Daesan Foundation, Seoul / Korea, der wir hiermit herzlich danken, auch für die Geduld, nachdem wir den vorgegebenen Zeitrahmen weit überschritten hatten.

Ein ganz besonderer Dank gilt dem Freund und Verleger, Herrn Suhl Young Whan, und dem Verlag Sohaksa · Sapientia, Seoul/Korea, für das Wagnis, dieses Buch zu verlegen, und dort auch Herrn Direktor Lee Keun San für die mühsame gestalterische Arbeit und geduldige Betreuung.

Die Autoren danken darüberhinaus Herrn Dr. Jörg Plassen, Ruhr-Universität Bochum/Deutschland, der freundlicherweise die buddhologischen Angaben überprüft hat. Auch Herrn Allard M. Olof, M.A., Universität Leiden/ Niederlande, gilt unser Dank, der seine bisher unveröffentlichten Manuskripte einer Übersetzung ins Englische zur Verfügung gestellt hat. Alle Ihrer Anregungen haben uns sehr geholfen.

Dr. An Jung-Hee   Dr. Werner Sasse

INHALT

Vorwort V

DER MOND GESPIEGELT IN TAUSEND FLÜSSEN 1

VOKABELN UND MORPHEMANALYSE 197

Bibliographie 466

ANHANG I :   Eigennamen, Ortsnamen und spezielles
                     sino-koreanisches Vokabular. 1

ANHANG II: Grammatische Morpheme und Endungen. 11

·웛月 ·힌印 쳔千 강江 지之 ·콕曲 ·썅上

끠其·휭一

외巍외巍 ·석釋가迦·뿛佛
무無량量무無변邊 공功·득德·을
·겁劫·겁劫·에 어·느 :다 술·볼·리

Nr. 1

Erhaben! Erhaben! Des *Śākya*-Buddha
    unermessliche, grenzenlose Verdienste und Tugenden,
        in Äonen und Äonen, wie könnte man sie sämtlich berichten?!

|끠其·ㅅ二|

·셰世존尊ㅅ :일 솔·보리·니
 ·먼萬:리里 ·외外ㅅ :일·이시·나
  눈·에 ·보논·가 너·기ᅀᆞᆸ·쇼·셔

·셰世존尊ㅅ :말 솔·보리·니
 쳔千·지載 ·쌍上ㅅ :말·이시·나
  귀·예 듣·논·가 너·기ᅀᆞᆸ·쇼·셔

Nr. 2

So hört! Die Taten des Von-aller-Welt-Verehrt werde ich berichten
   mehr als zehntausend Meilen entfernte Taten zwar,
      stellt Euch aber vor, Ihr sähet sie im Auge.

So hört! Die Worte des Von-aller-Welt-Verehrt werde ich berichten
   mehr als tausend Jahre zurückliegende Worte zwar,
      stellt Euch aber vor, Ihr hörtet sie im Ohr.

| 끠其삼三 |

하阿숭僧끠祇　젼前·셰世　·겁劫·에
　:님·금　·위位ㄹ　ᄇ·리·샤
　　졍精·샤舍·애　안·잿·더시·니

:오五·빅百　젼前·셰世　뭔怨쓯讐ㅣ
　나·랏　:쳔　일버·ᅀᅡ
　　졍精·샤舍·룰　:디·나·아가·니

Nr. 3

In einem *Kalpa Asaṃkheya* zurückliegender Welten
　verzichtete Kleiner-*Gautama* auf den Königsthron
　　und ließ sich in einer Eremitage nieder

Fünfhundert Feinde aus zurückliegenden Welten
　stahlen das Vermögen des Landes
　　und zogen an der Eremitage vorbei

In einer Zeit noch vor unserer Welt trat ein Kronprinz den ihm zustehenden Thron an seinen jüngeren Bruder ab und zog sich in einen Zuckerrohrwald zurück, um von dem dort lebenden Brahmanen *Gautama* (瞿曇) zu lernen. Sie tauschten die Kleider und er wurde „Kleiner-*Gautama* 小瞿曇" und sein Meister „Großer-*Gautama* 大瞿曇" genannt. Zu der Zeit stahlen fünfhundert Feinde des Kleiner-*Gautama* aus seinen früheren Verkörperungen den Staatsschatz und flohen, wobei sie an der Eremitage vorbeikamen.

끠其·ᄉ四

형兄:님·을   모·롤·씨
  ·발자·칄   바·다 남·기   :쎄·여
    ·셩性·명命·을   ᄆᆞᄎᆞ·시·니

:쭈子·식息 :업·스실·씨
  몸·앳   ·필 뫼·화 그·르·세 담·아
    남男:녀女·를   :내·ᄉᆞᆯ·니

Nr. 4

Der König erkennt den älteren Bruder nicht,
  nimmt die Spuren auf, spießt ihn an einen Baum und
    macht dessen Leben ein Ende

Da Kleiner-*Gautama* keine Nachkommen hat,
  sammelt Großer-*Gautama* dessen Körpers Blut, füllt es in Schalen und
    bringt so einen Mann und eine Frau hervor

Als der König, der jüngere Bruder, bei der Verfolgung an der Eremitage vorbeikam, glaubte er in Kleiner-*Gautama* einen der Räuber als Eremit verkleidet vor sich zu haben und tötete ihn. Weder Kleiner-*Gautama* noch sein jüngerer Bruder aber hatten Nachfahren. Daher sammelte Großer-*Gautama* das Blut des Getöteten in zwei Schalen, die er links und rechts des toten Kleiner-*Gautama* stellte. Nach 10 Monaten verwandelte sich das Blut in den beiden Schalen in einen Mann und eine Frau, die Stammeltern der *Gautama*, auch genannt *Ikṣavāku* (Zuckerrohr 甘蔗).

꾀其:오五

:어·엿브·신 ·명命즁終·에
　감甘·쟈蔗:씨氏 :니·ᄉ샤·ᄆᆞᆯ
　　·때大꾸瞿땀曇·이 　일·우·니이·다

·아·독ᄒᆞᆫ 　:흥後·셰世·예
　·셕釋가迦·뿛佛 ᄃᆞ외·싫 ·ᄃᆞᆯ
　　:포普광光·뿛佛·이 니ᄅᆞ·시·니이·다

Nr. 5

So hört! Daß aus dem traurigen Lebensende
　das Zuckerrohr-Geschlecht entstammt,
　　erreicht Großer-*Gautama*

So hört! Daß er in einer fernen Zukunft
　der *Śākya*-Buddha werden würde,
　　spricht der Buddha „Überall-hindringender-Glanz"

Die erste Zeile bezieht sich auf die Gründung des Clans der *Gautama* aus dem Blut des Kleiner-*Gautama*.
Die zweite Zeile leitet dagegen die nachfolgende Erzählung ein. Einer der Nachfahren war der Brahmane Gut-in-der-Weisheit 善慧, Sk. *Sumeda*, dem vom Buddha „Überall-hindringender-Glanz" 普光佛, Sk. *Dīpaṃkara*, geweissagt wird, er werde in einer späteren Verkörperung ein Buddha.

5

끠其·륙六

·외外:똥道신人 :오五·빅百·이
　:썬善·휑慧ㅅ ·득德 닙스·바
　　:떼弟:즈子ㅣ 드외·야 은銀:돈·올
　　받즈·ᄫᆞ·니

·매賣화花:녀女 구俱이夷
　:썬善·휑慧ㅅ ·ᄠᅳᆮ :아ᅀᆞ·바
　　부夫체妻 ·원願·으·로 고·졸
　　받즈·ᄫᆞ시·니

Nr. 6

Fünfhundert Andersgläubige
　empfangen die Wohltaten des Gut-in-der-Weisheit,
　　werden seine Schüler und opfern Silbergeld

Das Blumenmädchen *Gopikā*
　erkennt den Willen des Gut-in-der-Weisheit,
　　und in dem Wunsch, die Frau des Mannes zu werden, opfert sie
　　die Blumen

Sumedha hatte fünfhundert Anhänger gewonnen, die ihm Geld gaben, mit dem er fünf Blumen kaufen wollte, um sie dem Buddha Überall-hindringender-Glanz zu opfern. Das Blumenmädchen *Gopikā* (俱夷) erkannte die hehre Absicht und schenkte ihm alle ihre 7 Blumen gegen ein Heiratsversprechen, gültig für alle Inkarnationen.

끠其·칧七

다·ᄉᆞᆺ 곶 :두 고·지
　쿵空듕中·에　머·믈어·늘
　　텬天룡龍 밣八:뿡部ㅣ　·잔讚·탄嘆
　·ᄒᆞᅀᆞᆸ·니

·옷·과 마·리·롤
　·로路듕中·에　·펴·아시·ᄂᆞᆯ
　　:포普광光·뿛佛·이　·쑈　·슝授·긔記
　·ᄒᆞ시·니

Nr. 7

Fünf Blumen und zwei Blumen
　schweben in der Luft und
　　die Acht Klassen der Himmlischen Wesen und Drachen lobpreisen
　　dies.

Gut-in-der-Weisheit breitet seine Kleider und Haare
　auf dem Weg aus und
　　der Buddha Überall-hindringender-Glanz macht eine Prophezeiung.

Sumedha wirft fünf Blumen in die Luft, wo sie schwebend stehen bleiben, wie auch die zwei weiteren hinterhergeworfenen. Daran erkennen die himmlischen Wesen den zukünftigen Buddha.
Als er hört, daß der Buddha Überall-hindringender-Glanz auf Erden weile und man die Straße, die er kommen soll, reinigt, schließt *Sumedha* sich der Arbeit an. Der Buddha Überall-hindringender-Glanz kommt aber schneller, als *Sumedha* mit der Arbeit fertig ist, da löst er sein Haupthaar, wirft sich auf den Boden und bereitet mit seinem Haar und seinen Kleidern einen sauberen Weg. Der Buddha Überall-hindringender-Glanz prophezeit ihm, ein Buddha zu werden.

| 끠其·밣八 |

닐·굽 고·줄 힌因·ᄒ·야
 ·신信·쎼誓 기프·실·씨
  ·셰世·셰世·예 쳬妻·권眷·이 ᄃ외·시·니

다·ᄉᆞᆺ ·ᄭᅮᆷ·을 힌因·ᄒ·야
 ·슝授·긔記 볼ᄀ·실·씨
  금今·싏日·에 ·셰世존尊·이 ᄃ외·시·니

Nr. 8

Aufgrund der sieben Blumen
   ist das Ehe-Gelöbnis tief und deshalb
      wird *Gopikā* Generation für Generation Ehefrau des
      Gut-in-der-Weisheit

Aufgrund der fünf Träume
   wird die Prophezeihung klar und so
      wird Gut-in-der-Weisheit in unserer Zeit der
      Von-aller-Welt-Verehrt

Das Eheversprechen ist besiegelt dadurch, daß *Gopikā* dem *Sumedha* das Blumenopfer zur Verfügung gestellt hat. Dieses Versprechen gilt für alle Inkarnationen und auch in derjenigen, in der sie die Frau des Buddha unserer Zeit wird.
Gut-in-der-Weisheit hat fünf Träume, die er den Buddha Überall-hindringender-Glanz zu deuten bittet; alle fünf Träume sind Vorzeichen der prophezeiten Buddhaschaft.

끠其:굽九

명名현賢·겹劫·이 :옗·제
:훙後ㅅ   :일·올 :뵈·요리·라
  ·즳一쳔千 쳥靑련蓮·이 도·다 폣더·니

·ᄉᆞ四쎤禪텬天·이 보·고
:디·나건 :일·로 :혜·야
  ·즳一쳔千 ·셰世존尊·이 ·나싫 ·둘
:아·니

Nr. 9

Als das *Kalpa* der Namhaften und Tüchtigen begann:
  um spätere Ereignisse anzuzeigen
    stiegen eintausend blaue Lotus empor und blühten

Die vier Groß-Himmel sehen dies und
  angesichts vergangener Ereignisse
    erkennen sie, daß eintausend Von-aller-Welt-Verehrte geboren werden

---

Das jetzige *Kalpa* wird "das der Namhaften [und zugleich] Tüchtigen" genannt, da in ihm 1000 Buddhas geboren werden, und an seinem Anbeginn steigen zum Zeichen 1000 Lotusblumen auf. Die Bewohner aller Vier-*dhyāna*-Himmel sehen dies und erkennen aus ihrer Kenntnis der Vergangenheit, daß ein 1000-Buddha-Äon begonnen hat.

| 끠其·씹十 |

·즁衆싱生·이 ᄃᆞ·톨·씨
ᅋᅧᆼ平:ᄃᆡᆼ等와ᇰ王·ᄋᆞᆯ :셰·ᅀᅮᄫᆞ·니
꾸瞿땀曇:씨氏 그 ·셔ᇰ性·이시·니

:겨지·비 하·라·ᄂᆞᆯ
니尼릉樓ㅣ ·나·가시·니
·셕釋가迦:씨氏 ·일로 ·나시·니

Nr. 10

Da alle Lebewesen im Streit liegen,
    wird Ausgleichender-König auf den Thron gehoben,
        Gautama, das ist sein Name

Da die Frauen im Zank liegen,
    verläßt *Nūpura* den Palast.
        Der *Śākya*-Clan entstammt diesem Geschehen

Im Urbeginn lebten alle Lebewesen in Eintracht und Zufriedenheit, aber allmählich kam Besitzdenken und damit Streit auf. Man mußte also einen Herrscher wählen und entschied sich für den „König des Ausgleichens 平等王", der ein *Gautama* war.

Ein Vorfahr des Buddha *Gautama*, König *Koma* 鼓摩, Sk. *Virūḍhaka*, hatte zwei Frauen. Die erste gebar einen Sohn mit bescheidenen geistigen Gaben (長生), die zweite 4 würdige Nachfolger, deren jüngster *Nūpura, Niru* 尼樓, hieß. Der ersten gelang es, ihrem Sohne die Herrschaft zu sichern und die vier Kinder der zweiten Frau vom Hofe zu vertreiben. *Nūpura* wird Stammvater der *Śākya* 釋迦.

끠其·씹十·휭一

:댱長싱生·인 ·붏不·슗肖홀·씨
 ·눔·이 ·나·아간·둘
  ·븩百·셩姓·둘·히 ·눔·올 :다 조·ᄎ·니

니尼룸樓·ᄂᆞᆫ 현賢홀·씨
 ·내 ·나·아간·둘
  아·바:님·이 :나·롤 ·올타 ·ᄒᆞ시·니

Nr. 11

Der Erstgeborene gleicht dem Vaters nicht, und daher:
　　als die Anderen fortgehen,
　　　　folgt das ganze Volk den Anderen.

Nūpura ist weise und [sagt] daher:
　　„Ich ziehe fort,
　　　　mein Vater aber erkennt mich als den Richtigen"

Der Erstgeborene war seinem Vater nicht gleichwertig und gleicherart würdig, und als die anderen Kinder, die edleren, den Hof verließen, folgte ihnen viel Volk. Später erkannte der Vater *Nūpura* als den Besseren und rief ihn vergeblich zurück.

┌─────────────────┐
│ 끠其·씹十·ᄼᅵ二 │
└─────────────────┘

:보補·쳐處ㅣ ᄃ외·샤
둏兜·숧率텬天·에   :겨·샤
 ·씹十방方·셰世·개界·예 ·법法·을
니ᄅ·더시·니

·셕釋:죵種·이 ·셩盛홀·씨
가迦이夷·귁國·에 ᄂ·리·샤
 ·씹十방方·셰世·개界·예 ·법法·을
:펴려·ᄒ시·니

Nr. 12

Gut-in-der-Weisheit wurde Nachfolger des vorangegangenen Buddha,
   verweilte im *Tuṣita*-Himmel und
      predigte in der Welt in allen räumlichen Richtungen das *Dharma*

Der *Śākya*-Clan ist mächtig, und deshalb
   steigt Gut-in-der-Weisheit in dessen Land *Kapila* herab,
      um in der Welt in allen räumlichen Richtungen das *Dharma* zu
         verbreiten

Sumedha bereitete sich im *Tuṣita*-Himmel als *Bodhisattva* auf sein letztes Erdenleben vor, indem er predigte. Er wählte das mächtige Land *Kapila* für seine Inkarnation, in dem König *Śuddhodana* aus dem reinen Geschlecht der *Śākya* und die jungfräuliche Königin *Māyā* regierten.

끠其·씹十삼三

:오五쉬衰:오五·쉯瑞·롤   :뵈·샤
염閻뿡浮뗴提　·나·시릴·씨
져諸텬天·이 :다 츠기 너·기·니

·법法똥幢·법法·휑會·롤   :셰·샤
텬天신人·이　모·드릴·씨
져諸텬天·이 :다 깃ᄉ·ᄫᆞ·니

Nr. 13

Daß die 5 Omen des Niedergangs und die 5 guten Omen sichtbar werden und er in *Jambu-Dvi* geboren werden wird,
　　empfinden alle Himmel als traurig

Daß er das Banner des *Dharmas* und *Dharma*-versammlungen begründen und die Himmelsgottheiten und Menschen versammeln wird,
　　erfreut alle Himmel

Da erschienen die fünf Zeichen des Niederganges und Todes, als da sind: unkontrollierter Ausfluß, die Blumen des Kopfschmuckes welken, die Achseln schwitzen, Gestank und Unruhe breiten sich aus, aber auch wunderbare Vorzeichen unf gute Omen deuten auf das Nahen der Geburt dessen, der ein Buddha werden wird. Die himmlischen Wesen bitten, er möge noch eine Weile bei ihnen bleiben, als er ihnen aber seine Taten auf Erden voraussagt, werden alle froh.

끠其·씹十·〻四

·붊沸셩星　도·ᄃᆞᆲ·제
·ᄢᅦᆨ白:썅象·올　·ᄐᆞ시·니
·ᄒᆡᆺ　광光명明·을　:ᄢᅦ시·니이·다

텬天·악樂·올　·즁奏커·늘
져諸텬天·이　조ᄍᆞ·ᄫᆞ·니
하·ᄂᆞᆳ 고·지 드·르·니이·다

Nr. 14

So hört! Als das Sternbild des *Puṣya* erscheint
   besteigt er einen weißen Elephanten
      und durchdringt der Sonne glänzende Helle

So hört! Sphärenmusik erklingt
   alle Himmel folgen ihm
      und Himmelsblumen sinken herab

Im Frühjahr, am Tage des mit dem Sternbild des Krebses in Konjunktion stehenden Vollmondes, steigt er auf die Erde nieder. Unter den Klängen von Sphärenmusik begleiten die Himmlischen Wesen ihn und streuen Blumen auf seinen Weg und das Lager der Königin.

끠其·씹十:오五

마摩야耶ㅅ ·ᄭᅮᆷ 안·해
　:울右·협脇으·로 ·드·르시·니
　　밧·긧 그르·메 륭瑠리璃·ᄀᆞᆮ·더시·니

·쪙淨·뻔飯·이 무·러시·ᄂᆞᆯ
　졈占쟈者ㅣ ·판判·ᄒᆞᆸ보·디
　　·셩聖ᄌᆞ子ㅣ ·나·샤 ·졍正·각覺
　　일·우시·리

Nr. 15

In *Māyās* Traum
　geht er durch ihre rechte Rippen ein
　　die äußere Hülle war wie Kristall

König Reine-Speise fragt
　und der Wahrsager deutet:
　　ein heiliger Sohn wird geboren und das Rechte Erwachen erlangen

---

Königin *Māyā* schaut im Traum einen Edelstein in ihre Leib eingehen. König *Śuddhodana* ("Reine-Speise") fragt seinen Wahrsager, was all dies zu bedeuten habe und bekommt zur Antwort, ein heiliger Sohn werde in seinem Hause geboren.

끠其·씹十·륙六

삼三쳔千·때大쳔千·이 불·ᄀ·며
　　　룡樓·뎐殿·이 :일어·늘
　　　　　안·좀 :걷뇨·매 ·어마:님 모·ᄅ시·니

져諸·뿛佛 뽀菩·ᇙ薩·이 ·오시·며
　　　텬天·과 :귀鬼·왜 듣:ᄌᆞᆸ거·늘
　　　　　·밤·과 ·낫·과 ·법法·을 니ᄅ·시·니

Nr. 16

Die Dreitausend-Abertausende erstrahlen, und
　　ein Edelsteingehäuse bildet sich
　　　　daher merkt die Mutter nichts von seinem Sitzen oder Strampeln

Alle Buddhas und *Bodhisattvas* kommen und
　　die Himmel und Dämonen lauschen ihm
　　　　und Tag und Nacht predigt er das *Dharma*

Ein so heller Glanz liegt über dem Geschehen, daß alle Gestirne und Sonne und Mond erblassen. Der Buddha sitzt in einer Edelsteinhülle und predigt den Himmlischen Wesen.

끠其·씹十·칧七

·날·둘·이 ·ᄎ거·늘
 ·어마:님·이 삐毗람藍원園·을
  보·라 ·가시·니

쌍祥·쉬瑞 ·하거·늘
 아·바:님·이 무無홉憂·슈樹·에
  ·쏘 ·가시·니

Nr. 17

Als Tag und Monat erfüllt sind,
   die Mutter den *Lumbinī*-Park
      zu sehen geht

Da die glücklichen Omen zahlreich sind,
   der Vater zum Ohne-Trauer-Baum
      sich auch begibt

Als die Zeit gekommen ist, begibt sich Königin *Māyā* in den *Lumbinī*-Park, wo sie unter einem *Aśoka*-Baum das Kind zur Welt bringen wird, und der König, verwundert über die vielen wunderbaren Zeichen, folgt ihr.

끠其·씹十·밣八

:본本리來   ·하신   ·긿吉·켱慶·에
   ·띠地·옥獄·도   :뷔·며
      ·뿅沸셩星·별·도   ᄂ·리·니이·다

:본本리來   볼·ᄀ   광光명明·에
   져諸·뿅佛·도   비·취시·며
      명明·웛月쥬珠·도   ·ᄃ·솔·니이·다

Nr. 18

So hört! Im von Anfang an vielerlei Glück
   leert sich die Hölle und
      auch das *Puṣya*-gestirn neigt sich

So hört! In der von Anfang an glänzenden Helle
   erstrahlen alle Buddhas
      und auch des hellen Mondes Perle steigt auf

Wieder steht der Vollmond im Zeichen des *Puṣya*, da durchdringen Glück und Glanz die Welt und selbst die Verdammten in der Hölle werden erlöst.

끠其·씹十:굼九

무無훟憂·슣樹ㅅ ·가지 굽거·늘
　·어마:님 자보·샤
　　:움右·협脇:딴誕싱生·이 ·ᄉ四·웛月
　　·밣八·싫日·이시·니

련蓮화花ㅅ 고·지 ·나거·늘
　·셰世존尊·이 드드·듸·샤
　　·ᄉ四방方·향向·ᄒᆞ·샤 즣周ᅘᅢᆼ行
　　·칧七·뽀步·ᄒᆞ시·니

·칧七 드드·듸·샤 련蓮
·뽀步 화花 자보·샤
·ᄒᆞ ㅅ ·싫日 ·몸
시 ·고 ·이 右
·니 ·지 시·협脇
　 ·나 ·니 ·딴誕
　 거 　 싱生
　 ·늘 　 ·이
　 ·셰世 　 ·ᄉ四
　 존尊 　 ·웛月
　 ·이 　

무無
훟憂
슣樹
ㅅ
·가
지
굽거
·늘
·어
마
님

Nr. 19

Der Zweig des Ohne-Trauer-Baumes beugt sich und
　die Mutter ergreift ihn,
　　die Geburt aus der rechten Seite ist am achten Tag des vierten Monats

Eine Lotusblume erwächst und
　der Von-aller-Welt-Verehrt betritt sie,
　　wendet sich nach den vier Richtungen hin und macht je sieben Schritte

---

Wie sie durch den Garten wandelt, neigt sich ein Zweig, den sie ergreift, und als sie so in anmutiger Haltung steht, verläßt der Buddha aus ihrer rechten Seite ihren Leib. Kaum hat er die Erde berührt, als ein Lotus aufsteigt, auf dem stehend er sich umschaut. Dann macht er sieben Schritte in jede Richtung.

| 끠其·싀二·씹十 |

:웅右:숑手:자左:숑手·로
 텬天·띠地 ᄀᆞᆯ·치·샤
  ᄒᆞ오·ᄉᆞ ·내 존尊·호라 ·ᄒᆞ시·니

흔溫:쉬水:링冷:쉬水·로
 :자左:웅右·에 ᄂᆞ·리·와
  :궁九룡龍·이 모·다 싯·기ᅀᆞ·ᄫᆞ·니

Nr. 20

Mit der rechten Hand und der linken Hand
 deutet er zum Himmel und zur Erde
  und sagt „Ich allein bin verehrenswürdig"

Warmes und kaltes Wasser
 links und rechts entspringen lassend
  versammeln sich neun Drachen und waschen ihn

Er deutet zum Himmel und zur Erde und spricht: „Ich bin der Erste in der Welt, ich bin der Größte in der Welt, dies ist meine letzte Geburt, enden werde ich das Leiden von Geburt, Alter und Tod." Die Schlangenkönige lassen zwei Wasserströme entspringen, einen warmen und einen kalten, und spenden dem Neugeborenen das erste Bad.

끠其·ᄭ二·씹十·힗一

삼三·개界 :쓩受:코苦ㅣ·라 ·ᄒᆞ·샤
　신仁쭝慈ㅣ 기프·실·ᄊᆡ
　　하·ᄂᆞᆯ·ᄯᅡ·히 ᄀᆞ·장 ·진震:똥動ᄒᆞ·니

삼三·개界 뼌便한安·케 ·호리·라
　·벓發·원願·이 기프·실·ᄊᆡ
　　·때大쳔千·셰世·개界 ᄀᆞ·장 볼·ᄀᆞ·니

Nr. 21

Er spricht „Die Drei Welten leiden unter Qualen"
　Da seine Menschlichkeit und Barmherzigkeit so tief sind,
　　erbeben mächtig der Himmel und die Erde.

„Ich werde die Drei Welten befrieden"
　Da sein Gelübte so tief ist,
　　erstrahlt die ganze Welt der Großen Himmel

Als er spricht, er werde das Leiden von Geburt, Alter und Tod enden, erbeben Himmel und Erde und alle Welten erstrahlen in tiefem Glanz

|끠其·ᄉᆡ二·씹十·ᄉᆡ二|

텬天룡龍 ·밣八:뿡部ㅣ ·큰 ·득德·을 ᄉᆞ랑·ᄒᆞᅀᆞ·ᄫᅡ
　　놀·애를 블·러
　　　　깃·거 ·ᄒᆞ더·니

마魔왕王 바波쑨旬·이 ·큰 ·득德·을 새·오ᅀᆞ·ᄫᅡ
　　앉·디:몯·ᄒᆞ·야
　　　　시·름 ·ᄒᆞ더·니

Nr. 22

Die Acht Klassen Himmlischer Wesen und Drachen, seine große Wirkkraft bedenkend,
　　sangen Hymnen
　　　　und freuten sich,

König *Māra Papiyas*, seine große Wirkkraft beneidend,
　　konnte nicht ruhig sitzen
　　　　und grämte sich.

Alle acht Klassen von Wesen, Gottheiten und Drachen und niedrigere Wesen, sahen seine Vollkommenheit und drückten ihre Freude in Hymnen und Musik aus. Nur der Höllenkönig *Māra Papiyas*, der Herrscher des sechsten Himmels in der Sphäre der Begierden und der Quelle aller irdischen Leiden, war verstört.

끠其·싀二·씹十삼三

:치婇:녀女ㅣ :기·베 :안수·바
·어마:님·긔 ·오·숩더·니
·때大씬神·둘·히 :뫼·시수·봉·니

쳥靑희衣 긔·별·을 술·바·눌
아·바·님 깃그·시·니
죵宗친親·둘·흘 드·려·가시·니

Nr. 23

Die Hofdamen nahmen ihn in Seide in den Arm und
   kamen zur Mutter;
      große Gottheiten begleiten ihn.

Da die Diener in blauen Kleidern die Nachricht überbringen
   ist der Vater erfreut
      und geht mit seinen Nächsten zum *Lumbini*-Park

Hofdamen kleiden das Kind in himmlische Seide und bringen ihn unter Begleitung großer Gottheiten der Mutter. Dem Vater wird die Kunde überbracht und er macht sich voll Freude auf mit seinem Hofstaat und allen Verwandten in den *Lumbini*-Park.

끠其·ㅅㅣ二·씹十·ㅅ四

뎌諸왕王·과 쳥靑의衣·와 :댱長:쟈者ㅣ
　아·들 나ㅎ·며
　　뎌諸·셕釋 아·들·도 ·쏘 나·니이·다

:썅象·과 ·쇼·와 양羊·과 ·궁宮마馬ㅣ
　삿·기 나ㅎ·며
　　:건騫·득特·이·도 ·쏘 나·니이·다

Nr. 24

So hört! Alle Könige, Diener in blauen Kleidern und Familienoberhäupter
　bringen Söhne zur Welt und
　　auch Söhne aller *Śākyas* werden geboren

So hört! Elephanten, Kühe, Schafe und Pferde
　bringen Junge zur Welt und
　　auch *Kaṇṭhaka* wird geboren

Alle *Śākyas*, Könige verschiedenster Länder, Diener und Kaufleute bringen Söhne zur Welt, Elephanten, Kühe, Schafe und Pferde bekommen Junge. Auch ein besonders weißes Pferd mit Edelsteinen in der Mähne wird zur Welt gebracht, das Roß *Kaṇṭhaka*, das den Buddha in der Nacht tragen wird, wenn er den Palast verlassen und in die Hauslosigkeit gehen wird..

끠其·ᄭᅵ二·씹十:오五

·뺌梵·지志·외外:똥道 ㅣ
　부텻　·득德·을　:아ᅀᆞ·바
　　·면萬·쉐歲·를　브르ᅀᆞ·ᄫᆞ·니

홍優땀曇·밣鉢라羅 ㅣ
　부텨　·나샤·몰　나·토·아
　　금金고·지　·퍼·디ᅀᆞ·ᄫᆞ·니

Nr. 25

Die falschgläubigen *Brahmacārin*
　erkennen die Wirkkraft des Buddha
　　und rufen Lobpreisungen

Die *Uḍumbara*
　zeigen die Geburt des Buddha an
　　und öffnen goldene Blüten

Freude und Wohlgefallen erfüllen alle Wesen, Kranke werden gesund, Berauschte nüchtern und Blinde sehend, Irre kommen zur Vernunft, und sogar die, die selbstherrlich dem *Brahma*-Himmel zu entstammen sich wähnen, brechen in Jubel aus. Die *Uḍumbara*-Feigenbäume, die nie blühen, es sei denn ein Buddha wird geboren, erblühen zum Zeichen in goldenem Schein.

끠其·싁二·씹十·륙六

쌍祥·쒸瑞·도 ·하시·며
　광光명明·도 ·하시·나
　　:ᄀᆞ :업·스실·씨 오·ᄂᆞᆯ :몯 :ᄉᆞᆲ·뇌

뎐天룡龍·도 :해 모·ᄃᆞ·며
　신人:귀鬼·도 하·나
　　·수數 :업슬·씨 오·ᄂᆞᆯ :몯 :ᄉᆞᆲ·뇌

Nr. 26

Der guten Omen waren viele,
　auch glänzende Helle war viel,
　　weil aber so grenzenlos, kann ich es heute nicht berichten

Himmlische Wesen und Drachen versammelten sich zahlreich,
　auch Menschen und Dämonen waren zahlreich,
　　weil aber so zahllos, kann ich es heute nicht berichten

끠其·싀二·씹十·칢七

쥼周턍昭왕王 가嘉·쒜瑞·롤
소蘇융由ㅣ 아·라 슬·바·눌
남南굉郊·애 :돌·흘 무드·시·니

·한漢명明·뎨帝ㅅ ·긿吉·몽夢·올
·부傅·의毅 아·라 슬·바·눌
셰西뎐天·에 ·ㅅ使:쟈者 보·내시·니

Nr. 27

Des Königs *Chao* von *Chou* glückverheißende Zeichen
  deutet *Su-yu*
    und jener vergräbt eine Stele im
    Süden außerhalb der Stadt

Die glückverheißenden Träume des Kaisers *Ming* von *Han*
  deutet *Fu-i*
    und jener schickt einen Gesandten nach Indien.

Im *Chou-shu i-chi* 周書異記 wird berichtet, daß am achten Tag des vierten Monats König *Chao* 昭 (r. 1052-1003), dem vierten König von *Chou* 周 (1122-249), wundersame Zeichen erschienen, die der Astrologe *Su Yu* dahingehend deutete, daß in tausend Jahren die Lehre eines großen Heiligen aus dem Westen China erreichen werde. König *Chao* ließ die Kunde in Stein meißeln und diesen vor dem Himmelsaltar im Süden der Hauptstadt vergraben. Und so geschah es:
Dem Vorwort zum "Sutra in 42 Teilen 四十二章經" (ca. 3. Jh. AD) nach träumte dem Kaiser *Ming* 明 (58-75) der *Späteren Han* 後漢 (25-220), ein goldener Mann im Strahlenglanz sei in seinem Garten. Als daraufhin der Astrologe *Fu-I* an die tausend Jahre zuvor dem König *Chao* gegebene Weissagung erinnerte, schickte Kaiser *Ming* eine Gesandtschaft nach Indien, die bei ihrer Rückkehr das "Sutra in 42 Teilen" und Missionare mitbrachten. Kaiser *Ming* ließ daraufhin im Westen der Hauptstadt den ersten buddhistischen Tempel, den "Tempel des weißen Pferdes 白馬寺" bauen und der Buddhismus begann in China Fuß zu fassen.

끠其·ᄉᆡ二·씹十·밣八

여·윈 ·못 가·온·디
·몸 ·커 그우·닐 룡龍·올
·현 맛 벌·에 비·늘·을 ᄲᆞ라·뇨

:오五·식色운雲ㅅ 가·온·디
·쒸瑞·샹相 :뵈시·ᄂᆞᆫ 셔如리來ㅅ·긔
·현 맛 ·즁衆ᄉᆡᆼ生·이 머·리
:좃·ᄉᆞᄫᅡ·뇨

Nr. 28

Wieviele Würmer saugen die Schuppen
   des riesigen sich wälzenden Drachens
      im eingetrockneten Teich!

Wie viele Lebewesen beugen ihr Haupt
   vor dem gute Vorzeichen tragenden Vollendeten
      in der fünffarbigen Wolke!

Der in einen Drachen verwandelte *Tzŭ-t'ung Ti-chün* 梓潼帝君, Lokalgott von *Tzŭ-t'ung* 梓潼 in *Ssŭch'uan* 四川, lebte in einem Teich, der aber austrocknete. Weil er aber zu groß und schwer war und sich daher nur im Wasser bewegen konnte, lag er nun wie gelähmt im trockenen Teichbett und Würmer und Ungeziefer machten ihm das Leben zur Hölle. Eines Tages nahm er wie alle Lebewesen und Geister die guten Omen wahr und erhob seinen Kopf.

끠其·ᅀᅵ二·씹十:굽九

·셰世존尊 ·오샤·몰 :아숩·고
소·사 :뵈·ᅀᆞᆸ·니
:녯 ·ᄠᅳ·들 고·티라 ·ᄒᆞ시·니

·셰世존尊ㅅ :말·ᄋᆞᆯ 듣:ᄌᆞᆸ·고
도·라·보·아 ᄒᆞ·니
제 ·몸·이 고·텨 ᄃᆞ외·니

Nr. 29

Der Drache erkennt die Ankunft des Von-aller-Welt-Verehrt,
    steht auf und zeigt sich.
        „Ändere Deinen Sinn" spricht der Von-aller-Welt-Verehrt

Der Drache hört die Worte des Von-aller-Welt-Verehrt,
    und als er sich umblickt,
        wird sein Körper verwandelt.

Als er den Buddha wahrnimmt, wird er erlöst und nimmt menschliche Gestalt an

꾀其삼三 · 씹十

· 때大:븅寶 · 뎐殿 · 에 뫼 · 호샨
  · 샹相ᄉ師ㅣ · 보ᅀᆞ · 고
    · 츝出가家썽成 · 뿛佛 · 을 :아 · ᄉᆞᄫᆞ · 니

향香산山 · 애   :사논
  하阿ᄉᆞ私따隨ㅣ · 보ᅀᆞ · 고
    져 · 의 늘 · 구 · 믈 :우 · ᄉᆞᄫᆞ · 니

Nr. 30

Die in der Großen Edelsteinhalle
zusammengerufenen
  Wahrsager sehen ihn
    und erkennen, daß er seine Familie
    verlassen und ein Buddha werden würde.

Der im Weihrauchgebirge lebende
  Asita sieht ihn
    und beweint sein Altsein

Fünfhundert Wahrsager, die Gesichter deuten können, werden im Palat zusammengerufen und sagen voraus, daß der Prinz ein Buddha werden würde.

Auch ein hochbetagter heiliger Einsiedler im Himalaya mit Namen *Asita* nahm hellsichtig war, daß ein besonderes Ereignis stattgefunden hatte und begab sich voll Verwunderung zum Palast. Ihm wurde Einlaß gewährt und er wurde zum Kinde vorgelassen. Als er die 32 Zeichen des Großen Wesens wahrnahm, brach er in Tränen aus. Beunruhigt, ob der Seher ein Unglück voraussehe, fragt König *Śuddhodana* nach dem Grund. Der Heilige erwidert, er weine nicht um den Prinzen, sondern darüber, daß er aufgrund seines Alters nicht mehr den Moment erleben werde, in welchem der Prinz ein Buddha werde, und darüber sei er betrübt.

꾀其삼三・씹十・ᅙᅵᇙ一

・어마:님 :댠短・명命 ・ᄒᆞ시・나
　・열 ・둘・이 ᄎᆞ・라・씨
　　・칧七・ᅌᅯᇙ月ㅅ 보・롬・애
　　텬天:하下・애 ᄂᆞ・리시・니

아・ᄃᆞᆯ:님 :딴誕싱生 ・ᄒᆞ시・고
　닐・웨 기・틀・씨
　　・스四・ᅌᅯᇙ月ㅅ 보・롬・애
　　텬天・쌰上・애 오ᄅᆞ・시・니

Nr. 31

Die Mutter hat zwar ein kurzes Erdenleben
　aber zehn Monate reichen hin, und so
　　steigt der Buddha am 15. des siebenten Monats vom Himmel
　　nieder

Der Sohn ist geboren und
　sieben Tage verbleiben und so
　　steigt die Mutter am 15. des vierten Monats zum Himmel auf

Königin *Māyās* Leben ist als mit der Geburt des Prinzen früh vollendet vorausbestimmt, deshalb verläßt zum rechten Zeitpunkt der Buddha den Himmel. Sieben Tage nach der Geburt wird die Mutter in den Himmel entrückt.

끠其삼三 · 씹十 · ㅿ二

婆羅門ㅅ 술 · 본 :말 · 올
텬天씬神 · 이 :됴 · 타 홀 · 씨
 · 삻薩婆 · 싏悉 · 땋達 · 이
일 · 훔 · 이시 · 니

아 · 바:님 · 명命 · 엣 · 절 · 을
텬天씬神 · 이 말 · 이ᄉᆞ · 볼 · 씨
텬天듕中텬天 · 이 일 · 훔 · 이시 · 니

Nr. 32

Die Worte, die die Brahmanen sprechen,
  heißen die Himmelsgottheiten gut
    und so ist *"Sarva-siddhārtha"* [sein] Name.

Seine Ehrerbietungen nach dem Befehl des Vaters
  wiesen die Himmelsgottheiten von sich
    und so ist "Himmelsgott-unter-den-Himmelsgottheiten" [sein]
    Name

Um einen angemessenen Namen zu finden, werden die Brahmanen befragt. Diese wählen angesichts der vielen guten Omen und des Jubels der Himmel und Geister den Namen *Sarvarthasiddha*, d.i. „alle Ziele und Voraussagen erreicht".

Der Vater bringt das Kind zum Tempel, damit es sich vor den Gottheiten verneige. Die Gottheiten aber verneigen sich vor dem Kinde und fortan bekommt er den Beinamen *Devatadeva*, „Himmelsgott-unter-den--Himmelsgottheiten".

끠其삼三·씹十삼三

·샹相ᄉ師·도 술·붕 ·며
 션仙신人·도 니룰·씨
  ·밤 ·나·줄 분分·별別 ·ᄒ·더시·니

·칧七:봉寶·뎐殿 ·ᄭᆞ미·며
 :오五·빅百 :녀女:끠妓 글·희·샤
  ·밤 ·나·줄 달·애·더시·니

Nr. 33

Die Gesichtsdeuter hatten so gesprochen, und
    auch der Unsterbliche hatte es gesagt
        Tag und Nacht grübelte der König

Er baute eine Sieben-Juwelen-Halle, und
    suchte fünfhundert Gefährtinnen aus
        Tag und Nacht umgarnten diese den Prinzen *

Der Vater, weniger an einem Heiligen als an einem Thronfolger interessiert, ist beunruhigt durch die Weissagungen der Gesichtsdeuter und des Unsterblichen *Asita*. Er entschließt sich, das Kind in einem herrlichen Palast umgeben von Gespielinnen und Dienerinnen aufwachsen zu lassen.

끵其삼三·씹十·ᄉ四

·ᄉ四:히海ㅅ ·믈 ·이여 ·오나·놀
　마·리·예 븟:ᅀᆞᆸ·고
　　·태太:ᄌᆞ子·롤 :셰ᅀᅮ·ᄫᆞ시·니

금金륜輪:봉寶ㅣ ᄂᆞ·라 ·니거·늘
　텬天:하下ㅣ :아ᅀᆞᆸ·고
　　나·라·히 :다 ·오·ᅀᆞᄫᆞ·니

Nr. 34

Man trug Wasser aus den Vier Meeren herbei
　goß es über sein Haupt und
　　der Vater erhob ihn zum Kronprinzen

Das Gold-Rad-Juwel kam geflogen
　alle Welt verstand
　　und alle Länder kamen herbei

Der Sitte nach wird er durch eine Zeremonie zum Kronprinzen ernannt, und in diesem Moment erschien das Zeichen eines mächtigen Herrschers (Sk. *Cakravartin*).

끠其삼三 · 씹十:오五

· 뭟蜜다多라羅 · 는　:두　· 글 · 을
　비 · 화 · ᄼᆞ　:알 · 씨
　　· 태太:ᄌᆞ子ㅅ긔　:말 · 올　:몯ᄉᆞᆯ · 볋 · 니

· 태太:ᄌᆞ子 · 는　여 · 쉰:네　· 글 · 을
　아 · 니　비 · 화　:아 · ᄅᆞ실 · 씨
　　· 뭟蜜다多라羅ᄅᆞᆯ　· ᄯᅩ　ᄀᆞᄅᆞ · 치시 · 니

Nr. 35

Da *Mitra* zwei Schriftarten,
　und die nur durch Erlernen, kennt
　　hat er dem Kronprinzen nichts zu berichten

Da der Kronprinz vierundsechzig Schriftarten
　ohne Erlernen kennt
　　unterweist er sogar den *Mitra*

Der Kronprinz wird dem Gelehrten *Viśvāmitra* in die Schule gegeben, dessen Kenntnisse aber auf das beschränkt sind, was er in dieser Welt im bisherigen Leben gelernt hat. Der zukünftige Buddha aber, der aufgrund seiner in vielen Vorleben erworbenen Fähigkeiten durch Geburt schon alle Dinge dieser Welt kennt, fragt, welche von 64 Schriften er denn lernen solle. Zum Teil sind diese sogar dem Gelehrten nicht geläufig, und dieser wird so seinerseits zum Lernenden.

끠其삼三 · 씹十 · 륙六

· 셕釋:죵種 · 이 · 숧 · 보 · 디
 · 태太:ᄌᆞ子ㅣ · 츯出가家 · ᄒᆞ시 · 면
 :ᄌᆞ子손孫 · 이 그 · 츠 · 리이 · 다

아 · 바:님 니ᄅᆞ · 샤 · 디
 :뉘 · ᄯᆞᆯ · 올 · 골 · 히야 · ᅀᅡ
  며 · 늘 · 이 드외 · 야 오 · 리 · 야

Nr. 36

Der Śākya-Clan sagt:
 "So hört! Wenn der Kronprinz Mönch wird,
  wird der Nachkommen ein Ende sein"

Der Vater sagt:
 "Wessen Tochter soll ich nur wählen,
  daß sie, meine Schwiegertochter zu werden, komme?"

Der Vater und alle Śākyas sorgen sich um die Nachfolge in der königlichen Linie, falls Sarvāthasiddha nicht die weltliche Herrschaft antreten will, und so wird im Lande nach einer passenden Braut Umschau gehalten.

| 끠其삼三 · 씹十 · 칧七 |

· 태太:ᄌᆞ子ㅣ   피妃:ᄌᆞ子ㅅ
  금金:썅像 · 올   밍 · ᄀᆞᆯ · 샤
  :뿡婦 · 득德 · 을   · 쓰시 · 니이 · 다

· 집執:땅杖 · 셕釋 · 의   · ᄯᆞᆯ · 이
  금金:썅像 · 이   · ᄀᆞᆮ · ᄒᆞ · 샤
  :쉬水졍精 · 을   바ᄃᆞ · 시 · 니이 · 다

Nr. 37

So hört! Der Kronprinz fertigt eine goldene Statue der zukünftigen Prinzgemahlin an
    und schreibt die Tugenden eines Eheweibs auf

So hört! Die Tochter des *Śākya*-der-den-Zepterstab-hält
    gleicht der goldenen Statue
        und empfängt den Bergkristall

Der Kronprinz hat klare Vorstellungen hinsichtlich der möglichen Braut und fertigt eine Statue aus Gold an, die diese Vorstellungen zum Ausdruck bringt. Der Vater aber läßt Geschmeide aus Edelsteinen herstellen, die der Kronprinz auf einer großen Versammlung bei Hofe den Bewerberinnen zum Gastgeschenk machen soll. Außerdem werden Wächter angewiesen zu beobachten, auf welcher das Auge des *Sarvāthasiddha* längere Zeit ruht. Die Tochter des *Śākya Daṇḍapāni*, d.i. "der den Zepterstab hält", also Macht der Gerichtsbarkeit innehat, gleicht der goldenen Statue, und ihr gibt *Sarvāthasiddha* das Geschmeide erst nach einem längeren Gespräch.

끠其삼三 · 씹十 · 밣八

사·회·롤 굴·히·야
  지·조·롤 :몯미·다
    :님·금 :말·올 거·스스·봉·니

아·바:님·이 의疑심心·ᄒ·샤
  지·조·롤 :무르·샤
    나·랏 :사롬·올 :다 뫼·호시·니

Nr. 38

Der-den-Zepterstab-hält sucht einen Schwiegersohn
  glaubt aber nicht an die Fähigkeiten
    und widersetzt sich den Worten des Königs

Vater Reine-Speise hat Zweifel,
  fragt nach den Fähigkeiten
    und ruft die Menschen des Landes zusammen

Der Vater der Braut verkennt *Sarvāthasiddha* als einen im Luxus verweichlichten und verwöhnten Kronprinzen, der unter den kriegerischen *Śākya* keine gute Figur macht und will in die Heirat nur einwilligen, wenn der Kronprinz sich einem Wettkampf mit Gleichaltrigen stellt. Der Vater geht darauf ein und ruft alle *Śākyas* als Zuschauer zusammen, ist aber seinerseits in Sorge, wie der Kronprinz wohl bestehen werde.

其三十九

난難따陁똥調·땃達·온
:쌍象·올 ·티츠·며 그우·리혀·고
:둘·희 ·힘·이 달·오·미 :업더·니

·태太:주子·논 ᄒᆞ오·ᅀᅡ
:쌍象·올 나므·티·며 바닫·시·고
:둘·희 ·힘·올 ᄒᆞᆫ·삐 이·기시·니

Nr. 39

Nanda und *Devadatta*
　schleuderten den Elephanten hoch und
　rollten ihn umher
　　beider Kraft war ohne Unterschied

Der Kronprinz ganz allein
　schleudert den Elephanten hoch und fängt ihn wieder
　　und übertrifft beider Kraft auf einen Schlag

Die Einwohner der Stadt wollten *Sarvāthasiddha* einen riesigen weißen Elephanten darbringen. Als sie aber vor das Tor zum Palast kamen, kam ihnen der Neffe des *Sarvāthasiddha, Devadatta*, entgegen, der aus Neid den Elephanten beim Rüssel nahm, herumschleuderte und tötete. Kurz darauf traf der Halbbruder des *Sarvāthasiddha, Nanda*, an der Stelle ein und räumte den Weg, indem er den Elephanten neben die Straße warf. Als jedoch *Sarvāthasiddha* ebenfalls dort vorbeikam, dachte dieser, der verwesende Elephant müsse aus der Stadt entfernt werden, nahm den Elefanten und warf ihn mehrfach in die Luft und dann weit übers Land an eine Stelle, an der heute noch der inzwischen zu einem Teich gewordene Einschlagskrater zu sehen ist.

| 끠其 · ᄉ四 · 씹十 |

제 ·간·올 ·뎌리 모·롤·씨
:둘·희 :쏜 ·살·이
:세 :낱 ·붑:쁜 :뻬·여디·니

씬神·륵力·이 ·이리 :세실·씨
ᄒᆞᆫ번 ·쏘신 ·살·이
:네닐·굽 ·부·피 :뻬·여디·니

Nr. 40

Sie verkennen ihre Fähigkeiten derart,
    daß die Pfeile, die die beiden schießen,
        nur drei Trommeln durchschlagen.

Die übernatürliche Kraft des Kronprinzen ist derart mächtig,
    daß der eine Pfeil, den er schießt,
        achtundzwanzig Trommeln durchschlägt.

Für den Wettkampf im Bogenschießen werden in Abständen Trommeln hintereinander aufgestellt, und die Besten der Kämpfe schaffen es, drei Trommeln zu durchschlagen. Als aber *Sarvāthasiddha* an der Reihe ist, durchschlägt sein Pfeil alle achtundzwanzig Trommeln.

끠其・ᄉ四・씹十・힗一

짜・해 ・살・이 :뻬여・늘
　:례醴쩐泉・이 소・사・나・아
　　・즁衆싱生・올 ・궁救・ᄒᆞ・더시・니

:뫼・해 ・살・이 박거・늘
　텬天・쌍上・탑塔・애 ᄀᆞ・초・아
　　:ᅇᅧᆼ永・셰世・롤 름流뗜傳・ᄒᆞ・ᅀᆞᆸ・니

Nr. 41

Als er den Pfeil in die Erde schoß
　schoß eine süße Quelle hervor
　　und so labte er alle Lebewesen

Als der Pfeil sich in den Berg bohrt
　verwahren sie ihn in einer Pagode im Himmel
　　und reichen ihn auf ewige Generationen weiter

Nachdem der Pfeil die Trommeln durchschlagen hat, bohrt er sich in die Erde und eine Quelle schießt hervor. Dann fliegt er weiter und bohrt sich in einen weit entfernten Berg, von wo die Himmelsgottheiten ihn auflesen und in einer Pagode im Himmel als Heiligtum verwahren.

| 끠其·ᄉ四·씹十·싀二 |

고·졸 노ᄒᆞ·시·며
·ᄲᅣᆨ白·뗘氈·을 노ᄒᆞ·샤
:량兩·뿐分·이 ᄒᆞᆫ·ᄃᆡ 안ᄌᆞ·시·니

곳 이·슬 저·즈리·라
·ᄲᅣᆨ白·뗘氈 ·ᄯᅴ 무·드리·라
:량兩·뿐分·이 갈·아 안ᄌᆞ·시·니

Nr. 42

Sie legt Blumen und
   breitet eine weiße Decke aus,
      Die Beiden setzen sich zusammen.

"Die Blumen werden mit Tau getränkt werden"
   "Die Decke wird mit Schmutz befleckt werden"
      Die Beiden setzen sich getrennt.

Nach dem Wettkampf willigen die Väter in die Heirat ein und *Sarvāthasiddha* nimmt (*Gopikā*) zur Frau, die ein Nachtlager bereitet. Aber schon bald entsinnt er sich seiner eigentlichen Bestimmung und beginnt, seine Frau zu vernachlässigen.

끠其·ᄉ四·씹十삼三

무無·량量·겁劫 부:톄시·니
주·거 ·가논 거·슬 :일·올
:몯·ᄒ보신·ᄃᆞᆯ :매 모·ᄅ시·리

쪙淨거居텬天 :졷澡瓶뼝餠·이
주·근 벌·에 ᄃᆞ외·야 놀
·보시·고 ᅀᅡ :안디·시·ᄒᆞ시·니

Nr. 43

Er ist der Buddha der unermeßlichen Äonen;
   ein Ereignen des Zu-Tode-Kommens,
      selbst, wenn er es nicht sehen könnte, wie kennte er es nicht?

Doch nachdem er die Himmelsgottheit-der-reinen-Behausung, Reine-Vase,
   zu einem toten Wurm werden
      sieht, tut er so, als erkenne er erst jetzt

Da dem zukünftigen Buddha nichts auf dieser Welt unbekannt ist, ist er natürlich auch mit dem Tode vertraut. Die Himmelsgottheit-der-reinen-Behausung, Reine-Vase, aber, hat sich vorgenommen, den *Sarvāthasiddha* zu seiner eigentlichen Bestimmung hinzuführen und will ihn daher mit dem Ereignis des Todes konfrontieren. Er verwandelt sich in einen Wurm, der erst von einem Pflug verletzt und dann von einem Vogel gefressen wird. *Sarvāthasiddha* ist erschüttert und vermittelt dem Reine-Vase den Eindruck, zum ersten Male vom Tode zu erfahren.

끠其·ᄉ四·씹十·ᄉ四

동東남南몬門 :노·니샤·매
늘·그·니 ·뼝病ᄒ·니·를 ·보시·고
므슴·을 :내시·니

셰西·븍北몬門 :노·니샤·매
주·그·니 ·뼈比쿵丘슝僧·을 ·보시·고
더·욱 바ᄎ·시·니

Nr. 44

Beim Spazierengehen am Ost- und am Südtor
   sieht er einen Alten und einen Kranken und
      faßt sich ein Herz.

Beim Spazierengehen am West- und am Nordtor
   sieht er einen Toten und einen *Bhikṣu*-Mönch und
      es drängt ihn um so mehr.

Als *Sarvāthasiddha* einmal einen Spaziergang außerhalb des Stadt macht, sieht er einen elenden Kranken und einen häßlichen Alten, und wieder ist er erschüttert. Danach trifft er auf einen Toten, der zum Begräbnis gebracht wird und dann einen bettelnden Mönch. Durch diese Erlebnisse steht sein Wille fest, sein bisheriges Leben zugunsten des Weges zur Erleuchtung aufzugeben.

끠其·ᄉ四·씹十:오五

아·바·닚·긔 :말 숼·ᄫᅡ
:네 ·원願·을 :쳥請·ᄒᆞ·샤
지·블 ·나·아:가려 ·터시·니

·태太:ᄌᆞ子ㅅ ·손 자ᄇᆞ·샤
:두 ·눖·믈 :디·샤
몬門·올 자·펴 막ᄌᆞᄅᆞ·시·니

Nr. 45

Der Kronprinz sprach zum Vater
    äußerte vier Wúnsche
        und wollte sein Haus verlassen.

Der Vater ergreift die Hände des Kronprinzen
    aus beiden Augen fallen Tränen
        und er läßt die Tore besetzen und blockieren.

Zurúck im Palast meldet *Sarvāthasiddha* dem Vater, er wolle dem Alter, der Krankheit und dem Tod entgehen und letztlich sogar den Zustand des ewig suchenden Mönches überwinden. Seine Entscheidung, in die Hauslosigkeit zu gehen und fortan ein Leben eines wandernden Bettlers und Asketen zu führen, stehe fest. Der Vater ist entsetzt und versucht mit allen Mitteln, *Sarvāthasiddha* daran zu hindern.

| 끠其・ᄉᆞ四・씹十・륙六 |

・흉횩:뚱道・ᄒᆞ실 ᄆᆞᅀᆞᆷ・애
　:훙後ㅅ ・날・올 분分・볋別・ᄒᆞ・샤
　　구俱이夷 ・비・룰 ᄀᆞᄅᆞ・치시・니

:어・엿브・신 ᄆᆞᅀᆞᆷ・애
　・나・가싫・가 저ᄒᆞ・샤
　　・태太:ᄌᆞ子ㅅ 겨・ᄐᆡ 안쫑・ᄫᆞ시・니

Nr. 46

In der Gesinnung, den Kindespflichten nachzukommen,
　denkt der Kronprinz an die späteren Zeiten
　　und deutet auf *Gopikās* Leib.

In ihrem traurigen Herzen
　fürchtet *Gopikā*, er werde fortgehen
　　und setzt sich an des Kronprinzen Seite.

Auch seine Frau (*Gopikā*) ist zu Tode betrübt, deshalb bedeutet *Sarvāthasiddha* ihr, daß er seinen Pflichten gegenüber dem Vater nachkommen werde und sie einen Sohn gebären werde, sie aber versucht weiter, ihn zu halten.

끠其·ᄉ四·씹十·칧七

아·바:님 분分·별別·ᄒ·샤
　:고본 각·시·돌·콰 봉風률流ᄉ
　소·리·로
　　:쎤善심心·올 마ᄀ·시·니

·쪙淨거居텬天·의 씬神·륵力·에
　:더러·본 각·시·돌·콰 봉風률流ᄉ
　소·리·로
　　·욕欲심心·올 막ᄉ·ᄫ·니

Nr. 47

Der Vater grübelt
　und mit schönen Mädchen und dem Klang schöner Musik
　　behindert er die Reinheit im Herzen

In der übernatürlichen Kraft der Himmelsgottheiten-der-reinen-Behausung:
　mit häßlichen Mädchen und häßlicher Musik
　　verhindern sie Gier im Herzen

Dann verfällt der Vater auf die Idee, den Sohn mit den Freuden von Musik und schönen jungen Frauen zu fesseln, aber die Gottheiten-der-reinen-Behausung verwandeln die schönen Mädchen in ausgesuchte Häßlichkeiten und die einlullende Musik ein eine abstoßende Kakophonie.

47

| 끠其 ·ᄉ四 ·씹十 ·밣八 |

·칧七:붕寶 쳔千:ᄌ子 ·로
　·ᄉ四텬天:하下 다 ·ᄉ료 ·미
　　아 ·바:님 　·ᄠ ·디시 ·니

·졍正 ·각覺 ·올 일 ·워
　·때大쳔千 ·셰世 ·개界 볼 ·교 ·미
　　아ᄃᆞᆯ:님　 ·ᄠ ·디시 ·니

Nr. 48

Daß er mit den Sieben Königlichen Schätzen und mit tausend Söhnen
　die Vier Kontinente der Welt regiere,
　　ist der Wille des Vaters.

Daß er das Rechte Erwachen erlangen
　und die abertausend Weltsphären erleuchte
　　ist der Wille des Sohnes.

Der Wille und die Hoffnungen des Vaters, die auf ein Fortbestehen der königlichen Linie gerichtet sind, steht der Wille *Sarvāthasiddhas*, die Erleuchtung zu erreichen, unversöhnlich gegenüber.

끠其·ᅀᆞ四·씹十:굽九

각·시 ·꾀노·라
　눚:고·비 빗·여 ·드·라
　　·맗末·리利화花만鬘·올 몸·애
　　미ᄉᆞ·ᄫᆞ·나

·태太:ᄌᆞ子ㅅ ·득德 구드·실·씨
　·눈 빨·아 ·보신·대
　　·맗末·리利화花만鬘·올 도로 :내·야
　　ᄇᆞ·리·니

Nr. 49

Ein Mädchen, um ihn zu verführen,
　schminkt hübsch das Gesicht, tritt ein,
　　und legt einen Kranz aus *Mallikā*-Blüten um seinen Körper

Da des Kronprinzen Tugend standhaft ist,
　als das Auge des Kronprinzen fest das Mädchen ansieht,
　　wirft sie den Kranz aus *Mallikā*-Blüten wieder fort.

Wie tief der Wunsch und wie stark der Wille des *Sarvāthasiddha* sind, zeigt sich, als einmal eine Schönheit sich an ihn schmiegt und ihn umgarnt. Er aber wirft nur seinen Blick auf sie, da erkennt sie und nimmt von ihrem Vorhaben Abstand.

끠其:오五·씹十

·츓出가家·호려 ·ᄒ시·니
　하·ᄂᆞᆯ·해 ·방放광光·ᄒᆞ·샤
　　져諸텬天씬神·이 ᄂᆞ·려오·니이·다

·츓出가家·ᄒᆞ싫 ·빼실·씨
　쎵城 ·안·홀 :재·요리·라
　호烏소蘇·만慢·이 ·쪼 오·니이·다

Nr. 50

So hört! Als der Kronprinz den Entschluß faßt, in die Hauslosigkeit zu gehen,
　strahlt sein Glanz in den Himmel
　　und alle Himmelsgottheiten steigen herab

So hört! Da die Zeit, das Haus zu verlassen, gekommen ist:
　"Ich will alle im Inneren des Palastes in Schlaf versetzen",
　　kommt auch der *Śāntasumati*

Jetzt, da *Sarvāthasiddha* festen Willens ist, entschließt sich der Himmels-Herrscher *Śakra*, ihm mit seinen 33 Gottheiten zu Hilfe zu kommen. Der Vater hat alle Tore verschlossen und alle Bewohner des Palastes halten Wache, um *Sarvāthasiddha* am Verlassen des Palastes zu hindern. Einer der 33 Himmelsgottheiten, *Śānta(su)mati*, aber nimmt sich vor, sie alle in einen todähnlichen Tiefschlaf zu versetzen.

其끠: 五오 · 十씹 · 一ᄒᆡᆶ

:분粉 · 과   현燕지脂 · 와   고 · ᄌᆞ · 로   비ᄉᆞᆫ
각 · 시
　　· 셰世간間ㅅ 봉風륫流 · 를
　　　　들 · 이 · ᄉᆞᆸ더 · 니

:봉寶ᄈᆡᆼ甁 · 과   :화火쥬珠 · 와   · 붏沸셩星 · 이
비 · 췰날 · 애
　　하 · 눐 봉風륫流 ㅣ
　　　　:엇더 · ᄒᆞ시 · 니

Nr. 51

Die Mädchen geschmückt mit Puder und Rouge und Blumen
　　brachten ihm weltliche Gesänge zu Gehör.

Doch am Tag, da die Edelsteinflasche, die Feuerperle und das
Puṣya-Sternbild scheinen,
　　wie sind da die himmlischen Gesänge!

Die Palastfrauen versuchen, *Sarvāthasiddha* mit Musik zu umgarnen, aber um Mitternacht, als auch der Mond mit dem Sternbild des Krebses eine besondere Konstellation einnimmt, ertönt Sphärenmusik, weit lieblicher als jede weltliche Musik.

其오五·씹十·시二

:죵·과 물·와·롤
　·현맨·돌 :알리·오
　　어·느 :누·를 더·브르시·려·뇨

챠車·닉匿·이 :건寋·뜩特·이·논
　흔 날·애 ·나·ᄉᆞ볼·씨
　　·이 :둘흘·사 더·브르시·니

Nr. 52

Wer kennt wohl gar die Zahl seiner Diener und Pferde!
　　Wen aber wird er mitnehmen wollen?

Da *Chandaka* und *Kaṇṭhaka*
　an ein und demselben Tag wie er geboren sind,
　　nimmt er nur die Beiden mit.

Sarvāthasiddha entschließt sich, den Diener *Chandaka* und das Pferd *Kaṇṭhaka* mit auf den Weg zu nehmen, die beide am gleichen Tag wie er geboren sind.

끠其:오五·씹十삼三

:디·나건 무無·량量·겁劫·에
　슝修·헹行·이 니그·실·씨
　　:몯 일 우옳·갓 의疑심心·이
　　:업·스시·나

·미未리來·옛　·즁衆싱生·돌·홀
　졍精·진進·올 :뵈·시릴·씨
　　아·니 :오리·라 멍盟·쎼誓
　　·ᄒᆞ시·니이·다

Nr. 53

Da er in den vergangenen unermeßlichen *Kalpas*
　seine Selbsterziehung zur Reife gebracht hat,
　　hat er keine Zweifel, sein Ziel zu erreichen.

So hört! Er will den zukünftigen Lebewesen
　sein unbeirrtes Voranschreiten zeigen,
　　so schwört er "Ich komme nicht zurück".

Sarvāthasiddha weiß, daß er in früheren Leben die Vorbedingungen geschaffen hat und in diesem Leben die Erleuchtung erlangen wird, und daher legt er das Gelübde ab, nicht zurückzukehren (es sei denn als Erleuchteter).

53

끠其:오五·씹十·ᄉ四

·씹十방方·셰世·개界 붉·고
ᄉ獅:ᄌ子셩聲ᄉ :말·ᄒ·샤
ᄸ城·을 남·아 산山·올
·향向·ᄒ시·니

·ᄉ四텬天왕王·이 :뫼ᅀᆸ·고
몰·발·올 져諸텬天·이 바·다
허虛콩空 ·토·샤 산山·이
니·르·르시·니

Nr. 54

Die Weltsphären in allen Richtungen erstrahlen,
    er spricht Löwenworte,
        überspringt die Stadtmauer und strebt den Bergen zu.

Die Vier-Himmels-Könige begleiten ihn,
    alle Himmlischen fangen die Pferdehufe auf,
        er reitet in der Luft und erreicht die Berge.

Mit der Hilfe der Götter überspringt er auf dem Pferd *Kaṇṭhaka* die Stadtmauer und reitet durch die Luft den Bergen zu.

끼其:오五 · 씹十:오五

· 솅雪산山 :코苦 · 헹行림林 · 애
　마 · 리 · 롤 　무 · 지시 · 며
　뻔煩:놩惱 · 쁘 · 러 　ᄇ · 료려 · ᄒ시 · 니

:봉寶관冠형瓔 · 락珞 · 올
　챠車 · 닉匿 · 일 · 주시 · 며
· 졍正 · 각覺 일 · 워 도 · 라:가려 · ᄒ시 · 니

Nr. 55

Im "Wald der bitteren Praxis" in den Schneebergen
　schert er den Kopf,
　　und will die quälenden Leidenschaften auf immer überwinden.

Edelsteinkrone und Halskette
　übergibt er *Chandaka*
　　und will erst zurückkehren, nachdem er das Rechte Erwachen
　　erlangt hat.

Im Himalaya, im Wald, der "Askesewald" heißt, angekommen, schert er seinen Kopf, legt die edlen Kleider und seine Krone ab und schickt sie durch den Diener *Chandaka* zurück. Auch läßt er ausrichten, daß er das Gelübde abgelegt hat, nach seiner Erleuchtung wiederzukommen.

끠其:오五・씹十・륙六

야耶슈輸ㅣ :울어・신마・론
　・뎨帝・셕釋・은　・뜯달・아
　　・태太:ᄌ子ㅅ　마・리・를
　　・탑塔・애 ᄀ・초ᄉᆞ・ᄫᆞ・니

아・바:님 슬ㅎ・신・돌
　・쪙淨거居텬天・은　・뜯달・아
　　・태太:ᄌ子ㅅ　몸・애　가袈사裟
　　니・피ᄉᆞ・ᄫᆞ・니

Nr. 56

Yaśodharā weint,
　der Himmels-Herrscher *Śakra* dagegen ist anderen Sinnes und
　　bewahrt des Kronprinzen Haare in einer Pagode

Der Vater ist traurig
　die Himmelsgottheiten-der-reinen-Behausung dagegen sind anderen Sinnes und
　　kleiden des Kronprinzen Leib mit einer *kaṣāya*

Sarvāthasiddhas Frau *Yaśodharā*, alias *Gopikā*, und sein Vater sind untröstlich, als sie merken, daß es ihnen nicht gelungen ist, ihn zurückzuhalten, die Götter aber sind glücklich. Als er den Kopf schert, sammelt der Himmels-Herrscher *Śakra* seine Haare und bewahrt sie in einem Reliquienschrein mit Namen *Cūḍāpratigrahaṇa*, "Die gesammelten Locken des Buddha"
Die Götter aber kleiden ihn in eine Priesterrobe, indem einer von ihnen dem Prinzen als Jäger in saffrangelbem Gewand entgegentritt und dieses gegen des Prinzen seidene Gewänder tauscht.

끠其:오五·씹十·칧七

:붕寶관冠·이 ·오나·눌
  아·바:님·보시·고
    짜·해 ·디여 :우·르시·니

:건騫·뜩特·이 ·오나·눌
  피妃:ᄌᆞ子ㅣ ·보시·고
    고·갤 안·아 :우·르시·니

Nr. 57

Als die Edelsteinkrone kommt
  und der Vater sie sieht,
    stürzt er zu Boden und weint

Als *Kaṇṭhaka* kommt
  und die Prinzgemahlin es sieht,
    umschlingt sie des Pferdes Hals und weint

Chandaka und *Kaṇṭhaka* bringen die Kleidung und die Krone zurück und bringen damit die letzte Gewißheit, daß *Sarvāthasiddhas* Fortgehen endgültig ist, und die Trauer bei Hofe steigert sich noch.

57

끠其:오五 · 씹十 · 밝八

하阿람籃가迦란蘭 · 이 그에
· 븅不 · 용用 · 쳐處 · 뎡定 · 을
삼三년年 · 을 니 · 기시 · 니

· 쯓鬱뚱頭람籃 · 븅弗 · 의 그에
비非비非:샹想 · 쳐處 · 뎡定 · 을
삼三년年 · 을 · 쏘 니 · 기시 · 니

Nr. 58

Von *Ārāḍa Kālāma*
   die Meditation "Sich-Erheben-zur-Sphäre-des-Nichtwirkens"
      drei Jahre lang er lernt

Von *Udraka Rāmaputra*
   die Meditation "Sich-Erheben-zur-Sphäre-jenseits-von-Vorstellung-
   und-Nichtvorstellung"
      drei Jahre lang weiter er lernt

Zunächst geht *Sarvāthasiddha* bei *Ārāḍa Kālāma* in die Lehre, bei dem er lernt, die Unendlichkeit des Raumes und die Unendlichkeit des Bewußtseins wahrzunehmen und so, da die Unendlickeit letztlich keine Objekte mehr kennt, die Sphäre des Nicht-Wirkens wahrzunehmen. Dann wandert er weiter und lernt von *Udraka Rāmaputra*, eine weitere Stufe der Meditation zu erreichen, in der auch die Grenze zwischen Vorstellung und Nicht-Vorstellung noch aufgehoben ist.

其끠:五오 · 十씹:九굽

耶야輸슈ㅣ 前젼 · 世셰 · 예
 · 六륙:里리 · 롤 · 뼈 · 디실 · 씨
 · 六륙年년 · 을 :몯 나ᄒ · 시 · 니

羅라雲운 · 이 前젼 · 世셰 · 예
 · 六륙 · 日싫 · 올 니ᄌ · 실 · 씨
 · 六륙年년 · 을 :몯 · 나앳 · 더시 · 니

Nr. 59

Da *Yaśodharā* in einem früheren Leben
   sechs Längen zurückblieb
      konnte sie sechs Jahre lang nicht gebären

Da *Rāhula* in einem früheren Leben
   sechs Tage lang vergaß
      konnte er sechs Jahre lang nicht geboren werden

Erst sechs Jahre nach *Sarvāthasiddhas* Fortgehen gebiert *Yaśodharā* ihren Sohn *Rāhula*, bei beiden die *Karma*folge von Versäumnissen in früheren Leben. *Yaśodharā* war einst sechs Längenmaß hinter ihrer alten und schwachen Mutter hinterhergebummelt, wo sie ihr doch hätte helfen sollen, und *Rāhula* hatte in einem früheren Leben als König einen Heiligen und Asketen an seinen Hof eingeladen, ihn aber dann vergessen und sechs Tage ohne Speise und Trank darben lassen.

끠其 · 륙六 · 씹十

라羅운雲ㅣ·이 ·나·거시·놀
 ·굳·프·고 ·블퓌·우·니
  :님·금쎈臣:햐下ㅅ 의疑심心
   ·이·러시·니

야耶슈輸ㅣ ·드·르신·대
 ·믈굡·고 련蓮·이 ·프·니
  :님·금쎈臣:햐下ㅣ 의疑심心
   아·니·ㅎ시·니

Nr. 60

Als *Rāhula* geboren war
 grub *Yaśodharā* eine Grube und machte Feuer
  der König und die Untertanen trugen Zweifel im Herzen

Als *Yaśodharā* hineinwatet
 steht das Wasser still und Lotus erblüht
  und der König und die Untertanen tragen keine Zweifel im Herzen mehr

---

Als sechs Jahre nach *Sarvāthasiddhas* Fortgehen sein Sohn geboren wird, glauben alle, dies sei nicht mit rechten Dingen zugegangen, und als *Yaśodharā* der Sitte nach eine Grube zum Verbrennen der Nachgeburt gräbt, verlangen sie Beweise. *Yaśodharā* willigt ein, das Neugeborene an einen Stein zu binden und in einen Teich zu werfen. Wenn es untergehe, sollte dies als Gottesurteil gelten, daß es sich nicht um *Sarvāthasiddhas* Sohn handelt. Als aber der Knabe in den Teich geworfen war, erhob sich ein Lotus, auf dem er sicher schwamm, und so wurden die Zweifel verstreut.

其끠·六륙·十씹·一힗

伽꺄伽伽闍샤山산 :코苦·行행·애
·六륙年년· 을 안ᄌ·샤
마·리 우·희 :가·치 삿·기·치·니

憍콩憍띤陳쎠如 :유무·에
三삼·分뿐 ·이슬ㅎ·샤
술·위 우·희 :쳔 시·러보·내시·니

Nr. 61

Im Berg *Gaya* in Askese
   sitzt er sechs Jahre lang,
      auf seinem Haupte hegt eine Elster ihre Jungen

Durch die Nachricht des *Kauṇḍinya*
   sind die Drei betrübt,
      laden Geld auf einen Wagen und schicken es ihm

Sechs Jahre verbringt *Sarvāthasiddha* im Berg *Gaya* unter Anleitung eines berühmten Asketen und ist so tief in die Meditation versunken und in Ruhestellung, daß eine Elster auf seinem Kopf ihr Nest baut und Junge aufzieht. Derweil sind der Vater, die Ziehmutter und seine Frau sehr beunruhigt und schicken einen Boten namens *Kauṇḍinya*, nach dem Wohlergehen des *Sarvāthasiddha* Ausschau zu halten. Da durch die Askese des *Sarvāthasiddha* Anblick ein jämmerlicher ist, und sie immer noch nicht den Sinn verstehen wollen, schicken sie *Kauṇḍinya* mit einem Wagen voller Schätzen zu ihm - natürlich eine vergebliche Liebesmühe.

끠其·륙六·씹十·ᅀᅵ二

·잡雜:쵸草·목木 것·거다·가
　ᄂᆞ·출 거우ᅀᆞ·ᄇᆞᆫ·ᄃᆞᆯ
　ᄆᆞ솜·잇·ᄃᆞᆫ 뮈·우시·리·여

ᄒᆞᆫ:낟 ·ᄡᆞᆯ·올 :좌·샤
　·술·히여 ·위신·ᄃᆞᆯ
　금金·쇡色·잇·ᄃᆞᆫ 가·시시·리·여

Nr. 62

Selbst wenn sie Unkraut und Unterholz brechen
　und sein Gesicht kitzeln,
　　würde er hierdurch sein Gemüt etwa erregen?

Selbst wenn er nur ein Reiskorn ißt
　und vom Fleische fällt
　　würde er hierdurch seinen Goldglanz etwa verlieren?

In seiner Ruhestellung ist *Sarvāthasiddha* unerschütterlich, sogar als Kinder versuchen, ihn durch Schabernack abzulenken. Da er in dieser langen Zeit außer einem einzigen Reiskorn pro Tag keine Nahrung aufnimmt, magert er stark ab, aber bei aller äußerlichen Jämmerlichkeit verliert er nichts von seinem inneren Glanze.

끠其·륙六·씹十삼三

니尼련蓮:쉬水·예 ·목沐·욕浴·ᄒᆞ·샤
:나리·라 너·기시·니
  즘·게 남·기 ·가지·롤 구·피·니

뽀菩쎄提·슈樹·에 :가려·ᄒᆞ·샤
  :좌·샿 것 ᄉᆞ랑·ᄒᆞ시·니
  :댱長:쟈者ㅣ ·ᄯᅩᆯ·이 ·죽粥·을
  받ᄌᆞᄫᆞ·니

Nr. 63

Er badet im *Nairañyanā*-Fluß
    und als er zu entsteigen gedenkt
        neigt ein riesiger Baum die Zweige

Er will zum *Bodhi*-Baum gehen
    und als er an Essen denkt
        reicht die Tochter eines Dorfvorstehers Brei dar

So erfolgreich *Sarvāthasiddha* die Übungen meistert, merkt er, daß Askese zu sehr schwächt, als daß man die Erleuchtung erlangen könne. Er begibt sich aus dem Berg *Gaya* hinab zum Fluß *Nairañyanā*, nimmt ein Bad, und gedenkt, einen *Bodhi*-Baum zu suchen, um in seinem Schatten zu meditieren. Diesen Wunsch erkennend, beugt sich ein Baum und hilft ihm wegen seines geschwächten Körpers heraus. Auch eine Mahlzeit will er zu sich nehmen, da kommt die Tochter des Ältesten eines Dorfes nahe bei und reicht ihm eine Schüssel Brei.

끠其·륙六·씹十·ᄉ四

·가지·를 자바·샤
　무·틔 ·나·거시·놀
　　둏兜·솔率텬天·이 가裟사袈
　　니·피ᅀᆞ·ᄫᆞ·니

·쥭粥·을 :좌시·고
　바리·를 더·뎌시·놀
　　텬天·뎨帝·셕釋·이 ·탑塔·애
　　ᄀᆞ·초ᅀᆞ·ᄫᆞ·니

Nr. 64

Er greift den Zweig und
　steigt an Land,
　　der *Tuṣita*-Himmelsgott kleidet ihn mit der *kaṣāya*

Er ißt den Brei und
　wirft die Almosenschale fort,
　　der Himmlische Kaiser *Śākra* bewahrt sie in einer Pagode

Sarvāthasiddha läßt sich von dem Baum heraushelfen, und Götter eilen herbei, um ihn in eine Mönchsrobe zu kleiden. Auch den Brei nimmt er zu sich, und als er nach der Mahlzeit die Schale in den Fluß wirft, kommt wieder der Himmels-Herrscher *Śākra* und bewahrt auch diese in einer Pagode.

금金강剛・좨座 빛・이・고
ᄉ獅ᄌ子・좨座・롤 :셰ᅀᅳ・뱌
・밣八・먼萬 부:톄 안・자
제여・곰 :뵈시・니
밍盲룡龍・이 ・눈・ᄠᅳ・고
가迦ᄯᅩ荼룡龍・이 ・보ᅀᅳ・뱌
:네 부텨 공供・양養・올
니・ᅀᅥ・ᄒᆞ・ᅀᆞᄫᅳ・니

Nr. 65

Der Diamantsitz wird geschmückt,
 der Löwensitz errichtet, und
  80.000 Buddhas lassen sich nieder
   und zeigen sich jeder Einzelne

Der blinde Drache öffnet die Augen,
 auch der Drache *Kado* sieht ihn
  und bringt vier Buddhas nacheinander Opfer dar

Sarvāthasiddha findet mit der Hilfe der Götter den Platz unter einem *Bodhi*-Baum, an dem alle bisherigen Buddhas ihre Erleuchtung gefunden haben, und als er sich dort niederläßt, eilen 80.000 frühere Buddhas herbei, um dem unmittelbar bevorstehenden Ereignis nahe zu sein. Die Erde erbebt, und heller Glanz strahlt in alle Welten. Da wird ein blinder Drache sehend, der in einem früheren Leben Mönch gewesen, dann aber abtrünnig geworden und zur Strafe verwandelt worden war. Er bittet den *Sarvāthasiddha* um Hilfe und wird erlöst. Auch der Drachenkönig *Kālika* erwacht aus einem tiefen Schlaf. Als er sich umsieht, sieht er den *Sarvāthasiddha* beschützt von den vier Weltenhütern und bringt jedem von ihnen Opfer dar.

| 끠其 · 륙六 · 씹十 · 륙六 |

· 빓畢 · 밣鉢라羅 · 슈樹 · 에 ᄒ오 · ᄉㅏ · 가싫 · 제
　· 득德 · 뚱重 · ᄒ · 샤
　　· 짜 · 히 드 · 러 · 치 · 니

· 긿吉 쌍祥 뭏茅:츃草 · 룰 · 손 · ᄋ · 로
· ᄭ · ᄅ싫 · 제
　· 득德:뚱重 · ᄒ · 샤
　　· 짜 · 히 · ᄯㅗ 드 · 러 · 치 · 니

Nr. 66

Als er alleine zum *Pippala*-Baum geht
　wiegt seine Wirkkraft so schwer,
　　daß die Erde erbebt

Als er das glückverheißende Gras mit eigener Hand zurecht legt
　wiegt seine Wirkkraft so schwer,
　　daß die Erde erneut erbebt

Als *Sarvāthasiddha* aus dem Berg *Gaya* zum *Nairañyanā*-Fluß gegangen war, hatten ihn fünf Asketen begleitet, ihn aber dann verlassen, als er wieder anfing, Speisen zu sich zu nehmen. So ging er alleine zum *Bodhi*-Baum, der auch *Pippala*-Baum heißt. Die Erde bebte unter seinem Schritt. Wie alle Buddhas vor ihm bereitete er sich aus Gras eine Sitzunterlage, und wieder erbebte die Erde.

끠其·륙六·씹十·칧七

·졍正·각覺·올 일·우시·릴·씨
마魔궁宮·에 ·방放광光·ㅎ·샤
바波쓘旬·이·룰 항降:히·요리·라

바波쓘旬·이 ·꿈·을 ·꾸·고
씬臣:하下·와 ··의議론論·ㅎ·야
꾸瞿땀曇·이·룰 항降:히·요리·라

Nr. 67

Da er das Rechte Erwachen erlangen wird
    strahlt sein Glanz bis in die Hölle:
        "Ich werde *Papiya* sich unterwerfen machen!"

Papiya träumt
    und berät sich mit seinen Untergebenen:
        "Ich werde den *Gautama* sich unterwerfen machen!"

Auf dem letzten Schritt des Weges zur Erleuchtung, so denkt *Sarvāthasiddha*, werden alle Widersachermächte ihre letzten Kräfte gegen ihn aufbringen, also nimmt er sich vor, den Kampf mit dem Mächtigsten von ihnen, dem Höllenkönig *Māra Papiyas* aufzunehmen, denn wenn dieser besiegt wäre, würden auch alle Anderen sich unterwerfen. *Māra Papiyas* aber hat 32 Alpträume, die ihn seinen Untergang voraussahnen lassen und in großer Unruhe und Furcht, aber trotzig, versammelt er seine Untergebenen zum Kampf.

| 끠其·륙六·씹十·밣八 |

:셰 ·쫄·올 보·내·야
　여·러 :말 술 ·붗 며
　　감甘·로露·룰　·퀀勸·ㅎ ·ᄉᆞᆸ·니

·즁衆병兵·을 뫼 ·화
　·온 ·양樣:ᄌᆞ子ㅣ ᄃᆞ외·야
　　·졍淨甁瓶·을 무·우·려ㅎ·니

Nr. 68

Er schickt seine drei Töchter
    die viel schöne Worte machen
        und süßen Göttertrank entbieten

Er versammelt die Scharen der Soldaten
    die allerlei Gestalt annehmen
        und will die 'Reine Vase' erschüttern

Er schickt seine drei Töchter mit Namen "Verzückung", "Streit" und "Durst" zu *Sarvāthasiddha,* die ihn umgarnen und mit Göttertrank verwirren sollen. Auch seine Soldaten schickt er in vielerlei grauenerregender und furchteinflößender Gestalt.

| 끠其 · 륙六 · 씹十 :굽九 |

· 뼉白毫毫 · 로 견 · 지시 · 니
　　각 · 시 :더러 · 본 아 · 래 ᄀ · 린 거 · 시
　　　　:업 · 게 ᄃ외 · 니

· 힗一毫毫 · 도 아 · 니 :뮈시 · 니
　　:귀鬼병兵 :모 · 딘 잠 · 개
　　나 · ᅀᅡ · ᄃ · 디 :몯 · 게 ᄃ외 · 니

Nr. 69

Mit seiner weißen Locke richtet er seinen Blick auf sie
　　und was den häßlichen Unterleib der Mädchen verbirgt
　　　　wird entfernt

Auch nicht ein Haar bewegt er,
　　aber die grausamen Waffen der Heerscharen der Dämonen
　　　　können nicht herankommen

Vor dem Auge des *Sarvāthasiddha* mit einen Strahl aus der Mitte der Stirn aber verwandeln sich die hübschen Töchter in alte und häßliche Weiber, deren entblößter Unterleib aus Würmern und Schlangen besteht, und auch die Waffen der Soldaten der Hölle können dem *Sarvāthasiddha* nichts anhaben.

끵其·칧七·씹十

각·시 ·쏘 ·비·옌 ·큰 벌·에
·곬骨:쉬髓·옌 효·군 벌·에
　미·틔·ᄂᆞᆫ 얼·읜 벌·에러·니

각·시 ·쏘 가·온·딘 가·히
엇·게·옌 ·ᄇᆞ얌 여ᅀᅮ
앏:뒤·헨 아·히 ·할·미러·니

Nr. 70

Die Mädchen waren einerseits im Bauch große Würmer
　Im Knochenmark kleine Würmer
　　und unten glitschige Würmer.

Die Mädchen waren andererseits in der Mitte ein Hund
　In der Schulter Schlange und Fuchs
　　und vorne und hinten Kind und alte Frau

Die Häßlichkeit der Töchter vor dem Buddha ist unbeschreiblich, mal scheinen sie nur aus allerlei Gewürm und anderem ekligem Getier zu bestehen, mal sind sie Mischwesen aus niederem Getier.

끠其·칧七·씹十·힗一

마魔왕王·이 :노혼·둘
:똥道:리理 :거츨·씨
무無·수數호 군軍·이 ·졍淨뼝甁·을
:몯 무우·니

·셰世존尊·이 쭈慈심心·ᄋᆞ·로
삼三·미昧·예 ·드·르시·니
무無·수數호 ·놀·히 련蓮화花ㅣ
드외·니

Nr. 71

König *Ma* ist zwar zornig,
    da aber die Grundrichtung seines Weges nicht stimmt,
        können die zahllosen Soldaten den 'Reine Vase' nicht erschüttern.

Der Von-Aller-Welt-Verehrt, milden Sinnes,
    tritt in *samādhi* ein,
        und die zahllosen Schwerter werden Lotos-Blüten

Sein noch so großer Zorn ist kraftlos angesichts des *Sarvāthasiddha* und die Soldaten sind machtlos. *Sarvāthasiddha* aber erträgt all dies mit Gleichmut und sitzt in Meditation, während rings um ihn die Waffen der Höllensoldaten zu Blumen verwandelt werden, die die Luft erfüllen und den Erdboden bedecken.

끠其·칥七·씹十·시二

·륙六텬天　·밣八:뿡部　:귀鬼병兵兵·이
바波쑨旬·의　:말 드·러　·와
:모딘　·ᄠᅳ·들　일·우오·려터·니

무無·수數　텬天:ᄌᆞ子　텬天:녀女ㅣ
부텻　광光명明·보ᄉᆞ·바
:됴ᄒᆞᆫ　ᄆᆞᅀᆞᆷ·올　:내·혀ᄉᆞ·ᄫᆞᆯ·니

Nr. 72

Die Acht Klassen Heerscharen dämonischer Wesen der Sechs Himmel
　hörten des *Papiya* Worte und kamen herbei
　　und wollten seinen bösen Willen erfüllen.

Die zahllosen himmlischen Wesen
　sehen die glänzende Helle des *Sarvāthasiddha*
　　und erstarken in ihrem reinen Herzen

Alle Heerscharen aus allen Höllensphären kämpfen mit vollem Einsatz, die Himmelsgottheiten aber sehen den Glanz des *Sarvāthasiddha* und erstarken in ihrem guten Wesen.

| 끠其·칧七·씹十삼三 |

:봉寶관冠·올 바·사 견·져
·뗘地·옥獄 잠·개 뫼·화
꾸瞿땀曇·이·룰 :모·디
자·ᄇ·라터·니

·뻭白뽛毫·롤 드·러 견·지·샤
·뗘地·옥獄·이 ·믈·이 ᄃ외·야
:쬐罪신人·돌·히 :다 신人간間·애
나·니

Nr. 73

Māra nahm die Juwelenkrone ab und deutete auf den *Sarvāthasiddha*
   sammelte die Waffen der Hölle
      und schrie: "Ergreift ohne Fehl den *Gautama*"

Sarvāthasiddha erhebt seine weiße Locke und deutet auf *Māra*
   die Hölle wird zu Wasser
      und alle Sünder kommen in die Menschenwelt hinaus

Mara liegt im verzweifelten Endkampf und feuert vergeblich die Seinen an. *Sarvāthasiddha* aber richtet nur seinen Blick auf *Māra*, da schmilzt die Hölle und alle Verdammten werden befreit.

其·七·十·四

마魔왕王·이 :말 재·야
부텻·긔 나·ᅀᅡ·드·니
·현·날인·돌 메迷·혹惑 어·느
·플·리

부텻 ·디智·륵力·으·로
마魔왕王·이 업·더디·니
·ᄭᅵ二·욿月ㅅ·밣八·쇯日·에
·졍正·각覺 일·우시·니

Nr. 74

König *Ma* mit Worten trickreich
  geht gegen Buddha vor
    wieviele Tage gar noch, wie wird die Verwirrung sich lösen?

Durch des Buddha's Geisteskraft
  unterwirft sich König *Ma*,
    am achten Tag des zweiten Monats erlangt Buddha das Rechte Erwachen

---

Voll Neid und Eifersucht versucht *Māra*, den Buddha zu überreden, nicht die Erleuchtung anzustreben und lieber die im Kampf gezeigten Fähigkeiten als Früchte seiner Bemühungen im hiesigen Leben zu genießen, aber am Ende muß er sich doch unterwerfen. Allerdings bleibt er noch immer ein Gegenspieler, wenn auch vorläufig ohne Einfluß.

끠其·칧七·씹十:오五

홍優삐婆·꾹鞠다多존尊:쟈者ㅣ
　·묭妙·법法·을　·펴거·늘
　　마魔왕王·이　굴·외·니이·다

·때大쭝慈비悲　·셰世존尊ㅅ·긔
　버·릇 :업습·던 :일·올
　　마魔왕王·이 :뉘으·츠·니이·다

Nr. 75

So hört! Als der Ehrwürdige *Upagupta*
　　das "Wundervolle *Dharma*" verkündet
　　　　widersetzt sich König *Māra*

So hört! Sein dem großbarmherzigen Von-aller-Welt-Verehrt gegenüber
　　ungehöriges Betragen in der Vergangenheit
　　　　bereut König *Māra*

Die endgültige Unterwerfung des *Māra* geschah erst zu Zeiten des vierten Patriarchen nach des Buddha Tod, *Upagupta*. Dieser stand einer großen Schar Anhänger vor, und gegen ihn verlor *Māra* seinen letzten Kampf und zeigte endlich Reue.

| 끵其・칧七・씹十・륙六 |

・큰 룡龍・올 지・ᅀᅡ
　・셰世존尊ㅅ 몸・애 감・아・눌
　　ᄍᆞ慈비悲심心・ᄋᆞ・로 :말 아・니
　・ᄒᆞ시・니

화花만鬘・올 밍・ᄀᆞ・라
　존尊:쟈者ㅅ 머・리・예 연・자・눌
　　씬神통通・륵力・ᄋᆞ・로 모・ᄀᆞᆯ
　구・디 민・니

Nr. 76

Der Flußgott macht einen großen Drachen
　und wickelt sich um den Körper des Von-aller-Welt-Verehrt;
　　der Von-aller-Welt-Verehrt schweigt barmherzigen Gemütes

?? macht einen Blumenkranz
　und kränzt das Haupt des Ehrwürdigen
　　mit Geisteskraft bindet er den Kranz fest um den Hals

Die erste Episode bezieht sich auf die fünfte Woche nach der Erleuchtung, in der der Buddha im Palast des Schlangenkönigs *Mucilinda* weilte und es sieben Tage lang regnete. Der Schlangenkönig verwandelte ich in eine große Schlange und wand sich schützend um den Buddha. Dieser zeigte sein zustimmendes Wohlwollen duch Schweigen.
Die zweite Episode ist noch nicht identifiziert.

끠其·칧七·씹十·칧七

바리 뽟·리논 ·쇠 :거츨·언마·론
쭝慈비悲심心·ᄋᆞ·로
　　구·지·돔 모·ᄅ시·니

수·플·에 ·나논 부:톄 :거츨·언마·론
공恭·경敬심心·ᄋᆞ·로
　　끠期·약約·올 니·즈·니

Nr. 77

Obwohl die Kuh, die die Almosenschale brach, sich widersetzte,
　barmherzigen Gemütes
　　　kennt er kein Schelten

Obwohl der Buddha, der den Wald verlassen hatte, sich widersetzte,
　ehrerbietigen Sinnes
　　　vergessen sie ihr Versprechen

Die erste Episode bezieht sich möglicherweise auf *Ānanda*, der einmal eine widerspenstige Kuh melken mußte.
Die zweite Episode bezieht sich auf die fünf Asketen, die mit *Sarvāthasiddha* aus dem Berg *Gaya* zum *Nairañyanā*-Fluß gegangen waren, ihn aber dann verlassen hatten, als er wieder anfing, Speisen zu sich zu nehmen. Sie hatten sich vorgenommen, den Buddha als Abtrünnigen zu verachten, schlossen sich aber später mit unter den Ersten dem Buddha als Mönche an.

77

其· 七· 十· 八

구:지·돔 모·ᄅ샤·도
  ·셰世존尊ㅅ ·득德 닙ㅅ·바
    :죄罪·ᄅᆞᆯ· 버·서 ·ᄯᅵ地·옥獄· 올
    ·ᄀᆞᆯ·아·나·니

期·약約·올 니·저·도
  존尊:쟈者ㅅ :말 향降·뽁服·ᄒᆞ·야
    ·절ᄒᆞ·고 하·ᄂᆞᆯ·해 도·라가·니

Nr. 78

Obwohl er Vorwürfe nicht kennt
  empfängt er die Wirkkraft des Von-aller-Welt-Verehrt,
    streift die Schuld ab und verläßt die Hölle

Obwohl er das Versprechen vergißt
  unterwirft er sich den Worten des Patriarchen
    verbeugt sich und kehrt in den Himmel zurück

Beide Episoden sind bisher nicht entschlüsselt.

| 其·七·十:九 |

·십入·뎡定·방放광光·ᄒ·샤
　삼三명明·을　·득得·ᄒ시·며
　　·륙六통通·이　·쪼　ᄀᄌ·시·니

명明셩星 비·취어·늘
　·십十·빯八·법法·을　·득得·ᄒ시·며
　·십十씬神·력力·을　·쪼 :시·르시·니

Nr. 79

Er tritt in die Versenkung "Aussenden-Von-Strahlen" ein
　und erlangt die Drei Klarheiten
　　und besitzt auch die Sechs Übernatürlichen Fähigkeiten

Ein heller Stern erstrahlt,
　er erlangt die Achtzehn *Dharma*
　　und stellt die Zehn Übernatürlichen Kräfte zusammen

Im Erreichen der Buddha-Erleuchtung erlangte er in tiefer Meditation alle Kräfte und Fähigkeiten, die einzeln auch Nicht-Buddhas erreichen können, in ihrer Gesamtheit aber nur von einem Buddha erreicht werden und einen solchen geradezu ausmachen.

끠其·밣八·씹十

·셰世·개界ㅅ :일·올 ·보·샤
  아·로·미 훤·ᄒᆞ시·며
   ·짱·샹相·이 드·러·치·니

·디智·ᅘᅰ慧 볼ᄀ·샤
  저·푸·미 :업·스시·며
  하·ᄂᆞᆳ ·부·피 절·로 :우·니

Nr. 80

Der Buddha schaut die Ereignisse dieser Welt,
   sein Erkennen ist tief
      und die Feste der Erde erbebt

Seine Weisheit ist leuchtend
   und er ist ohne Fürchten,
      und von selbst erschallt die Himmelstrommel

끠其·밣八·씹十·휭一

·밣八:部ㅣ 둘·어셔·며
·쪙淨거居텬天·이 깃·그·며
썅祥·쒸瑞ㅅ ·구룸·과 곳·비·도
ᄂᆞ·리·니

져諸텬天·이 모·다 오·며
:오五통通션仙·이 깃·그·며
하·눐 봉風륭流·와 감甘·로露·도
ᄂᆞ·리·니

Nr. 81

Die Acht Klassen umringen ihn
    die Gottheiten-der-reinen-Behausung sind voll Freude
        auch glückverheißende Wolken und Blumenregen sinken herab

Alle himmlischen Wesen kommen herbei
    Die Unsterblichen mit den fünf übernatürlichen Fähigkeiten sind voll Freude
        auch himmlische Musik ertönt und süßer Tau sinkt herab

끠其·붫八·씹十·싀二

부텻 본증·을
  딴彈왕王·이 :묻·즈바·눌
  견堅롱牢·띠地씬神·이 솟·나·아
  니르·니

부텻 긔·별·을
  ·띠地씬神·이 닐·어·늘
  콩空씬神텬天씬神·이 ·쏘 우·희
  알·외·니

Nr. 82

Nach des Buddha Beweisen
  verlangt der König-mit-dem-Bogen
    da steigt der Erdgeist Fest-und-Dauerhaft auf und legt Zeugnis ab

Die Kunde vom Buddha
  bringt der Erdgeist vor, und da
    verkündigen sie auch oben die Geister der Luft und des Himmels

---

König *Māra*, der Versucher, merkt, dass der meditierende *Gautama* kurz davor steht, ein Buddha zu werden und nähert sich ihm in Gestalt des lächelnden Liebesgottes *Kama* mit einem glänzenden Bogen und den Pfeilen "Leidenschaft, Sehnsucht, Verlangen, Betörung und Verderben", die aber wirkungslos abprallen. Noch immer nicht aufgebend, verlangt *Māra* nach Beweisen, da berührt *Gautama* mit den Fingerspitzen der rechten Hand die Erde. Diese öffnet sich, die Erdgöttin *Bhumi* (oder *Sthavati*) erscheint, kniet vor *Gautama* nieder und ruft: "Der Sieg ist Dein, die Erde ist dafür Zeuge". Als sie dies hören, verbreiten die Geister der Luft die frohe Kunde.

| 끠其·밣八·씹十삼三 |

쪈前싱生·애 슝修·휑行 기프·신
　문文슈殊:포普현賢·돌·히
　　·둘:뇠·긔　·구룸 몯·둧 더시·니

·셰世·걔界·예　·묠妙·법法 :펴리·라
　원圓:만滿·봉報신身로盧·샤舍나那ㅣ
　화華엄嚴겅經·을　·돈頓·굡敎·로
　니르·시·니

Nr. 83

Die in früheren Leben tief in die Selbsterziehung eingedrungenen
　Mañjuśrī und Allgemein-Tüchtiger und viele ihresgleichen
　　versammelten sich wie Wolken um den Mond

Um in der Welt das Wundervolle *Dharma* zu verbreiten,
　predigt Der-mit-dem-vollkommenen-Körper-seiner-Verdienste-
　ausgestattete-*Rocaṇa*
　　mit der "Lehre vom plötzlichen Erwachen" das
　　Blumengirlanden-Sutra

Alle Wesen, die sich die notwendige Vorbereitung erarbeitet haben, versammeln sich und der Buddha predigt die "Lehre von der plötzlichen Erlösung".

끠其·밣八·씹十·ᄼ四

·때大·법法·을 :몰·라 드를·씨
·녏涅빤槃·호려·터시·니
져諸텬天·이 :쳥請·ᄒᆞᆼ·ᄉᆞᄫᆞ·니

방方·뼌便·으·로 :알·에 ·ᄒᆞ·샤
삼三·씽乘·올 니ᄅᆞ·시릴·씨
져諸·뿛佛·이 ·잔讚·탄歎·ᄒᆞ시·니

Nr. 84

Da die Menschen das Große *Dharma* nicht verstehen
  gedachte er in das *Nirvāṇa* einzugehen,
    aber die Himmel halten Fürbitte

Als er den Umständen angepaßt verstehen machen
  und die "Drei Fahrzeuge" predigen will
    da lobpreisen alle Buddhas

Der Buddha merkt, daß die Menschen die "Lehre von der plötzlichen Erlösung" nicht verstehen und ist verzweifelt. Er denkt daher zunächst nicht daran, eine Lehre zu verkünden, da er den Weg zur Erleuchtung für die in der Sinnenwelt gefangen Menschen als unvermittelbar ansieht. Die Götter aber bedrängen ihn, doch zu lehren, worauf er sich entschließt, einen allmählichen Weg zur Befreiung aus dem Kreislauf der Wiedergeburten durch Erkennen, Übungen und gute Werke zu verkünden.

끠其·밣八·씹十:오五

쎵成:똥道:훙後 ·시二·칧七·싫日·에
타他·화化·쫑自·찡在텬天·에
·가·샤
  ·씹十·띠地경經·을 니ᄅ·시·니

쎵成:똥道:훙後 ·ᄉ四·씹十:궁九·싫日·에
차差리梨니尼가迦·애 ·가·샤
가加부趺·쫘坐·ᄅᆞᆯ 안ᄌ·시·니

·쫘 차 쎵 경 ·화 쎵
 坐 差 成 經 化 成
·똘 리 똥 ·을 쯩 끠
   梨 道   自 其
앉 니 훙 ᄅ 똥 ·밣
   尼 後   在 八
·시 가 ·시 니 텬 ·씹
   迦   天 十
·니 ·애 ᄉ ·니 ·에 ·시
     四   二
·가 씹 ·칧
   十 七
·샤 :궁 싫
   九 日
가 싫 ·에
加 日
부 ·에 ·띠
趺   地

Nr. 85

Am 14ten Tag nach Vollenden des Weges
  geht er zu der Sphäre "Die-Anderen-verwandeln-um-selbst-zu-
  existieren"
    und verkündet das "Sutra der zehn Stufen"

Am 49ten Tag nach seiner Erleuchtung
  begibt er sich zum *kṣīriṇikā*
    und läßt sich mit gekreuzten Beinen nieder

Am 14. Tag nach seiner Erleuchtung begab sich der Buddha in die Hölle und predigte, am Ende der 7ten Woche setzte er sich meditierend in einen Wald.

| 끠其·밣八·씹十·륙六 |

홍졍바·지·둘·히
　·길·흘 :몯 :녀·아
　　텬天씬神ㅅ·긔 :비더·니이·다

수·픐 씬神령靈·이
　길·헤 ·나·아 :뵈·야
　　·셰世존尊·올 :아숩·게 ᄒ·니이·다

Nr. 86

So hört! Die Händler
　kamen auf dem Weg nicht mehr voran
　　und beteten zu den Himmlischen Geistern

So hört! Der Waldgeist
　tritt auf den Weg und deutet
　　und macht sie auf den Von-aller-Welt-Verehrt aufmerksam

Als er so unter dem Baume saß, zogen zwei Kaufleute vorbei, deren Ochsen vom Waldgeist am Weiterziehen gehindert wurden, der sie dadurch auf den so lange schon fastenden Buddha aufmerksam machen wollte.

끠其·밣八·씹十·칧七

:세가·짓 공供·양養·이
　그·르·시 :업슬·씨
　　쪈前·셰世·뿛佛·을 ᄉ랑·터시·니

·칧七 :뵹寶바리·예
　공供·양養·올 :담·ᄋᆞ샤·미
　·ᄉ四텬天왕王·이 :쳥請·이ᅀᆞ·ᄫᆞ·니

Nr. 87

Für die dreierlei Opfer
　gab es kein Gefäß,
　　da dachte er an die Buddhas früherer Zeiten

In siebenerlei Schalen aus Edelstein
　die Opfer zu füllen
　　ist der Wunsch der Vier Himmelskönige

Die Händler boten dem Buddha Honig, Kuchen und geschälte Zuckerrohrstengel an, aber dieser hatte kein Gefäß, in das er die Gaben hätte empfangen können. Da kamen die Könige-der-vier-Himmelsrichtungen herbei und brachten Schalen aus Gold. Der Buddha aber empfand derartige Kostbarkeit als unpassend für sich und wies sie zurück, desgleichen Schalen aus Silber, Lapislazuli, Bergkristall, Diamant und anderen insgesamt sieben edlen Materialien.

끠其·밣八·씹十·밣八

:녯·날·애 바리·를 :어·더
삐毗로盧쟈遮나那ㅅ :말·로
오·ᄂᆞᆯ :일·올 기·드리:ᅀᆞᆸ더·니

오·ᄂᆞᆯ·날 ·ᄠᅳ·들 :몯 일·워
삐毗사沙몬門왕王·이 :말·로
:녯·낤 ·원願·을 일·우ᅀᆞ·ᄫᆞ·니

Nr. 88

In alten Zeiten hatten die Vier Himmelskönige je eine Steinschale erhalten
und nach der Weisung des *Vairotchana*
auf das heutige Geschehen gewartet

Heute endlich, bisher konnten sie das Vorhaben nicht ausführen,
nach den Worten des König *Vaiśravana*
erfüllen sie den Wunsch aus alten Tagen

Einst hatte *Vairotchana*, der Herr der mittleren Weltgegend, den Königen der Vier Himmelsrichtungen je eine Steinschale gegeben, ihnen aber geboten, nicht daraus zu essen, sie vielmehr in einem Heiligtum aufzubewahren, bis sie sie dereinst dem *Śākyamuni* überreichen könnten. *Vaiśravana*, einer der Vier Himmelskönige, erkannte, daß nunmehr dieser Zeitpunkt gekommen war.

끠其 · 밣八 · 씹十 : 굽九

· 셰世존尊ㅅ 쯩慈비悲심心 · 에
　ᄒᆞ나 · 흘　바 · ᄃᆞ · 면
　　:네 ᄆᆞ숨 · 이 고ᄅᆞ · 디 :몯ᄒᆞ · 리

· 셰世존尊ㅅ 씬神통通 · 륵力 · 에
　ᄒᆞᆫ · ᄃᆡ 누 · ᄅᆞ시 · 니
　　:네 바:리 브 · 터 어 · 우 · 니

Nr. 89

Der Von-der-Welt-Verehrt in seinem barmherzigen Gemüt:
"Wenn ich nur eine Schale annehme
　können nicht alle vier Seelen gleich zufrieden sein"

Der Von-der-Welt-Verehrt in seiner Geisteskraft
　drückt sie in eine zusammen
　　und verschmilzt die vier Schalen miteinander

Da der Buddha den Königen der Vier Himmelsrichtungen allen in gleicher Weise Dankbarkeit zeigen und keinem den Vorzug, nur seine Schale zu nehmen, geben möchte, nimmt er alle vier Schalen entgegen und verwandelt sie in eine.

끠其:굽九 · 씹十

·뜨·들　·올·히　너·기·샤
·붊佛·법法승僧 니르·시·고
　·꼐偈 지·서　·쏘　니르·시·니

:말·올　·올·히　너·기·샤
　터·리　·뻬·혀·주시·고
　·손·토·볼　·쏘　·주시·니

Nr. 90

Ihre Gesinnung empfindet er als recht
　und spricht zu ihnen von den Buddhas, dem *Dharma* und den Mönchen,
　　verfasst eine *Gatha*, und trägt diese vor.

Ihre Worte empfindet er als recht
　zieht sich ein Haar aus und gibt es ihnen
　　und gibt ihnen auch einen Fingernagel

Nachdem er die Gaben der Kaufleute dankbar entgegengenommen hatte, sprach er zu ihnen über die "Drei Juwelen", d.h. über die Buddhas, Die Lehre und den Mönchsorden. Die Kaufleute erkennen, wen sie vor sich haben und bitten um eine Kleinigkeit zur Erinnerung. Der Buddha gewährt ihnen eines seiner Haare und einen Fingernagel.

끠其:굽九·씹十·힗一

무無·량量·겁劫 우·희
연燃등燈셔如리來ㄹ ·보〮〯·바
뽀菩뗴提심心·ᄋᆞ·로 ·츌出가家
·ᄒᆞ·더시·니

ᄒᆞᆫ :낟 머·릿터러·글
모·든 하·놀·히 :얻즈·바
·씹十·혹億뎐天·에 공恭·양養
·ᄒᆞ·ᅀᆞᆸ·니

Nr. 91

Vor unermeßlichen *Kalpas*
    hatte er den Vollendeten Der-das-Licht-entzündet getroffen
        und war, entschlossen, *Bodhi* zu erlangen, in die Hauslosigkeit
        gegangen

Ein Haupthaar
    haben alle Himmel bekommen
        und in Milliarden Himmeln werden Opfer dargebracht

Auf die offensichtliche Enttäuschung der Kaufleute ob dieser mageren Gabe erzählte er ihnen, wie er vor Urzeiten den Buddha *Dīpaṃkara* traf, für diesen sein Haar auf dem Wege ausbreitete, und wie dieser ihm die spätere Buddhaschaft geweissagt habe, und diesem Haare werde seither in den Himmeln große Verehrung entgegengebracht.

끠其:굽九 · 씹十 · ᄭᅵ二

탐貪 · 욕欲심心 :겨시 · 건마 · 론
  ᄒᆞᆫ :낤 터럭:쑤 · 늘
    공供 · 양養공功 · 득德 · 에
       · 녈涅빤槃 · 올 · 득得 · ᄒᆞ야 · 니

삼三 · 막藐삼三 · 뿛佛따陀ㅣ · 어시 · 니
  ᄒᆞᆫ 터럭 ᄒᆞᆫ · 토빈 · 돌
    공供 · 양養공功 · 득德 · 이 어 · 느
    :ᄀᆞ 이시 · 리

Nr. 92

Selbst als der Buddha noch begehrlichen Sinnes war
   erlangten sie mit nur einem Haar
      durch die Verdienste und Tugenden des Opfers das *Nirvāṇa*

Jetzt ist er der *Samyaksaṃ*-Buddha.
   Ein Haar und ein Fingernagel,
      welche Grenzen hätten wohl die Verdienste und Tugenden des Opfers

---

Der Buddha überzeugte die Kaufleute aber von dem grenzenlosen Wert der gewährten Gabe eines Haares und Fingernagels, indem er ihnen berichtete, daß die himmlischen Wesen durch die Verehrung nur eines Haares des zukünftigen Buddha schon in der Zeit vor dessen Erleuchtung Erlösung erlangen konnten.

| 끠其:궁九 • 씹十삼三 |

:쎤善 • 록鹿왕王 • 이실 • 씨
　목:숨 • 을　ᄇ • 료려 • ᄒ • 샤
　　 • 뻠梵마摩 • 땃達 • ᄋᆞᆯ　ᄀᆞᄅ • 치시 • 니

:신忍 • 쇽辱션仙신人 • 이실 • 씨
　 • 손 • 발 • ᄋᆞᆯ　바 • 히ᄉ • 보 • 나
　가歌 • 리利 • 를　 • 궁救 • ᄒᆞ려 • ᄒ시 • 니

Nr. 93

Er ist der König Guter-Hirsch
　will sein Leben opfern und
　　belehrt so den *Brahmadatta*

Er ist der Unsterbliche-der-alle-Erniedrigungen-erträgt
　und so, als man ihm Arme und Beine abhackt,
　　will er dennoch den *Kali* retten

In einer früheren Inkarnation war der Buddha Leittier einer Hirschherde, der eines Tages anstelle einer zum Schlachten vorgesehenen Hirschkuh, die schwanger war, sich selber schlachten lassen wollte. Durch sein Opfer wurde ein despotischer König namens *Brahmadatta* bekehrt, der von nun an ein Tötungsverbot für alle Tiere im Hirschpark erließ.

　In einer anderen Inkarnation war der Buddha ein Heiliger, den man "Der-Unsterbliche-der-alle-Erniedrigungen-erträgt" nannte. Eines Tages suchte ihn eine der Konkubinen des Königs *Kali(rādja)* auf, worüber der König derart erzürnte, daß er ihm Arme und Beine abhacken ließ. Der Heilige erduldete dies mit Gleichmut und bekehrte damit den *Kalirādja*. Und er weissagte ihm, er, der Heilige, werde in einem späteren Leben ein Buddha und *Kalirādja*, als *Kauṇḍinya* wiedergeboren, werde sein Schüler.

끠其:굽九·씹十·스四

쪈前·셰世·옛 힌因원緣·이실·씨
　·법法·을 ·뒨轉·호샤·디
　·록鹿:야野:원苑·에 ·몯 몬져
니르·시·니

쪈前·셰世·옛 :말·이실·씨
　·즁衆싱生·올 ·졔濟·또渡·호샤·디
꾱憍뗜陳셔如·를 ·몯 몬져
　·꿍救·호시·니

Nr. 94

Es gibt ursächliche Zusammenhänge in einem früheren Leben,
　und als er das *Dharma* in Bewegung setzt
　　predigt er zu allererst im Hirschpark
Es gibt die Weissagung in einem früheren Leben,
　und als er die Lebewesen erlöst,
　　rettet er zu allererst den *Kauṇḍinya*

In dem "Hirschpark", in dem einst der Buddha in seiner Inkarnation als "Der-Unsterbliche-der-alle-Erniedrigungen-erträgt" den *Brahmadatta* bekehrt hatte, halten sich die fünf Gefährten auf, die den späteren Buddha verlassen hatten, als dieser sich von der Askese abwendete. Der Buddha begibt sich zu ihnen, um bei ihnen anzufangen zu predigen. Nach anfänglicher Ablehnung lassen sie sich nach kurzer Zeit in den Mönchsorden aufnehmen und werden zu dessen Keimzelle.

Kauṇḍinya aber, der wiedergeborene *Kalirādja*, war einer der Fünf. Er war der erste, der des Buddhas Predigten verstand, und so wurde die Weissagung erfüllt und er wurde als Erster in den Mönchsorden aufgenommen.

끠其:굽九·씹十:오五

·ᄉ四쳔千·리里 감·ᄋᆞᆫ 룡龍·이
 :똉道:쏘士ㅣ ᄃ외·야
  삼三귀歸희依·를 :쓩受·ᄒᆞ·ᅀᆞᄫᆞ·니

·밣八·먼萬 나那융由텬天·이
 ·ᄉ四·뎨諦·를 듣:ᄌᆞᆸ·고
  ·법法:안眼·ᄋᆞᆯ ·득得·ᄒᆞ·ᅀᆞᄫᆞ·니

Nr. 95

Der viertausend Li lange schwarze Drache
  wurde ein Erkennender
    und nahm die "Drei Zufluchten und Stützen" entgegen

Achtzigtausend *Ayu*-Himmel
  hörten seine "Vier Wahrheiten"
    und ihnen ging das *Dharma*-Auge auf

Als die riesige schwarze Schlange *Erāpattra*, Hüter allen Wassers, von den "Drei Zufluchten und Stützen" hörte, wurde sie erlöst und hinfort Buddhas Jünger. Auch alle Himmel und Drachen eilten herbei und als sie von den "Vier Wahrheiten" hörten, ging ihnen das Auge für das *Dharma* auf.

| 끠其:굽九 · 씹十 · 륙六 |

· 뿛佛:봉寶 · 롤 너 · 피시 · 며
  · 법法:봉寶 · 롤 너 · 피시 · 며
    슝僧:봉寶 · 롤   · 쏘 너 · 피시 · 니

· 띠地씬神 · 이   · 잔讚 · 탄歎 ㅎ · 며
  콩空텬天 · 이   · 잔讚 · 탄歎 ㅎ · 며
    텬天룡龍 · 밣八:뿛部 ㅣ   · 쏘
  · 잔讚 · 탄歎 · ㅎ · 숳ᄫ · 니

Nr. 96

Er verbreitete das Kleinod Buddha,
　er verbreitete das Kleinod *Dharma*, und
　　er verbreitete das Kleinod Mönche

Die Erdgeister lobpreisen ihn,
　die Geister der Luft lobpreisen ihn, und
　　die Acht Klassen Himmlische Wesen und Drachen lobpreisen ihn.

Die Predigt über die Drei Zufluchten und Stützen läßt alle Götter und himmlische Wesen jubeln und sie lobpreisen den Buddha ob seiner Lehrens.

| 끠其:굼九 • 씹十 • 칧七 |

• 샤舍나那신身 • 이 :뵈 • 샤
 :보 • 비   • 옷 니브 • 샤
  • 돈頓 • 굫敎 • 롤   • 뉘 아 • 라
   들ᄌ • ᄫᅩᆯ • 리

:땽丈 • 륙六신身 • 이 :뵈 • 샤
 :헌 • 오 • 솔 니브 • 샤
 :쪔漸 • 굫敎 • 롤 • 사 :다 아 • 라
   들ᄌ • ᄫᅩᆯ • 니

Nr. 97

Zeigt er sich im *Chana*-Körper,
   gekleidet in Gewänder besetzt mit Edelsteinen
      wer könnte schon die "Lehre vom plötzlichen Erwachen" verstehen?

Zeigt er sich in seinem Körper von sechzehn Fuß,
   gekleidet in abgetragene Gewänder
      die "Lehre vom allmählichen Erwachen", die verstehen alle

---

Um Zweifler zu überzeugen, will der Buddha sich ihnen angepaßt an ihre jeweilige Auffassungsgabe und innere Vorbereitung zeigen. Für die "plötzliche Erlösung" wäre angemessen, in Gestalt des "Mit-dem-vollkommenen-Körper-seiner-Verdienste-ausgestatteten-*Rocaṇa*" zu lehren, für die "allmähliche Erlösung" aber ist angemessen, in der Gestalt des "*Śākyamuni*-in-seinen-Myriaden-irdischen-verschiedenen-Verkörperungen" zu lehren.

끠其:굽九・씹十・밣八

마摩・곓竭따陁ㅅ 뼁甁사沙ㅣ
・셰世존尊ㅅ・긔 술・보・디
:똥道・롤 일・우・샤 :날
・궁救・ᄒᆞ쇼・셔 ᄒᆞ・니

가迦・셥葉 ・훓鬱비卑라羅ㅣ
・귁國신人・ᄋᆞᆯ :뵈・요리・라
지・블 지・ᅀᅥ 룡龍・ᄋᆞᆯ ・치더・니

Nr. 98

Bimbisāra von *Magadha*
  spricht zu dem Von-Aller-Welt-Verehrt
    "Erlange den Rechten Weg und errette mich"

Kāśyapa Uruvilvā ,
  um den Leuten des Landes ein Zeichen zu geben,
    baut ein Gehege und hütet einen Drachen.

Auf dem Wege von seinem ersten Lehrer, *Arada Kalapa,* zu dem zweiten, *Rudraka Ramaputra* (s. Nr. 58), war der Kronprinz seinerzeit durch das Land *Magadha* gezogen, und dessen König *Bimbisāra* hatte ihm nicht nur Almosen, sondern sogar die Herrschaft angeboten. Als der der wandernde Kronprinz aber ablehnte, entließ ihn König *Bimbisāra* mit der Bitte, die Erleuchtung zu suchen und danach zu ihm zurückzukehren und ihn zu unterweisen. Jetzt kehrt der Buddha zurück und begibt sich in die Stadt *Uruvilvā*, wo ein Feueranbeter namens *Kāśyapa* hohes Ansehen genießt. Dieser hielt, um seine übernatürliche Macht zu zeigen, einen feuerspeienden Drachen in einem gemauerten Gehege gefangen.

其:굼九 ·씹十:굼九

남·기 ·높고·도
불·휘·를 바·히·면
　여·름·을 :다 ·빠 먹ᄂ·니

·슈術·법法·이 높·다훈·ᄃᆞᆯ
　룡龍·올 항降·뽁服:히·면
　·외外:똉道ㄴ·ᄃᆞᆯ 아·니 조쫑·ᄫᆞ·리

Nr. 99

Selbst wenn ein Baum hoch ist,
　wenn man seine Wurzeln abhackt,
　　kann man alle Früchte pflücken und essen

Obwohl man sagt, seine magischen Künste seien hoch entwickelt,
　wenn der Drache überwunden wird,
　　werden dann die Andersgläubigen etwa nicht folgen?

Wegen des hohen Ansehens der magischen Kräfte des *Kāśyapa* beschließt der Buddha, zunächst dessen gefangengehaltenen Drachen zu besiegen und damit zu zeigen, daß seine erworbenen übersinnlichen Kräfte den magischen überlegen sind. Er geht davon aus, dann um so erfolgreicher seine Lehre verbreiten zu können, und begibt sich zu *Kāśyapa*.

끠其·읧一·빅百

한安:부否·를 :묻즙·고
　·뻔飯 :좌쇼·셔 :쳥請커·늘
　　자·리·롤 빌·이라 ·ᄒᆞ시·니

빵房·올 아·니 받ᄌᆞ·ᄫᅡ
　·법法·으·로 막:ᄉᆞᆸ거·늘
　　룡龍땅堂·올 빌·이라 ·ᄒᆞ시·니

Nr. 100

Er fragt nach dessen Wohlergehen
　und fordert ihn auf: "Essen Sie"
　　der Buddha aber sagt: "Leih mir einen Schlafplatz".

Er bietet ihm den Raum nicht an
　und hindert ihn durch magische Künste
　　der Buddha aber sagt: "Leih mir die Drachenhalle".

Kāśyapa begrüßt den Buddha in allen Ehren und bietet ihm Speise und Trank an, der Buddha aber bittet dagegen um einen Schlafplatz. Einen solchen kann oder will *Kāśyapa* nicht bereitstellen, da bittet der Buddha um das Drachengehege als Schlafplatz. Wegen des mit magischen Kräften gefangengehaltenen Drachen will *Kāśyapa* diesem Wunsche nicht entsprechen, der Buddha aber insistiert.

끠其·힗一·빅百·힗一

롱龍·이 ·블·을 :토吐·ᄒ·야
:모딘 :일·올 ᄒᆞᆯ·ᄊᆡ
롱龍땅堂·올 말·이·ᄉᆞᆸ더·니

·욕欲:화火·룰 ᄒ·마 ·ᄢ·샤
·해害·ᄒ·ᅀᆞᄫᆞᆯ ·리 :업슬·ᄊᆡ
롱龍땅堂·이 ·드러·가시·니

Nr. 101

Indem der Drache Feuer speit
   und grausame Dinge tut
      blockiert er die Drachenhalle

Da er sogar schon das Feuer der Begierden gelöscht hat,
   gibt es niemanden, der ihm schaden könnte,
      und er begibt sich in die Drachenhalle hinein

Der Drache ist zwar ein furchterregender feuerspeiender Drache, dem Buddha aber, der die Kraft hat, sogar das Feuer der Begierden und Leidenschaften zu besiegen, kann dieses äußere Feuer nichts mehr anhaben.

其ᄭᅵ 一ᅙᅵᇙ 百ᄇᆡᆨ 二ᅀᅵ

·똑毒·킈氣·롤 :내·니
　고·지 ᄃᆞ외어·늘
　　:모딘 룡龍·이 :노怒·롤 더ᄒᆞ·니

·블·이 도·라 디·고
　·ᄎᆞᆫ ᄇᆞ룸 :불어·늘
　　:모딘 룡龍·이 :노怒·롤 그·치·니

Nr. 102

Er stößt giftigen Odem aus,
　da aber dieser zu Blumen wird,
　　nimmt die Wut des grausamen Drachens nur zu.

Da das Feuer umgedreht wird
　und ein kühler Wind weht
　　beendet der Drache seine Wut

Der Drache versucht, den Eindringling abzuwehren, und stößt giftige Gase aus, der Buddha aber verwandelt sie in Blumen, was die Wut des Drachen nur steigert. Als er aber Feuer speit, und der Buddha dieses umkehrt und einen kühlenden Wind sich erheben läßt, läßt er von seiner Wut ab.

| 끠其 · 힁一 · 빅百삼三 |

바리 · 예 · 들어 · 늘
:몰 · 라 · 눖 · 믈 :디 · 니
 :긔 아 · 니 어 · 리 · 니잇 · 가

광光명明 · 을 · 보ᄉᆞᆸ · 고
:몰 · 라 주 · 구려ᄒᆞ · 니
 :긔 아 · 니 :어 · 엿브 · 니잇 · 가

Nr. 103

So hört! Zwar ist der Drache in die Almosenschale gekrochen,
    unwissend aber vergießt *Kāśyapa* Tränen:
        Ist das nicht dumm?!

So hört! Er sieht zwar den Strahlenglanz,
    unwissend aber möchte er sterben:
        Ist das nicht bemitleidenswert?!

Besiegt kriecht der Drache in die Almosenschale des Buddha, *Kāśyapa* aber wähnt den Buddha tot und weint, und auch als *Kāśyapa* den Strahlenglanz des Buddha als Feuerschein des Drachenkampfes wahrnimmt, wähnt er den Buddha verloren und ist so bestürzt, daß er am liebsten sterben würde.

끠其‧읧一‧빅百‧ᄉ四

‧붏弗우于‧뗴逮 염閻뿛浮뗴提‧와
꾸瞿야耶니尼 ‧훔鬱단單‧윓越‧에
녀‧러‧오‧샤
　　　가迦‧셥葉‧일 :뵈시‧니

염閻‧벽逼 하阿:례藜‧륵勒‧과
하阿마摩‧륵勒 ‧ᄍᆞ自연然깅粳:몌米‧롤
가‧져‧오‧샤
　　　가迦‧셥葉‧일 머‧기시‧니

가‧륵 염 가‧야‧붏
迦 勒 閻 耶 弗
‧셥‧ᄍᆞ‧벽‧셥 니 우‧끠
葉 自 逼 葉 尼 于 其
‧일‧연 하‧일‧훔‧뗴‧읧
然 阿 鬱 逮 一
‧머‧깅:례‧시 단‧염 빅
粳 藜 單 閻 百
‧시‧니‧메‧륵‧니‧뿛‧ᄉ
米 勒 浮 四
‧롤‧과 하‧에‧뗴
阿 越 提
‧가‧져 마‧너‧와
‧오‧샤 摩‧러‧꾸
阿‧오‧샤 瞿

Nr. 104

Nach *Pūrvavideha* und *Jambu-dvīpa*
　Godānīya und *Uttara-kuru* begiebt er sich
　　und zeigt sich dem *Kāśyapa*

Jambu und *Haritaki*,
　Āmalaka und Natur-Reis bringt er mit
　　und reicht diese dem *Kāśyapa* zur Speise

Als er erkennt, daß der Drache dem Buddha nichts hat zu Leide tun können, war er höchst erstaunt, aber sein Stolz war ungebrochen. Der Buddha erscheint ihm daraufhin gleichzeitig in den Vier Kontinenten weilend, von wo zurückgekehrt er dem *Kāśyapa* Früchte, Nüsse und Reis zum Frühstück mitbringt.

끠其·횟一·빅百:오五

楊양지枝ㅅ·믈 ·호려·ᄒ시·니
:녜 :업던 ·모·쉴
·뎨帝·셕釋·이 일·워:내·니

·오·술 ·섈오·져·ᄒ시·니
:녜 :업던 :돌·홀
·뎨帝·셕釋·이 옮·겨오·니

Nr. 105

Er möchte die Zähne putzen:
    einen früher nicht vorhandenen Teich
        erschafft der Himmels-Herrscher Śākra

Er will die Kleider waschen:
    einen früher nicht vorhandenen Stein
        bringt der Himmels-Herrscher Śākra herbei

Kāśyapa anerkennt nun die übernatürlichen Kräfte des Buddha und bringt von nun an Speisen und Trank, aber unterwirft sich immer noch nicht. Auch als er sehen muß, daß der Himmels-Herrscher Śākra persönlich bei jedem Wunsch des Buddha behilflich ist und sogar im rechten Moment für Wasser zum Putzen der Zähne oder ein Waschbrett aus Stein zum Waschen der Kleidung bereitstellt, hält er sich noch immer für ebenbürtig.

끠其·힗一·빅百·륙六

·ᄉᆞ四텬天왕王텬天·뎨帝·셕釋·뽐梵텬天·의
·비·츌 듣:줍고·ᅀᅡ
  ·씷實·올 :아·ᄉᆞᆯ·니

·혀는 ·블 ·ᄢᅳ는 ·블 메 윤 :돗·귀·롤
:비·ᄉᆞᄫᅡ·ᅀᅡ
  ·ᄠᅳ·들 일·우·니

Nr. 106

Erst als er vom Schein der „Gottheiten der Vier-Himmels-Könige", des Kaisers *Śākra* und des Gottes Brahmā hört,
  begreift er die Realität

Erst als er Hilfe beim Feuerentzünden, beim Feuerlöschen und bei den festhängenden Äxten erbittet,
  gelingen seine Absichten

Die Götter der Vier Himmelsrichtungen, der Himmels-Herrscher *Śākra* und *Brahmā*, der Herrscher der Welt umgaben den Buddha in hellem Glanze. Der Feueranbeter *Kāśyapa*, der ja jeden Abend ein Opferfeuer entzündete, glaubte zunächst, der Buddha bete ebenfalls ein Feuer an. Als er aber hörte, daß dieser Glanz von den höchsten Göttern selbst stammt, begann er zu verstehen, was es wirklich mit seinem Gast auf sich hatte.

Eines Abends, als *Kāśyapa* wieder sein Opferfeuer entzünden wollte, verhinderte dies der Buddha mit geistiger Kraft, und erst als *Kāśyapa* ihn um Hilfe bat, entzündete das Feuer sich von ganz alleine. Als *Kāśyapa* das Feuer nach der Zeremonie löschen wollte, verhinderte auch dies der Buddha, und wieder erst als *Kāśyapa* ihn um Hilfe bat, erlosch das Feuer wieder von ganz alleine. Und schließlich, als *Kāśyapa* Holz hacken wollte, verharrte die Axt bewegungslos in der Luft uind ließ sich ebenfalls erst mit der Hilfe Buddhas bewegen. *Kāśyapa* verstand nun, sagte sich aber immer noch: "Auch ich bin ein großer Heiliger".

끠其·힗一·븩百·칧七

모·새 ·드·르시·니
　즘·게 남·기 굽거·늘
　　·가지·롤 자·바 ·나시·니

ᄀᆞ·롬·애 ·드·르시·니
　·믌·결·이 갈·아·디거·늘
　　드틀·에 소·사 ·나시·니

Nr. 107

Er begibt sich in einen Teich,
　ein großer Baum beugt sich herab,
　　da ergreift er einen Zweig und steigt heraus.

Er begibt sich in einen Fluß,
　die Wellen teilen sich
　　in Staub steigt er heraus.

Eines Tages badete der Buddha in einem Teich, und als er herauszusteigen gedachte, beugte sich sofort ein Baum herab und reichte ihm einen Zweig zur Hilfe.

Und als er einmal im Fluß durchwatete, schwoll dieser mächtig an. *Kāśyapa* glaubte den Buddha in Gefahr, nahm ein Boot und wollte ihm zu Hilfe eilen. Als er aber den Buddha in der Mitte des Flusses erreichte, sah er, daß die Wasser sich um den Buddha herum zurückgezogen hatten und der Buddha trocken inmitten stand.

| 끠其 ·ᅘ퟇一 · 븍百 · 밣八 |

이바 · 딜 머 · 구리 · 라
　새 · 옴 ᄆᆞ숨 · 올 :낸 · 대
　　닐 · 웨 · 롤　· 숨엣 · 더시 · 니

공供 · 양養 · 올　· ᄒᆞ · ᅀᆞ보 · 려
　:됴ᄒᆞᆫ ᄆᆞ숨 · 올 :낸 · 대
　　· 즉卽씨時 · 예 나 · ᅀᅡ　· 오시 · 니

Nr. 108

Als *Kāśyapa,* der beim Festbankett essen wollte,
　Gefühle von Neid entwickelt hatte
　　blieb der Buddha sieben Tage im Verborgenen.

Als *Kāśyapa,* der dem Buddha Almosen bringen wollte
　edle Gefühle entwickelt hatte,
　　kam der Buddha sofort hervor.

Kāśyapa rief alle seine Anhänger zum großen Jahresopfer zusammen und gab zu diesem Anlaß auch ein großes Festessen. Der Buddha merkte, daß seine Anwesenheit bei dieser Versammlung dem *Kāśyapa* nicht recht war, weil dieser fürchtete, sein Ansehen könnte neben dem Buddha verblassen. Als der Buddha dies wahrnahm, zog er sich taktvoll für die Dauer der Versammlung zurück. *Kāśyapa* bemerkte diese vornehme Zurückhaltung und wollte nach Abschluß der Zusammenkunft dem Buddha Almosen bringen. Als dieser diesen Stimmungsumschwung bemerkte, kam er sofort wieder zu *Kāśyapa* zurück.

끠其 · 륧一 · 빅百 : 굽九

천千 · 빅百 · 흑億　· 변變 · 화化ㅣ · 샤
· 졍正 · 똥道ㅣ　노ㅍ · 신 · 돌
: 아 · 래 브 · 터　　ᄆ솜 · 애
: 아 · 슈볋 · 디

졔　: 똥道 : 리理　붓 · 그 · 리다 · 가
· 륧一쳔千　· 뻠梵 · 지志　더 · 블 · 오
· 이　· 날애 · ᅀᅡ　머 · 리
: 좃 · 슈볋 · 니

Nr. 109

Daß jener der Myriaden-Verwandlungen ist
und dessen Rechter Weg erhaben sei
wusste *Kāśyapa* von Anfang an in seinem Herzen

Sobald er sich aber der Leitlinien seines Weges schämt
kommen tausend *Brahmacārin* mit und
an diesem Tag endlich beugt er sein Haupt

Eigentlich hatte *Kāśyapa* schon bald, als er die vielen Zeichen und Wunder gesehen hatte, gewußt, daß er den *Śākyamuni*-in-seinen-Myriaden-irdischen-Verwandlungen vor sich hatte, aber er hatte sich lange schwer getan, sich dies einzugestehen. Aber eines Tages handelte er doch nach seiner Einsicht und bat zusammen mit all seinen Anhängern, von Buddha in den Mönchsorden aufgenommen zu werden. (Der *Śākyamuni*-in-seinen-Myriaden-irdischen-Verwandlungen ist diejenige der "Drei Manifestationsformen" des Buddha, die vor allem im Zusammenhang mit der Verbreitung des Buddhismus steht, vgl. auch Nr. 97, 128, 165 und 194)

끠其·읋一·빅百·씹十

·몸·이 :업스·샤
　:오五방方·애 :뵈·어시·놀
　　·읋一쳔千 ·뻬比쿵丘ㅣ
　　:울·워ᅀᆞ·뱃더·니

·몸·이 도·라·오·샤
　삼三·씨示·현現 닐·어시·놀
　　·읋一쳔千 ·뻬比쿵丘ㅣ
　　라羅·한漢·이 ᄃᆡ외·니

Nr. 110

Er ließ seinen Körper verschwinden
　und zeigte sich in den fünf Himmelsrichtungen
　　eintausend *Bhikṣu* verehrten ihn

Er ließ seinen Körper wieder erscheinen
　und sprach von den Drei Arten der Offenbarung
　　eintausend *Bhikṣu* wurden *Arhats*

Daraufhin gab er ihnen ein Beispiel für Offenbarung als *Śākyamuni*-in-seinen-Myriaden-irdischen-Verwandlungen, indem er durch übernatürliche Kräfte vor ihren Augen verschwand und sich dann gleichzeitig in allen Himmelsrichtungen zeigte. Wieder zurückgekehrt, sprach er zu ihnen von den Drei Arten der Offenbarung, die auf dem physischen Plan, die auf dem geistigen Plan oder die durch Belehrung. In diesem Moment erreichten *Kāśyapa* und alle seine Anhänger die Erleuchtung und Erlösung.

끠其·훯一·빅百·씹十·훯一

·듁竹원園·에 뼝瓶사沙ㅣ ·드·러
　내 몸·애 ·욕欲심心:업거·늘
　·셰世존尊·이 아·라 ·오시·니

·듁竹원園·에 부:톄 ·드르·샤
　·즁衆싱生·이 ·욕欲심心:업슳·들
　하阿난難·이드·려 니르·시·니

Nr. 111

In den Bambus-Park tritt *Bimbisāra*:
　"Ich bin frei von Begierden"
　　der Von-aller-Welt-Verehrt merkt dies und kommt herbei

In den Bambus-Park tritt Buddha,
　"Die Lebewesen werden frei von Begierden sein"
　　sagt er zu *Ānanda*

Als König *Bimbisāra* vom Übertritt des *Kāśyapa* zur Buddhanachfolge erfährt, tritt er ebenfalls über und stellt dem Buddha und seinen vielen neuen Anhängern einen Park zur Verfügung, wo diese ein religiöses Zentrum errichten. Dort wird auch ein Neffe des Buddha, *Ānanda*, unterrichtet, der einer der engsten Begleiter und dienenden Mönche des Buddha wird.

その其・힗一・빅百・씹十・ㅿㅣ二

마馬・싱勝・이 ・샤舍・리利・뿛弗 ・보・아
ᄒᆞᆫ ・꼐偈・를 닐・어 들・여
제 스승・을 ・곧 닛・긔ᄒᆞ・니

・목目련連・이 ・샤舍・리利・뿛弗 ・보・아
ᄒᆞᆫ ・꼐偈・를 아・라 드・러
・새 스승・긔 ・곧 모・다오・니

Nr. 112

Pferde-Abrichter traf *Śāriputra*
  er sang eine *Gatha* und ließ ihn diese hören
    und machte ihn gleich seinen Meister vergessen

Maudgalyāyana traf *Śāriputra*
  er hörte die *Gatha* und verstand
    und gleich eilten sie beide dem neuen Meister entgegen

Als *Siddharta* als Asket gelebt hatte, hatte er fünf Gefährten bei sich gehabt. Diese suchte er nun auf und überzeugte sie, daß nur seiner und nicht der Weg der Askese zur Erleuchtung führen könne, und nahm sie in den Mönchsorden auf. Einer von ihnen, mit Namen *Aśvajit*, "Pferde-Abrichter", begegnete einem Brahmanensohn namens *Śāriputra* auf dessen Almosengang. *Aśvajit* sang eine kurze Hymne, in der er die grundlegende Erkenntnis des Buddha beschrieb. Sie machte so großen Eindruck auf *Śāriputra,* daß er gleich zu seinem Gefährten *Maudgalyāyana* ging und sie diesem vorsang. Beide verstanden den Sinn unmittelbar und ließen sich in den Mönchsorden aufnehmen.

끠其・휋一・빅百・씹十삼三

아・들:님 쎵成・뿛佛・커시・놀
　아・바:님　・그리・샤
　　・쀰梵・지志　홈優따陀야耶・룰
　　술・ᄫ라　・브리시・니

아・들:님 쎵成・뿛佛・ᄒ・샤
　아・바:님　・보ᅀᆞ보리・라
　　라羅・한漢　홈優따陀야耶・룰
　　돌아 보・내시・니

Nr. 113

Der Sohn hat die Buddhaschaft errungen,
　der Vater sehnt sich nach ihm
　　und schickt den *Brahmacārin Udajin*, dies zu berichten

"Da der Sohn die Buddhaschaft errungen hat,
　möchte er den Vater sehen"
　　damit schickt er den *Arhat Udajin* zurück

Kurz darauf kommt der Brahmane *Udajin* aus *Kapila* zu Besuch und überbringt den Wunsch des Vaters *Śuddhodana*, seinen Sohn wiederzusehen. *Udajin* wird bekehrt und wird ein *Arhat*. Der Buddha schickt ihn zu seinem Vater zurück und läßt berichten, auch er wolle den Vater wiedersehen und werde nach *Kapila* gehen.

其一百十四

아·바:님 :유무 ·보·샤
·첫 명盟·쎼誓 일·우리·라
홈優따陀야耶ㄷ·려 ㄴ·라 가·라
·ㅎ시·니

아·돌:님 ·되對·답答 드르·샤
·첫 명盟·쎼誓:읿 ·돌 :아ᄅ·샤
홈優따陀야耶ㄷ·려 우·러
:말쏨ᄒ시니

Nr. 114

Er sah die Nachricht des Vaters , und
"Ich will mein erstes Gelübte erfüllen" sprach er
und wies den *Udajin* an, im Fluge zu gehen

Der Vater hörte die Antwort der Sohnes, und
wußte, daß er sein erstes Gelübte erfüllen würde
und sprach in Tränen zu *Udajin*

Als er von Hause fortging, hatte er geschworen, er werde zurückkommen, wenn er die Buddhaschaft erlangt hätte (Nr. 55). Der Vater brach in Tränen der Freude aus, als er von *Udajin* die Nachricht vernahm, sein Sohn wolle jetzt sein Versprechen einhalten und ihn besuchen kommen.

| 끠其 · 힗一 · 빅百 · 씹十 : 오五 |

·과過·겁劫·에 :코苦·힝行·ᄒᆞ·샤
 ·이제·ᅀᅡ 일·우샨·돌
  훙優따陀야耶ㅣ 술·ᄫᆞ·니이·다

·열:두·힐 ·그·리다·가
 오·ᄂᆞᆯ·ᅀᅡ 드르·샨·돌
  아·바:님·이 니ᄅᆞ·시·니이·다

Nr. 115

So hört! In vergangenen *Kalpa* hat er Askese geübt und
  daß er jetzt endlich Vervollkommnung erlangt hat,
    berichtet *Udajin*

So hört! Nachdem er zwölf Jahre sich gesehnt hat,
  daß er heute endlich Nachricht bekommen hat,
    sagt der Vater

Udajin berichtet von der vergangenen Zeit der Askese und strengen Meditation, und daß der Sohn nach so langer Zeit erfolgreich war. Der Vater hat zwölf Jahre auf Nachricht von seinem Sohn gewartet, jetzt endlich von ihm zu hören, macht ihn überglücklich.

| 끠其 · 욇一 · 븩百 · 씹十 · 륙六 |

·솧少 씨時 · 쏫事 닐·어시·눌
홈優따陀야耶ㅣ 듣ᄌᆞ·ᄫᆞ·며
　아·ᄃᆞᆯ:님·이 ·쏘 듣ᄌᆞ·ᄫᆞ시·니

금今·욇日·쏫事 모·ᄅᆞ실·ᄊᆡ
홈優따陀야耶ㅣ 술·ᄫᆞ·며
　아·ᄃᆞᆯ:님·이 ·쏘 :술·ᄫᆞ시·니

Nr. 116

Er erzählt Ereignisse aus der Kindheit
　Udajin hört zu, und
　　auch der Sohn hört zu

Er kennt aber nicht die Ereignisse von heute
　Udajin berichtet, und
　　auch der Sohn berichtet

Als der Buddha den Vater trifft, erinnert dieser an die Ereignisse aus dessen Jugendzeit und *Udajin* und der Buddha berichten von den jüngsten Ereignissen.

끠其·흻一·빅百·씹十·칧七

지·블 빙·이샤·디
· 칧七:봉寶·로 ·쑤·미시·며
:금錦·슈繡 쇼·홀 펴·고
앉·더시·니

나모 아·래 안즈·샤
져諸텬天·이 ·오·ᄉᆞᄫᆞᆯ·며
:봉寶쌍床가袈사裟·를 텬天룡龍·이
받:ᄌᆞᆸᄂᆞ·니

Nr. 117

Er hatte das Haus geschmückt,
   mit sieben Edelsteinen verziert, und
      er hatte ein Brokatkissen ausgebreitet und sich niedergelassen

Er setzt sich unter einen Baum,
   alle Himmel kommen herbei und
      Diamantensitz und *kaṣāya* bieten die Himmlischen Wesen und
      Drachen dar

Der Vater erinnert an die luxuriöse Behausung des damaligen Kronprinzen; *Udajin* hält dagegen, wie jetzt die Götter den Buddha unter dem Baume ausstatten.

其ᅇᅵᆼ一ᅘᅵᇙ百ᄇᆡᆨ十씹八밣

딘珍슙饈·셩盛쫸饌·올·사
·맛:내 :좌시·며
·줌·자싫 ·제 봉風륳流ㅣ
ᄀᆞ·바·ᄉᆞᆸ더·니

띠持·밣鉢·큠乞·씩食·ᄒᆞ·샤
·즁衆ᇰ·ᅀᅵᆼ生·올 ·위爲·ᄒᆞ시·며
삼三·미昧·뗭定·에 ·석釋·뻠梵·이
:뵈·ᄉᆞᆸᄂᆞ·니

Nr. 118

Nur kostbare Speisen in reichlicher Auswahl
  hatte er voll Genuß gegessen.
    Wenn er schlief, hatte Musik ihn begleitet

Almosen sammelnd ernährt er sich
  um der Lebendigen willen und
    in der *Samādhi*-Meditation erscheinen *Śakra* und *Brahmā*

Dann erinnert der Vater an die vielerlei erlesenen Speisen und an den sanften Schlaf des Kronprinzen, worauf *Udajin* entgegenhält, daß der Buddha um der Erlösung aller Lebendigen willen den Bettelstab genommen hat, und daß jetzt die höchsten Gottheiten ihm in der Meditation erscheinen.

其끠 · 一잃 · 百빅 · 十씹 : 九굽

:보 · 비 · 쑤문 술 · 위 · 예
　:샹象 · 이 :메더 · 니
　　· 발 · 올 바 · 사 :매 아 · 니 알프 · 시리

:오五통通 메 · 윤 술 · 위 · 는
　마 · 군 · 길 :업스 · 니
　　:샹象 술 · 위 · 는 머 · 흘 · 면 :몯 · 가ᄂ · 니

Nr. 119

Vor einen edelsteingeschmückten Wagen
　　hatte man einst einen Elephanten gespannt.
　　　　Wie werden nicht barfuß die Füße schmerzen!

Für einen Wagen, vor den die Fünf Übernatürlichen Fähigkeiten gespannt sind,
　　gibt es keinen versperrten Weg.
　　　　Ein Elephantenwagen aber kann nicht fahren, wenn der Weg steil ist.

Dann erinnert der Vater an das edle Gefährt des Kronprinzen und vermutet Schmerzen des barfüßig Wandernden, aber *Udajin* verweist auf die Beweglichkeit im Geiste, der die physische Beweglichkeit unterlegen sei.

끠其·휭一·븩百·싀二·씹十

·오·솔 빗·이샤:뎌
　·칧七:봉寶·로 ·쑤·미실·씨
　　:고·븟시·고 쳔쳔·ᄒ·더시·니

마·리·롤 갓ᄀ·시·고
　누·비·옷 니브·샤
　　붓·그료·미 :엇뎨 :업·스신·가

Nr. 120

Er hatte die Kleidung geschmückt,
   mit Sieben Edelsteinen besetzt
      fein sah er aus und würdevoll.

Das Haupt geschoren und
   gewandet in Flickenkleidung
      wieso verspürt er kein Schämen?

Dann erinnert der Vater an die edle Kleidung des Kronprinzen und fragt, ob der Buddha sich seines geflickten Kleides nicht schäme.

끠其·힗一·빅百·시二·씹十·힗一

ᄆ슴·ᄋ·란 아·니 닷·고
·오스·로 빗·오·몰
·이롤·ᄮ 붓·그·리다·니

·현마 ·칢七:붕寶·로 ·ᄭ며·도
:됴타 ·호·리잇·가
·법法·엣 ·오시·ᄮ 진眞·쎯實ㅅ
·오시·니

Nr. `121

"Den Geist nicht reinigen, aber
  die Kleidung schmücken,
      dies doch ist zum Schämen.

So hört! Wieviel auch immer geschmückt mit den Sieben Edelsteinen
   mag man als edel ansehen?
      Allein das Kleid des *Dharma* ist das Kleid der Wahrheit und
      Wirklichkeit"

Der Buddha aber antwortet, ob man sich nicht schämen müsse, wenn man nicht den Geist vervollkommnet und nur äußerlich feine Kleidung trägt. Und wieviel Schmuck mache wohl eine edle Kleidung aus? Das Kleid der Lehre aber sei das Kleid der Wahrheit.

其㉕一百㉓十㉓

금金은銀 그르세 담온
:종種:종種 ·차·반·이러·니
　　비·론　·바·볼　:엇뎨　:좌·시는·가

·법法·이　·마·시두외·야
　·차·반 올　니 조·디
　　·즁衆싱生　·굽救·호리·라　　·밥
　　비·러 먹·노이·다

Nr. 122

"In goldene und silberne Schalen gefüllt
　war die Speise mit vielen Beilagen.
　　Erbettelten Reis, wie magst Du den essen?"

"So hört! Das *Dharma* ist mir Geschmack geworden
　und Speisen mit Beilagen hab ich vergessen,
　　um die Lebewesen zu retten, bettele ich Reis und esse den."

Der Vater erinnert an die ausgesuchten Speisen des Kronprinzen und fragt, wie er jetzt als Buddha Almosen essen könne. Der Buddha erwidert, die Speise der Lehre sei ausreichend und Almosen bettelnd äße er, um die Lebewesen zu retten.

삼三씨時·쩐殿 ·꾸미·고
:치쎳:녀女ㅣ 조:쫍더니
　심深·곡谷심深산山·애 :언·마
　저프·거시·뇨

주·굼 사·로·몰 더·라
시·름·이 :업거·니
　저픈 ·ᄠᅳ·디 어·느
　이시·리잇·고

Nr. 123

"Der 3-Jahreszeiten-Palast war geschmückt, und
　Hofdamen folgten Dir,
　　wie sehr hast Du Dich im tiefen Tal und tiefen Wald gefürchtet?"

"So hört! Leben und Sterben habe ich überwunden
　und ich bin ohne Schwermut,
　　furchtsamer Sinn, wie könnte er vorhanden sein?"

Der Vater fragt danach, wie der Buddha nach dem Leben in den Palästen, in denen er je nach Jahreszeit umgeben von Hofdamen gelebt hatte, die Einsamkeit in den Wäldern hat ertragen können, woraufhin der Buddha antwortet, daß er keine Furcht mehr kenne, seit Leben und Sterben für ihn ihre Bedeutung verloren haben.

끠其·힗一·ᄇᆡᆨ百·ᅀᅵ二·씹十·ᄉᆞ四

끠其·힗一·ᄇᆡᆨ百·ᅀᅵ二·씹十·ᄉᆞ四
향香:쉬水·예·목沐·욕浴·더시·니:ᄎᆞᆼ草·목木
·서리·예:겨·샤므·슴·믈로·ᄢᅵ시ᄉᆞ·시ᄂᆞᆫ·가
·졍正:ᄄᆞᇢ道ㅣ·모·시ᄃᆞ외·야그·믈에·목沐
·욕浴ᄒᆞᆯ·ᄡᅵ삼三·똑毒·이:업·사·쾡快·락樂
·이:ᄀᆞᆺ:업스·니

향香:쉬水·예 ·목沐·욕浴·더시·니
:ᄎᆞᆼ草·목木 ·서리·예 :겨·샤
므·슴 ·믈·로 ·ᄢᅵ
시ᄉᆞ·시ᄂᆞᆫ·가

·졍正:ᄄᆞᇢ道ㅣ ·모·시 ᄃᆞ외·야
그 ·믈·에 ·목沐·욕浴ᄒᆞᆯ·ᄡᅵ
삼三·똑毒·이 :업·사
·쾡快·락樂·이 :ᄀᆞᆺ :업스·니

Nr. 124

In Duftwassern hattest Du gebadet
als Du aber zwischen Gräsern und Bäumen weiltest
mit welchem Wasser hast Du den Schmutz abgewaschen?

Der Rechte Weg ist der Teich geworden
und da ich in diesem Wasser bade
sind die Drei Gifte fort und die Freuden haben kein Ende

Dann fragt der Vater, wie der Budda denn außerhalb der Zivilisation der Hygiene nachkomme, worauf der Buddha antwortet, daß er ja der inneren Hygiene halber, gereinigt von sündhaftem Begehren, Haß und Dummheit oder Lernunwillen, den Rechten Weg eingeschlagen habe.

끠其·훓一·빅百·시二·씹十:오五

:주子·식息·올 :드슿·샤
·졍正·법法 모·ㄹ실·씨
·셰世간間ㅅ 드틀·을 가·줄·벼
니르·시·니

삼三·개界 ·궁救·호려·ᄒᆞ·샤
·육肉신身 일·우신·둘
·셰世간間ㅅ 드틀·을 므·슴·만
너·기시·리

Nr. 125

Er liebt sein Kind
   aber weil er das Rechte *Dharma* nicht versteht
      spricht er und vergleicht ihn mit dem Staub der Welt.

Er will die Drei Welten erretten
   und hat einen physischen Leib angenommen,
      den Staub der Welt, wie gering nur wird er ihn empfinden?!

Dem Vater ist das Anliegen des Buddha noch immer unverständlich, deshalb vergleicht er die Rechte Lehre mit dem Staub der Welt. Der Buddha aber spricht von seiner Lebensmission und stellt die Nichtigkeit der Welt dagegen.

125

끠其·핧一·빅百·싀二·씹十·륙六

똉調·딿達·이 ·셩性·이 :모딜·씨
허虛콩空·애 거·러 :뵈·샤
년·글 ·ᄀ티 ·굴救·호려 호시·니

부텻 거·름 ·보·ᅀᆞᄫᆞᆫ·ᄃᆞᆯ
:본本리來ㅅ ·셩性·이 :모디·라
나·도 ·ᄀ티 ·슐術·을 ·호려호·니

Nr. 126

Devadatta ist von schlechtem Charakter,
    da zeigt er sich in der Luft laufend
        und will ihn in gleicher Weise wie die Anderen erretten

Er sieht das Laufen des Buddha
    da er aber von Grund auf von schlechtem Charakter ist:
        "Ich will auch in gleicher Weise Magie ausüben" sagt er sich

---

Buddha wollte auch seinen Neffen *Devadatta* retten, aber dieser mißverstand des Buddhas Wundertaten als Magie und wollte nur diese Techniken lernen.

끠其·힗一·뵉百·싀二·씹十·칣七

텬天룡龍·이 조쪼·봏·며
화花향香·이 ᄂ·리·니
　그·낤 쟝莊엄嚴·을 :다
　　술·바·리잇·가

코枯·슈樹·에 여·름:열·며
·걿竭쳔川·에 :심·이 나·니
　그·낤 썅祥쉬瑞·롤 :다
　　술·바·리잇·가

Nr. 127

So hört! Die Himmlischen Wesen und Drachen folgen ihm und
　Blumenduft senkt sich herab
　　　Dieses Tages Herrlichkeiten, wer könnte sie alle beschreiben!

So hört! Verdorrte Bäume tragen Früchte
　in vertrockneten Flüssen entspringen Quellen
　　　die guten Omen, wer könnte sie alle beschreiben!

Angesichts des bevorstehenden Sinneswandels des Vaters erscheinen gute Omen.

끵其·휭一·빅百·싀二·씹十·밣八

아·들:님 ·반가·빙 ·보·샤
호恩·의愛 :겨실·씨
 ·경敬·심心·이 :몯 오·ᄋ·더시·니

아·바:님 ·굴救·호리·라
·변變·화化·롤:뵈ᅀᆞ·ᄫᅵ신·대
무無·쌍上 :똘道:리理·예 ·벓發심心
·ᄒᆞ시·니

Nr. 128

Er sah den Sohn mit Freuden
    und war von Liebe erfüllt,
        die Verehrung war aber noch nicht vollkommen.

Um den Vater zu retten
    zeigte er sich in Verwandlungen,
        zu den unübertrefflichen Leitlinien des Rechten Weges wurde der Vater erweckt

---

Als der Vater anfängt, den Sohn zu verstehen, erscheint ihm der Buddha in vielerlei Metamorphosen (vgl. 109), und verhilft ihm so zur endgültigen Erkenntnis.

끠其・힔一・빅百・싀二・씹十:굽九

부텻 :말쓤 듣ᄌ・ᄫㆁ
　아・바:님 ・췌出・령令・으・로
　　:겨집・둘・토 ・법法:안眼・ᄋᆞᆯ
　　・득得ᄒ・니

・뺨梵・지志 :즁・ᄋᆞᆯ ・보・샤
　아・바:닚 :긔・걸・로
　　죵宗친親・둘・토 사沙몬門・이
　　드외・니

Nr. 129

Sie hören die Worte des Buddha
　und auf Geheiß des Vaters
　　erlangen sogar die Frauen das *Dharma*-Auge

Er sieht *Brahmacārin*-Verhalten
　und auf Anweisung des Vaters
　　werden auch die Verwandten des Clans *Śramaṇas*

Jetzt, da der Vater die rechte Erkenntnis erlangt hat, veranlaßt er auch seine ganze noch zögernde Verwandtschaft, ob männlich oder weiblich, ebenfalls Anhänger des Buddha zu werden.

끠其·잃一·빅百삼三·씹十

똉調·땊達·인 곳·갈·올 밧·고
: 오五·역逆 므슴·올 계·와
하阿·삐鼻·띠地·옥獄·애
·드러가·니

홰和리離·논 : 썅象·이 : 몯 : 걷·고
·샤舍·리利·붊弗 킈欺 ·롱弄
·ᄒᆞ·야
련蓮화花·띠地·옥獄·애
·드러가·니

Nr. 130

Devadatta setzt die Mönchshaube ab
    und kann die Gesinnung zu den Fünf Verfehlungen nicht überwinden
        und fährt in die *avīci*-Hölle hinab
Hwari, sein Elefant kann nicht laufen,
    verspottet den *Śāriputra*
        und fährt in die Lotus-Hölle hinab

Devadatta, den er als Kronprinz schon im Wettstreit besiegt hatte (Nr. 39), entwickelte sich zum Gegenspieler des Buddha und wollte dessen Platz einnehmen. Verschiedentlich trachtete er mit trickreichen Plänen nach des Buddha Leben, aber als er persönlich versuchte, Hand an diesen zu legen, öffnete sich die Erde und er fuhr direkt in die unterste der acht heißen Höllen, die "Hölle der ununterbrochenen Leiden".
Devadatta hatte auch den *Hwari* (?*Kokālika*) angestiftet, einen Elefanten betrunken zu machen und das rasende Tier auf den Buddha zu hetzen. *Hwari* war auch darauf eingegangen und hatte obendrein den *Śāriputra* verspottet, das Tier war aber von *Śāriputra* mit Geisteskraft gelähmt worden.

其끵·一힗·百빅三삼·十씹·一힗

調똥·達땁·이 ·慰휘·勞룽·롤
·目목連련·이 ·니거·늘
·地띠·獄옥·애 잇·부·미
：업·다 ᄒ·니

調똥·達땁·이 安한·否붕·를
·世솅尊존·이 믈·여시·늘
三삼禪쎤天텬·에 ·즐거·봄
·ᄀᆞᆮ·다 ᄒ·니

Nr. 131

Um *Devadatta* zu trösten
　geht *Maudgalyāyana:*
　　"Kein Quälen in der Hölle" antwortet jener

Nach des *Devadatta* Befinden
　lässt der Von-Aller-Welt-Verehrt fragen, doch
　　"Vergnügen wie im Dritten *dhyāna*-Himmel" antwortet jener

In seiner großen Barmherzigkeit schickt der Buddha den *Maudgalyāyana* zu *Devadatta* in die Hölle, um diesen seine Bereitschaft, den Verdammten zu erlösen, mitteilen zu lassen. Dieser hat in seinem Stolze aber nur Spott übrig.

끠其·훓一·빅百삼三·씹十·시二

나·고·져 식브·녀
  하阿난難·일 ·브·리신·대
    ·오샤·샤 ·내 :나·리이·다

:엇뎨 ·오·시리·오
  하阿난難·이 ·되對·답答혼·대
    아·니 ·오시·면 ·내 이·쇼리·라

Nr. 132

So hört! "Möchtest Du herauskommen?"
  als er damit den *Ānanda* schickt:
    "Nur, wenn er herkommt, werde ich herauskommen"

"Wie sollte er wohl kommen?"
  als so *Ānanda* antwortet:
    "Wenn er nicht kommt, will ich bleiben"

Darauf schickt er *Ānanda*, dem *Devadatta* antwortet, der Buddha solle selber kommen und ihn holen. Auf die entrüstete Entgegnung, wie *Devadatta* denn so unverschämt sein könne, antwortet dieser trotzig, er werde bleiben, wenn der Buddha nicht komme.

끠其·훯一·븩百삼三·씹十삼三

·ᄂᆞᆷ ·위爲ᄒᆞᆫ ᄆᆞᅀᆞᆷ·ᄋᆞᆫ
　·먼萬·복福·이 몯ᄂᆞ·니
　　끠耆빠婆：둏鳥·이 　：됴ᄒᆞᆫ 　：일
　　술·보·리

몬·졈 머·근 ᄆᆞᅀᆞᆷ·ᄋᆞᆫ
　ᄒᆞᆫ ·복福·도 　：업ᄂᆞ·니
　　끠耆빠婆：둏鳥·이 　：모딘 　：일
　　술·보·리

Nr. 133

Die Seele, die Anderen sich zuwendet
　häuft zehntausendfachen Segen an.
　　Des *Jīva*-Vogels gute Tat werde ich berichten.

Die Seele, die nur an sich denkt,
　ist ohne jeden Segen.
　　Des *Jīva*-Vogels böse Tat werde ich berichten

Als Exkurs zur Erläuterung, daß des *Devadatta* feindselige Haltung dem Buddha gegenüber karmischen Ursprungs ist, wird hier die Geschichte des *Jīva*-Vogels, des Vogels mit zwei Köpfen eingeleitet.

끠其·휳一·빅百삼三·씹十·ᄉ四

·몸·이 어·울오·도
　머·리 제여·고밀·씨
　　ᄆᆞ슘 머·굼·도 제여·고·미러·니

머·리 :둘·히라·도
　·몸·이 ᄒᆞ나·힐·씨
　　·비블·옴·도 ᄒᆞ가·지러·니

Nr. 134

Zwar war der Körper vereint,
　die Köpfe aber waren jeder für sich,
　　daher hatte jeder eigene Absichten.

Zwar waren der Köpfe zwei
　der Körper aber war einer
　　daher war auch Sattwerden für beide gemeinsam

Einst lebte der Vogel *Jīva*, ein Vogel mit zwei Köpfen, die zwar getrennte Seelen mit getrennten Gedanken und Willen waren, aber auf einem gemeinsamen Körper lebten.

끠其·흟一·빅百삼三·씹十：오五

ᄒᆞᆫ 머·리 ·자거·늘
ᄒᆞᆫ 머·리 ᄀᆞ·ᄫᅡ이·샤
　：됴ᄒᆞᆫ 곳 머·거 ·놈·올 ·위爲ᄒᆞ·니

：두 머·리 ᄀᆞ·ᄫᅡ이·셔
ᄒᆞᆫ 머·릴 자·라·ᄒᆞ·야
　：모딘 곳 먹·고 저·도 주·그·니

Nr. 135

Ein Kopf schläft, aber
　ein Kopf ist wach,
　　ißt eine bekömmliche Blume und sorgt für den Anderen

Beide Köpfe sind wach,
　einen Kopf heißt er schlafen
　　ißt eine giftige Blume und stirbt auch selbst

Als einmal der eine Kopf schlief, aß der andere, der wache, eine leckere und gesunde Blume, was dem Körper – und damit beiden Köpfen – zugute kam. Dennoch war der andere Kopf, als er wach wurde, mißgestimmt, weil nicht er die Köstlichkeit genossen hatte. Er hieß den anderen schlafen und aß eine giftige Blume, woraufhin der Körper starb, also auch der "gute Kopf" starb.

끠其·훓一·빅百삼三·씹十·륙六

: 됴ᄒᆞᆫ 곳 머·근 머·리·는
　일·훔·이 가迦:룳嘍따茶ㅣ러·니
　　·셰世존尊ㅅ ·몸·이 ·이
　　넉·시·러시·니

: 모딘 곳 머·근 머·리·는
　즇優빠婆가迦:룳嘍따茶ㅣ러·니
　　뚱調·땋達·이 ·몸·이 ·뎌
　　넉·시러·니

Nr. 136

Der Kopf, der die bekömmliche Blume aß,
　sein Name war *Garuḍa*,
　　der Körper des Von-aller-Welt-Verehrt war diese Seele

Der Kopf, der die böse Blume aß,
　sein Name war *Upagaruḍa*,
　　der Körper des *Devadatta* war jene Seele

Der "gute Kopf" hieß *Garuḍa*, und seine Seele ist jetzt als Buddha inkarniert, der "böse Kopf" hieß *Upagaruḍa*, und seine Seele ist diesmal als *Devadatta* verkörpert. Die karmische Verstrickung der beiden setzt sich fort und erklärt die vielerlei Verfehlungen des *Devadatta* sowie des Buddha stete Unterstützung und Nachsicht.

끠其·흻一·뷕百삼三·씹十·칧七

한 죵宗친親ㅅ 알·픠
　런蓮ㅅ 고·지 안·자 :뵈실·씨
　　·귁國신人ㅅ 의疑심心·이 ᄒ·마
　　:업·서니·와
한 부텻 ·서리·예
　아·바:님 아·라 보실·씨
　　·귁國신人ㅅ 의疑심心·이 더·욱
　　:업스·니이·다

Nr. 137

Vor den vielen Clan-Verwandten
　zeigt er sich sitzend auf der
　Lotusblume
　　und schon schwinden die Zweifel
　　der Leute des Landes
So hört! Zwischen vielen Buddhas
　erkennt er den Vater
　　und so schwinden die Zweifel der Leute des Landes noch mehr

---

Die Leute des Heimatlandes des Buddha kennen ihn noch aus seiner im Luxus verbrachten Jugend und hegen Zweifel an seinem Anspruch, der Erleuchtete zu sein. Da zeigt er sich ihnen in verschiedenen Verwandlungen, um sie zu überzeugen.
Yaśodharā aber will den Buddha zuückerobern. Sie bittet *Rāhula*, dem Buddha einen Zaubertrank zu überbringen, der den Empfangenden an den Empfänger bindet und schickt *Rāhula* in den Park in dem der Buddha predigt. Als *Rāhula* dort ankommt, sitzt der Buddha inmitten von fünfhundert früheren Buddhas, *Rāhula* aber erkennt seinen Vater sofort und will ihm den Zaubertrank geben. Auch dies zerstreut die Zweifel der Leute aus des Buddhas Heimat.
(Der Buddha aber gibt seinerseits *Rāhula* den Zaubertrank, der ihn trinkt. Damit ist er an den Buddha gebunden und wird später - s. Nr. 145 - in den Mönchsorden aufgenommen.)

| 끠其 · 흻一 · 빅百삼三 · 씹十 · 밣八 |

·목目련連·을 보·내·샤
　야耶슈輸ㅅ·긔 : 유무·ᄒᆞ·샤
　　라羅운雲·이·룰 : 모·디 보·내·라

·목目련連·이 ·오ᄂᆞᆫ·돌
　야耶슈輸ㅣ 드르·실·씨
　　라羅운雲·이·룰 기·피 ᄀᆞ·초시·니

Nr. 138

Er schickt den *Maudgalyāyana* und
　und gibt *Yaśodharā* die Nachricht
　　"Schick mir unbedingt den *Rāhula*"

Daß *Maudgalyāyana* kommt
　hört *Yaśodharā*,
　　da verbirgt sie den *Rāhula* ganz weit fort

Buddha schickt *Maudgalyāyana* zu *Yaśodharā* mit der Nachricht, sie solle seinen Sohn *Rāhula* zu ihm schicken. Diese aber weigert sich.

끼其·흟一·빅百삼三·씹十：굽九

·목目련連·의 씬神통通·륵力·이
·눈 알·퓌 ：뵈숩·고
：웡永·셰世 ·쾌快·락樂·올
ᄀ·장 솔·바·도

야耶슈輸ㅅ 쯔慈비悲심心·에
：먼 ：혜·미 ：업·스실·씨
·흟一싱生 ：셜본 ·ᄠᅳᆮ
ᄀ·장 니ᄅ·시·니

Nr. `139

Maudgalyāyanas Geisteskraft
  entfaltet er vor ihren Augen, und
    vor allem spricht er von den Freuden der Ewigkeit.

In *Yaśodharās* barmherzigen Gemüt
  gibt es keine fernliegenden Erwägungen, und daher
    spricht sie vor allem vom traurigen Sinn ihres Lebens.

Yaśodharā hält das Tor verschlossen und zieht sich in das oberste Stockwerk zurück, aber *Maudgalyāyana* überwindet mit geistigen Kräften das physische Hindernis und versucht sie zu überzeugen. *Yaśodharā* aber beklagt nur ihr schweres Los als quasi Verwitwete, und daß sie nicht auch noch den Sohn verlieren wolle.

끠其·훓一·븩百·ᄉᆞ四·씹十

쳬妻·권眷·이 ᄃᆞ외ᅀᆞ·바
하·ᄂᆞᆯ·ᄀᆞᆮ 셤·기·ᅀᆞᆸ다·니
　삼三년年·이　：몯　·차
·셰世간間間 ᄇᆞ·리시·니

챠車·닉匿·이 돌·아 보·내·샤
명盟·쎄誓·로 알·외샤·디
：똥道：리理 일·워
：오려·ᄒᆞ시·니

Nr. 140

"Ich wurde seine Frau und
　diente ihm doch wie der Himmel, aber
　　ehe drei Jahre voll waren, entsagte er der Welt"

"Er schickte den *Chandaka* zurück und
　und ließ als Gelöbnis wissen,
　　er komme zurück, nachdem er die "Leitlinien seines Weges"
　　erreicht habe

Als sie beklagt, sie sei nur weniger als drei Jahre verheiratet gewesen, als ihr Gemahl in die Hauslosigkeit ging und sie verlassen habe, erinnert *Maudgalyāyana* sie daran, daß der spätere Buddha ihr mit seinem Roß *Chandaka* auch sein Versprechen habe mitteilen lassen, er wolle nach seiner Erleuchtung wiederkommen.

| 끠其 · 훓一 · 빅百 · ᄉ四 · 씹十 · 힗一 |

·록鹿뼈皮 ·옷 니브·샤
묏:골·애 :코苦·ᅘᅠᆼ行·ᄒᆞ·샤
·륙六년年·에 도·라·오샤·디

ᄒᆞᆫ恩·훼蕙·롤 니ᄌᆞ·샤
친親:끈近·히 아·니·ᄒᆞ·샤
·로路쉰人·올 ·ᄀᆞ티 ·ᄒᆞ시·니

Nr. 141

"Er zog Kleider aus Hirschfell an,
    übte Askese in den Bergtälern,
        und als er nach sechs Jahren zurückkommt,

hat er alle Zuneigung vergessen,
    zeigt keine Innigkeit und
        benimmt sich wie ein zufällig Vorübergehender"

Yaśodharā aber klagt weiter darüber, daß ihr Gemahl sie um eines asketischen lebens willen verlassen habe, und nun bei seiner Rückkehr ihr nicht in der alten Vertrautheit sondern wie ein Fremder begegne.

끠其・훯一・빅百・ᄉ四・씹十・ᄉ二

어버・싀 여・희ᅀᆞᆸ・고
　・눔・올 브・터 이・쇼・디
　　어・싀 아・ᄃᆞᆯ・이 ：외・게
　　　：사・ᄂᆞ・이・다

싄人셩生・올　・즐기・리・ᅀᅡ・가
　주・구・믈 기・드・리노・니
　　목：숨・므거・버・손쇼：몯
　　　죽・ᄂᆞ・이・다

Nr. 42

hört! Ich habe die Eltern verlassen und
mich einem Fremden angeschlossen
　　und ich und mein Sohn leben in Einsamkeit"

So hört! Wie sollte ich das Leben genießen!
　　So hört! Ich warte nur noch auf das Sterben,
　　　aber das Leben ist so gewichtig, daß ich nicht eigenhändig
　　　sterben kann"

Sie beklagt, daß sie ihr Elternhaus verlassen und sich dem damals Fremden angeschlossen hat und jetzt am liebsten sterben wolle.

끠其·흻一·빅百·亽四·씹十삼三

:셟·고 :애·밣븐 ·뜨디·여
　:누·를 가·졸빗·가
　　:사룸·이라·도 즁싱·만 :몯
　　·ᄒᆞ이·다

사·로·미 ·이·러커·늘·ᅀᅡ
아·ᄃᆞᆯ·올 여·희·리잇·가
　체妻·권眷 ᄃᆞ외·여 :셜·보·미
　·이·러ᄒᆞᆯ·쎠

Nr. 143

"So hört! Oh, Traurigkeit und Jammer!
　Mit wem soll ich mich vergleichen?
　　Ein Mensch bin ich und doch geringer als alle Lebewesen!

So hört! Wo doch dies Leben schon derart ist,
　soll ich auch noch den Sohn verlieren?
　　Eine Ehefrau bin ich geworden, und nun diese Traurigkeit!"

Sie fühlt behandelt schlimmer als ein Tier und weigert sich zu akzeptieren, daß sie nun auch noch den Sohn verlieren soll.

끠其·킁一·븍百·亽四·씹十·亽四

:셜본:읧 둉中·에
 리離·뼗別·이 ·씸甚ᄒᆞ·니
  어·ᅀᅵ 아·ᄃᆞᆯ 리離·뼗別·이 :엇던·고

:똥道:리理·롤 일·우·샤
 쯍慈비悲·롤 ·펴·시ᄂᆞ·니
  ·이런 :일·이 쯍慈비悲 어·늬신·고

Nr. 144

Unter allen traurigen Dingen
  ist Trennung am schlimmsten
    aber wie ist erst die Trennung von einer Mutter und ihrem Sohn!

Die "Leitlinien seines Weges" hat er erlangt
  und verbreitet Barmherzigkeit,
    Dies aber, welche Barmherzigkeit ist denn das?

Trennung, so klagt sie, sei das Schlimmste, das einem im Leben geschehen könne, die schlimmste Trennung aber sei die einer Mutter von ihrem Sohn. Und außerdem, ihr Gemahl predige Liebe und Barmherzigkeit, zeige diese ihr gegenüber aber selber nicht.

끠其·읋一·빅百·ᄉ四·씹十:오五

·쪙淨·뻔飯왕王 :말ᄊᆞ·ᄆᆞᆯ
 ·때大·히愛:똥道ㅣ 술·보·디
  손·지 모·ᄅᆞ·샤 구·틔여
  ·뒷·더시·니

·셰世존尊 :말ᄊᆞ·ᄆᆞᆯ
 ·화化신人·이 술·ᄫᅡ·ᄂᆞᆯ
  고·대 :아ᄅᆞ·샤 ·눉·믈·로
  여·희시·니

Nr. 145

Die Worte des König Reine-Reisspeise
 sprach Die-auf-dem-Weg-der-großen-Liebe,
  jene aber verstand noch immer nicht und hielt den Sohn ganz fest

Die Worte des Von-aller-Welt-Verehrt
 sprach der Verwandlungsmensch,
  und auf der Stelle verstehend entließ sie ihn unter Tränen

Der Vater des Buddha, König Reine-Reisspeise, Sk. *Śuddhodana*, schickte Die-auf-dem-Weg-der-großen-Liebe, Sk. *Mahāprajāpati*, die Schwester der Mutter des Buddha, die den Knaben nach deren frühem Tod aufgezogen hatte, zu *Yaśodharā*, mit der Aufforderung, den Knaben zu seinem Vater zu schicken. Als diese noch immer sich weigerte, erschien der *Yaśodharā* ein zum Menschen verwandelter Buddha, der sie an ihr in einem früheren Leben als *Gopikā* gegebenes Versprechen, ihm in Ewigkeit folgsam zu sein, erinnerte (s. Nr. 6). Da wurden ihr die Augen geöffnet und sie entließ unter Tränen den Knaben.

| 끠其 · 릃一 · 빅百 · ᄉ四 · 씹十 · 륙六 |

야耶슈輸·를 깃·교리·라
  쉰 아·히 ·츌出가家ᄒᆞ·니
    :뿌父왕王ㅅ :쎤善심心·이 :엇더
    ·ᄒᆞ시·니

라羅운雲·이 굴·외·어시·ᄂᆞᆯ
  다·시 ·셣說·법法ᄒᆞ시·니
    ·셰世존尊ㅅ 쯍慈심心·이 :엇더
    ·ᄒᆞ시·니

Nr. 146

Um *Yaśodharā* zu erfreuen
   schickt er fünfzig Kinder in die Hauslosigkeit
      Wie groß ist doch der edle Sinn des Vaters und Königs

Rāhula widersetzte sich, und so
   legt er das *Dharma* noch einmal dar
      Wie groß ist doch das erbarmungsvolle Herz des
      Von-aller-Welt-Verehrt

Den Vater dauert, daß *Yaśodharā* das Los des Knaben beweint, und um sie zu erfreuen, schickt er fünfzig Kinder des Clans zu *Rāhula*, damit dieser nicht so einsam sei. *Rāhula* aber ist nach dem Leben in Luxus jetzt gar nicht glücklich, als aber der Buddha seinem Sohn erneut die Freuden dessen, der den weltlichen Begierden entsagt, verdeutlicht, wird er überzeugt.

끼其·휭一·빅百·수四·씹十·칧七

가迦·셥葉·의 :됴ᄒᆞᆫ ·뜯 아·라
허虛콩空·이 :말·로 들·이·니
·듁竹원園ᄉ ·길·ᄒᆞᆯ
·즉卽씨時·예 ·향向ᄒᆞ·니

가迦·셥葉·의 옳·둘 :아ᄅᆞ·샤
부:톄 ·나·아·보시·니
라羅·한漢:과果·롤
·즉卽·싫日·에 ·득得ᄒᆞ·니

Nr. 147

Er erkennt die guten Absichten des *Kāśyapa*,
   und so läßt der Leere Raum ihn mit Worten verstehen
      und er lenkt unverzüglich seinen Weg zum Bambushain

Er erkennt, daß zwar *Kāśyapa* kommen wird,
   dennoch geht der Buddha ihm entgegen
      und unverzüglich wird jener als Folge seiner Taten ein *Arhat*

Der brahmanische Asket *Kāśyapa* aus *Magadha* hatte hellsichtig von Buddhas Erleuchtung erfahren, und machte sich auf den Weg zum Bambushain, wo der Buddha weilte. Dieser erkannte dies und ging ihm entgegen. Als *Kāśyapa* sich vor dem Buddha zur Begrüßung in den Staub warf, gelangte er unmittelbar als Ergebnis seines zurückliegenden Taten in den Zustand eines *Arhat*.

끠其·흻一·빅百·ᄉᆞ四·씹十·밣八

·샤舍·위衛·귁國 슈須·닳達·이
빠婆라羅몬門·올 ·브·려
 ·아기아·ᄃᆞᆯ·이 각·시·롤
 꿍求·ᄒᆞ더·니

왕王·샤舍ᄱᅧᆼ城 ·호護미彌
 빠婆라羅몬門·올 :알·오
  ·아기·ᄊᆞᆯ·이 ·보布·시施
  ᄒᆞ·게 ᄒᆞ·니

Nr. 148

Sudatta aus *Śrāvastī*
 beauftragte einen Brahmanen,
  für seinen jungen Sohn eine Braut zu suchen

Homi aus Königshausen
 erkennt den Brahmanen
  und läßt seine junge Tochter Almosen geben

Ein reicher Kaufmann aus *Śrāvastī* hatte einen Sohn so makellos, daß keine ebenbürtige Braut gefunden werden konnte. Da beauftragte er einen umherziehenden Brahmanen, nach einer solchen auf seinen Wanderungen Ausschau zu halten. Bei einem ebenso reichen Kaufmann in der Hauptstadt "Königshausen", Sk *Rājagr̥ha*, sah er dessen schöne Tochter, von der er seinem Auftraggeber berichtete.
Daraufhin machte sich der Sohn verkleidet als Brahmane auf und bettelte an der Tür des Kaufmannes in *Rājagr̥ha*. Die Tochter gab ihm Almosen, er wurde als verkleidet erkannt, und es war den Beiden, als kennten sie sich aus früheren Leben.

其흻一빅百ᄼ四씹十ᄀᆞᆷ九

빠婆라羅몬門·이 :말·ᄋᆞᆯ
· 홒護미彌 듣·고 깃·거
슈須·딿達·이 아ᄃᆞᆯ·올
·ᄯᅩᆯ·올 얼·유·려터·니

빠婆라羅몬門·이 :유무·를
슈須·딿達·이 보·고 깃·거
· 홒護미彌 ·ᄯᅩᆯ·올
아·ᄃᆞᆯ 얼·이·라 가·니

Nr. 149

Als die Worte des Brahmanen
    der *Homi* hörte, freute er sich und
        beschloß, die Tochter mit dem Sohn des *Sudatta* zu vereinigen

Als die Nachricht des Brahmanen
    der *Sudatta* hörte, freute er sich und
        ging, den Sohn mit der Tochter des *Homi* zu vereinigen

---

Die Väter beschließen die Heirat ihrer Kinder.

끠其·읊一·빅百:오五·씹十

이바·딜 듣·고
그·뜨·들 무·러·늘
　　부텻 공功·득德·을　·호護미彌 ᄀ·장
　　니ᄅ·니

·졔祭딴壇·을　·보다·가
제　·눈·이 어·듭거늘
　　부텨 공恭·경敬·을　:버·디 다·시
　　알·외·니

Nr. 150

Er hört vom Festmahl
　und fragt nach dem Anlaß, da
　　erzählt *Homi* ausführlich von den Verdiensten und Tugenden des Buddhas

Er sieht die heilige Stätte und daraufhin
　sind seine Augen geblendet
　　ein Freund aber lehrt ihn erneut die Verehrung des Buddha

Die Tochter des *Homi* hat den Buddha und seine Anhänger zu einem Festmahl eingeladen, und als *Sudatta* die aufwendigen Vorbereitungen sieht, wird er neugierig und fragt nach dem Grund. *Homi* berichtet ihm von den Verdiensten und Tugenden des Buddhas, und daraufhin macht *Sudatta* sich auf den Weg, den Buddha aufzusuchen.
Als Sudatta die heilige Stätte sieht, ist er geblendet und möchte umkehren. Der Geist eines Freundes aus früheren Leben aber weist ihn darauf hin, daß jeder Schritt in Richtung auf den Buddha ein Schritt in die Glückseligkeit sei.

·끵其·휭一 ·빅百:오五·씹十·휭一

슈須·땊達·이 :례禮·를 :몰·라
혼번·도 아·니 도·라·놀
·쪙淨거居텬天·이 ᄀᆞᆯ·쵸·려ᄒᆞ·니

·쪙淨거居텬天·이 :례禮·를 아·라
:세·볼·을 값도·라·놀
슈須·땊達·이 ·보·아 ᄇᆡ·호·니

Nr. 151

Sudatta kennt die rechte Höflichkeit nicht
    und umschreitet ihn kein einziges Mal
        da beschließen die Himmelsgottheiten-der-reinen-Behausung, ihn zu lehren

Die Himmelsgottheiten-der-reinen-Behausung kennen die rechte Höflichkeit
    und umschreiten ihn drei Mal
        Sudatta sieht und lernt.

Sudatta setzt also seinen Weg fort, kennt aber, als er dem Buddha gegenübertritt, nicht die angemessene Begrüßung. Gottheiten sehen dies, und um ihn zu lehren, kommen sie selbst herbei und umschreiten den Buddha dreimal. Als dies *Sudatta* sieht, versteht er und tut ihnen nach.

| 끠其 · 힔一 · 빅百 : 오五 · 씹十 · ᅀᅵ二 |

쪙情썽誠 · 으 · 로   : 뵈 · ᄉᆞᆯ · 쎠
  · ᄉᆞ四 · 톄諦 · 를   닐 · 어시 · 늘
  슈須따陁봔洹 · 올   · 곧
  일 · 우ᅀᆞ · 녛 · 니

쪙情썽誠 · 으 · 로   : 쳥請 · ᄒᆞᆸ · 고
  졍精 · 샤舍 지 · 수 · 려커 · 늘
  · 샤舍 · 리利 · 뿛弗 · 을   · 곧
  보 · 내시 · 니

Nr. 152

Sudatta zeigt Wahrhaftigkeit
    also spricht der Buddha von den Vier-Wahrheiten und
        sogleich erreicht *Sudatta* die *Śrota-āpanna*

Sudatta lädt ihn mit Wahrhaftigkeit ein
    und will ein Kloster errichten
        sogleich schickt der Buddha den *Śāriputra*

Als der Buddha die ernsthafte Beflissenheit des *Sudatta* bemerkt, predigt er ihm von den Vier Wahrheiten, und *Sudatta* erlangt sogleich die unterste Stufe eines *Arhat*-Daseins.

    Sudatta bittet den Buddha, ihm in *Śrāvastī* einen Aufenthaltsort schenken zu dürfen, und angesichts seiner Ernsthaftigkeit wird ihm die Bitte gewährt. Der Buddha beauftragt den *Śāriputra*, bei der Vorbereitung behilflich zu sein.

| 끼其 · 힔一 · 빅百 : 오五 · 씹十삼三 |

· 샤舍 · 리利 · 붏弗 · 의그에 무 · 라
: 두 즘 겟   · 길 : 마 · 다
뗭亭 · 샤舍 · 롤   : 세 · 콤 지 · 스 · 니

끼祇따陁 · 읻그에   : 쳥請 · ᄒᆞ · 야
· 밣八 · 씹十 : 쳥頃 동東산山 · 애
뽷黃금金 · 을   : 채 · ᄭᆞ로 · 려ᄒᆞ · 니

Nr. 153

Susatta fragt den *Śāriputra* und
  àlle zwei *chŭmge* Weges
    errichtet er je drei Pavillons

Sudatta bittet den *Jeta*
  und den Garten von achtzig Morgen
    will er mit Gold ganz bedecken.

Auf dem Wege nach *Śrāvastī* fragt *Sudatta* den *Śāriputra*, welche Entfernung der Buddha auf seinen Wanderungen zurückzulegen pflege, und läßt in der Entfernung von Tagesreisen für dessen späteres Nachkommen auf dem Wege Nachtquartiere errichten.

In *Śrāvastī* sucht er nach einem geeigneten Platz und findet ihn in einem Park, der dem Prinzen *Jetā* gehört. Da dieser den Park aber nicht verkaufen will, nennt er als Kaufpreis so viele Goldmünzen, daß die ganze Fläche des Parks bedeckt werden kann.

| ·끠其·힇一·빅百:오五·씹十·ᄉ四 |

끠祇따陁ㅣ 관官·쏭訟·이러·니
·쪙淨거居텬天·의 :말 듣·고
동東산山·ᄋᆞᆯ 구·쳐 :내·야·ᄑᆞ·니

끠祇따陁ㅣ 빋 받·더·니
슈須·땋達·이 ᄠᅳ·들 :알·오
즘·게·를 부·러 아·니·ᄑᆞ·니

Nr. 154

Jetā hatte eine Gerichtsverhandlung
    aber er hört die Worte der
    Himmelsgottheiten-der-reinen-Behausung
        und gezwungenermaßen gibt er den Garten heraus und verkauft ihn.

Jeyā hatte den Preis erhalten
    aber er erkennt den Willen des *Sudatta*
    und verkauft den großen Baum absichtlich nicht

Als *Sudatta* auf diesen Preis eingehen will, will *Jetā* dennoch nicht verkaufen, und es kommt zu einem Gerichtsverhandlung, bei der die Himmelsgottheiten-der-reinen-Behausung Richter sind. Diese entscheiden, daß, wer einen Verkaufpreis nenne, auch zum Verkauf bereit sein müsse, und widerwillig unterwirft sich *Jetā* diesem Spruch.
Inzwischen hat er auch verstanden, wem *Sudatta* den Park zur Benutzung zur Verfügung stellen will, und als die Goldmünzen des *Sudatta* nicht ganz ausreichen, sondern eine Fläche bedeckt vom Schatten eines großen Baumes übrig bleibt, entschließt er, dieses Stück selber dem Buddha zur Verfügung zu stellen und einen Schrein darauf zu bauen.

| 끠其·휭一·빅百:오五·씹十:오五 |

·륙六ㅅ師ㅣ 왕王ㅅ·긔 닐·어
·샤舍·리利·붏弗·을 :업시·바
·새 집 지·실 :몯·게
·호·려터·니

슈須·딿達·이 왕王ㅅ·긔 드·러
·샤舍·리利·붏弗·을 :몯 미·다
놀·군 ·옷 니·버 시·름
ᄀᆞ·장 ᄒᆞ·니

Nr. 155

Sechs Lehrer sprachen zum König und
    achteten den *Śāriputra* gering
        und wollten den Bau der neuen Gebäude verhindern

Als *Sudatta* vom König die Nachricht bekommt
    hat er kein Zutrauen zu *Śāriputra*
        kleidet sich in Lumpen und und ist in äußerster Schwermut

---

Sechs bisher in *Śrāvastī* hochangesehene geistige Lehrer, Vertreter von sechserlei philosophischen Lehren, die gegen den Buddha standen, sehen mit Neid die großzügige Gabe an Buddha, gehen zum König und sprechen abfällig über *Śāriputra* und wollen den Bau der Unterkünfte verhindern. Der König schlägt vor, sie sollten sich mit *Śāriputra* in einem geistigen Wettkampf messen.
Als *Sudatta* dies hört, verliert er seine Zuversicht und gerät in tiefe Schwermut.

끠其·훯一·븩百:오五·씹十·륙六

염閻뿕浮떼提 ㄱ독 혼 ·외外:똥道ㅣ
　혼 터럭 :몯 무옮·돌 슈須·딿達·이
든·고
　　·목沐·욕浴 ·곰·아 나·니

내 지·븨 ·왯는 사沙몬門·이
　·륙六ㅅ師·와 겻·굴·돌 왕王ㅅ·긔
닐·어·늘
　　·부·플 ·텨 뫼·호·니

Nr. 156

Daß die Andersgläubigen aus ganz *Jambūdvipa*
　ihm nicht ein Haar krümmen können, als das *Sudatta* hört,
　　nimmt er ein Bad und kommt hervor.

Der *Śramaṇa*, der in mein Haus gekommen ist,
　wird mit den sechs geistigen Lehrern wettstreiten, teilt er dem König mit,
　　da wird die Trommel geschlagen und alle werden zusammengerufen

Śāriputra aber beruhigt ihn und gibt ihm das Vertrauen zurück und zum Wettstreit trommelt *Sudatta* alle Bürger der Stadt zusammen.

끠其·욿一·빅百:오五·씹十·칧七

·샤舍·리利·붏弗 혼 ·몸·이
즘·게 미·틱 안·자
·씹入·뗭定·ᄒᆞ·야 괴외·ᄒᆞ더·니

·외外:똫道 삼三·흑億·먼萬·이
왕王ㅅ 알·ᄑᆡ ·드·라
:말·이 재·야 숫두버·리더·니

Nr. 157

Śāriputra ganz alleine
  saß unter dem großen Baum
    trat in die Versenkung ein und verhielt
    sich still

Die Andersgläubigen, die Myriaden,
  traten vor den König
    und plapperten geschwätzig daher.

Zur Vorbereitung des Wettstreites trat *Śāriputra* in die Versenkung ein, ganz anders als die sechs anderen Lehrer, die sich an den König herandrängten und geschäftig auf ihn einredeten. In der Versenkung kommen ihm in den folgenden Strophen die Begleittiere und andere Attribute der Fünf Meditations-Buddhas (*Dhyāni-Buddha,* auch: Sk. *Jina,* Chin. 辰那), die auch Herren der Weltgegenden und deren Zwischenparadiese sind, zu Hilfe., wobei der Buddha der Mitte ersetzt wird durch *Śāriputra,* der zum *Vaiśravaṇa* wird. *Vaiśravaṇa* ist zwar einer der Weltenhüter (vgl. 四天王), also auch richtungsbezogen, hier aber bedeutsam als Herr und Führer der Kobolde, Sk. *Yakṣas,* der den zum Kobold gewordenen Anführer der sechs geistige Lehrer, *Raktakṣa,* endgültig besiegt.

끠其·홇一·븩百:오五·씹十·밣八

룡勞·또度차差ㅣ 열·본 ·쁘디·라
혼 남·굴 :내·니
곳 ·니피 ·퍼 ·즁衆신人·올 :다
두·프·니

·샤舍·리利·붏弗 씬神·륵力·이·라
쒼旋람嵐봉風·이 :부·니
불·휘 ·쌔·혀 짜·해 :다
봇·아 디·니

Nr. 158

Raktakṣa ist oberflächlichen Sinnes:
   ein Baum erscheint,
      viele Blüten sprießen, und bedecken völlig die Menge der Leute

Śāriputra hat übernatürliche Kräfte:
   ein Wirbelwind bläst,
      die Wurzeln werden ausgerissen und der Baum auf dem Boden
      völlig zerschmettert

Raktakṣa, Führer der Vertreter von sechserlei philosophischen Lehren, die gegen den Buddha standen, will der Menge gefallen und zaubert einen Baum, dessen Blüten die Anwesenden völlig bedecken. *Śāriputra* dagegen strengt seine übernatürlichen Kräfte an, und ein Wirbelsturm kommt auf, der den Baum in die Höhe zieht und ihn dann auf der Erde zerschmettern läßt. (Das fast gleiche Bild des Baumes, dessen Wurzeln abgeschnitten werden, steht auch am Anfang des Wettkampfes zwischen *Kāśyapa* und Buddha, vgl. Nr. 99)

| 끠其 ·휋一 ·븍百 :오五 ·씹十 :굽九 |

혼 모·술 :내·니
·스四·면面·이 :다 ·칢七:봄寶ㅣ·오
그 가·온·디 :죵種:죵種
고·지러·니

륙六아牙·뻭白:썅象·이 나·니
:엄:마·다 곳·과 ·옥玉:녀女ㅣ·오
·믈·을 :다 마·셔 그 ·모·시
·스·러디·니

Nr. 159

Er ließ einen Teich erscheinen,
    der war in allen vier Richtungen voller Edelsteine
        und hatte in seiner Mitte vielerlei Blumen

Ein weißer Elefant mit sechs Stoßzähnen erschien,
    der hatte auf jedem Stoßzahn Blumen und Mädchen wie Juwelen,
        und trank alles Wasser und der Teich verschwand.

Dann zauberte *Raktakṣa* einen Teich, der war umgeben von Edelsteinen und bedeckt mit Blumen, worauf ein Elephant erschien und den Teich leersoff. (Der Elephant ist das Begleittier des *Akṣobhya*, des Buddha des Ostens)

끠其 · 륗一 · 빅百 · 륙六 · 씹十

· 칧七 : 붑寶산山 · 올 　: 내 · 니
　· 믈 · 와　남 · 기　이시 · 며
　　곳 · 과　여　름 · 이　: 다　ᄀ · 초
　　잇 · 더 · 니

금金강剛 · 륵力 : 쌋士ㅣ　나 · 니
　금　金강剛 : 쳐杵 · 를　자 · 바
　　머 · 리　견 · 지 · 니　고 · 대
　　믈 · 어디 · 니

Nr. 160

Er ließ einen Berg aus Sieben Edelsteinen erscheinen
　　Flüsse und Bäume gab es, und
　　　　überall waren sie mit Blüten und Früchten bedeckt.

Eine Diamanten-Kraft-Gestalt erschien,
　　ergriff ihr Diamanten-Zepter
　　　　richtete es auf die Ferne und sofort stürzte der Berg ein

---

Darauf ließ *Raktakṣa* einen Berg aus Sieben Edelsteinen enstehen, voller Bäume, die über und über bedeckt mit Früchten und Blüten waren, aber eine unbesiegbare Gestalt erschien und ließ mit ihrem Diamanten-Zepter den Berg in sich zusammenbrechen. (In dieser Strophe gibt es keinen Hinweis auf die Identität der "unbesiegbaren Gestalt", es müßte sich aber um *Amitābha*, den Buddha des Ostens, handeln, da nur er in der Aufzählung fehlt)

꿰其 · 욇一 · 빅百 · 륙六 · 씹十 · 욇一

·열 머·리 룡龍·올 :내·니
　:죵種:죵種 　:보·비 ·비·와 　텬天:동動
·번·게·를
　:사롬·이 :놀·라더·니

금金·시翅:됴鳥ㅣ 나·니
　그 룡龍·올 자·바 　:올:오·리 ·쁘·저
　:다 머·거브·리·니

　　　　　　　　　　　　　꿰其
　　　　　　　　　　　　　욇一
　　　　　　　　　　　　　빅百
　　　　　　　　　　　　　륙六
　　　　　　　　　　　　　씹十
　　　　　　　　　　　　　욇一

:올 금金 와
:오 ·시翅 ·련天
·리 :됴鳥 ·리
·쁘 ㅣ 룡龍
·저 나 ·올
:다 ·니 :내
머 그 ·니
·거 룡龍 :사
브 ·올 롬
·리 자 ·이
·니 ·바 :놀
　 :올 라
　 :오 더
　 ·리 ·니
　 ·쁘
　 ·저

Nr. 161

Er brachte einen zehnköpfigen Drachen hervor,
　und durch Edelsteinregen und Blitz und Donner
　　wurden die Menschen erschreckt.

Da kam ein Vogel mit goldenen Flügeln,
　ergriff den Drachen, riß ihn in Stücke
　　und fraß ihn völlig auf

Dann brachte *Raktakṣa* einen zehnköpfigen Drachen hervor, aber der Vogel *Garuda* (Begleittier des *Amoghasiddhi*, des Buddha des Nordens) erschien und fraß den Drachen.

其一百六十二

·한 쇼ㆍ롤 :내 ·니
 ·몸 ·크·고 다리 ·크·고
  :두 ·쁠·이 ·갈ㆍ곧 ·놀캅·고

소·리 코 ·싸 허·위·여
 ·드·리 ㄷ·라·오더·니
  ㅅ獅:ㅈ子ㅣ ·나·아 자·바 :다
  머·그·니

Nr. 162

Er ließ einen riesigen Bullen erscheinen
 sein Körper war groß, seine Hufe waren groß,
  die beiden Hörner waren scharf wie Messer

Er schnaubte laut, wühlte die Erde auf und
 kam heftig galoppierend heran,
  da erschien ein Löwe, griff ihn und fraß ihn

Dann kam ein riesiger wilder Bulle mit scharfen Hörnern wütend herangestürmt, aber ein Löwe (Begleittier des *Ratnasambhava*, des Buddha des Südens) erschien und fraß ihn auf.

끠其·힗一·븩百·륙六·씹十삼三

룡勞·됴度차差·이 ·홴幻·슗術·이
:쪔漸:쪔漸 외·야갈·씨
·돗가·비·롤 제 ·몸·이
드외·니

·샤舍·리利·붏弗 씬神·륵力·이
:쪔漸:쪔漸 :훙有여餘홀·씨
삐毘사沙몬門·올 :자·내
드외·니

드:훙·샤 룡
외有 숗 외勞
·니 여 ·리 ·야 ·쪼 끠
 餘 利 갈 度 其
 훌 ·붏 ·씨 차 힗
·씨 弗 ·돗 差 一
삐 씬 가 ·이 븩
毘 神 ·비 ·홴 百
사 ·륵 ·롤 幻 륙
沙 力 제 ·슗 六
몬 ·이 ·몸 術 씹
門 :쪔 ·이 ·이 十
·올 漸 드 :쪔 삼
:자 외 漸 三
·내 ·니 :쪔
 漸

Nr. 163

Die Illusionskünste des *Raktakṣa*
    schwinden mehr und mehr
        und zum Kobold wird sein Köroer

Die übernatürlichen Kräfte des *Śāriputra*
    steigern sich mehr und mehr
        und zum *Vaiśravaṇa* wird er selber

Durch den Wettkampf verliert *Raktakṣa* immer mehr seiner magischen Kräfte und sein Äußeres verwandelt sich zu einem häßlichen Kobold. *Śāriputra* aber wird in seinen meditativen übernatürlichen Kräften so gestärkt, daß er selbst zum *Vaiśravaṇa*, dem Weltenhüter des Nordens und – hier vor allem von Bedeutung – Führer der Kobolde, Sk. *Yakṣas*, wird, und damit zum Herrn über den zum Kobold verwandelten *Raktakṣa*.

끠其 · 힗一 · 뵉百 · 륙六 · 씹十 · ᄉ四

머·리·와 ·입·괘 ·블이·며
·톱:길·며 :엄·이 :길·오
·피·곤혼 ·눈·이 므·싀·엽고·도

·ᄉ四·면面·에 ·블·이 니·러
:갏 ·길·히 이·볼·씨
업·더·디·여 사ᄅ·쇼·셔ᄒ·니

Nr. 164

Kopf und Maul sind Feuer
    die Krallen sind lang, die Stoßzähne sind lang,
        die Augen wie Blut sind furchterregend,

da aber in allen Richtungen Feuer entbrennt,
    weiß er keinen Ausweg,
        wirft sich zu Boden und schreit "laß mich leben!"

Der Kobold, der einst *Raktakṣa* war, wehrt sich furchterregend; da bricht rings um ihn Feuer aus und er weiß nicht mehr ein noch aus, wirft sich zu Boden und bettelt um Gnade.

其き·一ᅙᅵᆶ·百빅·六륙·十씹 : 五오

돈·니·며 머·믈·며
안ㅈ·며 누·부·믈
콩空듕中·에 쳔千먼萬
·변變·화化ㅣ러·니

슈須따陁횐洹 ᄉ斯따陁ᅘᅡᆷ숨
하阿나那ᅘᅡᆷ숨 하阿라羅·한漢·올
·즉卽·싈日·에 쳔千·먼萬신人·이
일·우·니

Nr. 165

Mal umherwandelnd, mal verweilend,
   mal sitzend und mal liegend
      war er in der Luft abertausende Verwandlungen

Śrota-āpanna, Sakr̩d-āgāmin,
   Anāgāmin und *Arhat*
      am gleichen Tage erreichten eine Million Menschen diese Stufen

---

Am Tage des Sieges in diesem Wettstreit zeigte er sich wie der Buddha in seinem Verwandlungskörper (vgl. 109) und tausend mal zehntausend Zuschauer erreichten verschiedene Stufen des *Arhat*-Weges

끠其·힗一·빅百·륙六·씹十·륙六

씬神·륵力·이 :옴有여餘홀·씨
·뽠幻·슗術 이·길 :쏜
아·니·라
·제濟·또渡 ·즁衆싱生·이
:긔幾쳔千·먼萬·이어 뇨

·뽠幻·슗術·이 :입·게 드욀·씨
씬神·륵力 향降·뽁服 :쏜
아·니·라
·원願위爲사沙몬門·이
:긔幾쳔千·먼萬·이어 뇨

Nr. 166

Da er übernatürliche Kräfte im Überfluss hat,
    wurden nicht nur die magischen Kräfte besiegt :
        Lebewesen, die ins *Nirvāṇa* geführt wurden, wieviele
        Abertausende gab es wohl?

Da seine magischen Kräfte nicht ausreichend sind,
    nicht nur die Unterwerfung unter die übernatürlichen Kräfte:
        solche, die *Śramaṇa* werden wollen, wieviele
        Abertausende gab es wohl?

Śāriputras übernatürliche Kräfte sind geistiger Natur und den magischen Künsten des *Raktakṣa* derart überlegen, daß dieser schließlich verliert. Unzählige gelangten daraufhin ins *Nirvāṇa* oder wurden Anhänger des Buddha.

끠其·힗一·빅百·륙六·씹十·칧七

·댱·이아·지 벌·에
술·위 띠 거·스느·돌
·셰世간間ㅅ :사롬·이 :다
:웃ᄂ·니이·다

룡勞·또度차差 ·외外 :똉道 ㅣ
·샤舍·리利·붏弗 겻·구던·돌
·이 내 ᄆ움·애 더·욱
:웃·노이·다

Nr. 167

So hört! Wenn eine Gottesanbeterin
　sich einem Wagenrad entgegenstellt,
　　lachen alle Menschen dieser Welt.

So hört! Daß *Raktakṣa*, der Andersgläubige,
　im Wettstreit mit *Śāriputra* lag,
　　lachte ich noch mehr in diesem meinem Herzen!

Über die Gottesanbeterin, die in selbstüberschätzender Dummheit einen Wagen anzuhalten sucht (eine Parabel, die auf *Chuang Tse* zurückgeht), lacht alle Welt. Der Autor des *Wŏl-in-ch'ŏn'gang-chi-kok*, König *Sejong*, drückt im Einfügen dieser ungewöhnlich persönlichen Doppelzeile seine Erheiterung über den ungleichen Wettkampf aus.

끠其·윓一·빅百·륙六·씹十·밣八

마·조 ·줄·을 자·바
경精·샤舍 ·터·흘 ·되더·니
·륙六텬天·에 지·블 지·ᅀᆞ·니

호오·ᅀᅡ 우·ᅀᅮ·믈 우·ᅀᅡ
경精·샤舍ㅅ 공功·득德 니ᄅᆞ·고
듕中텬天·에 지·블 두·게ᄒᆞ·니

Nr. 168

Sich gegenüberstehend nahmen sie einen Faden
    und vermaßen den Grund für das Kloster
        dabei bauen sie ein Haus in den sechs Himmeln

Śāriputra lacht vor sich hin
    und spricht von der wirkenden Tugendkraft des Klosters.
        Sudatta läßt im mittleren Himmel das Haus erstellen

Śāriputra und Sudatta vermessen den Grund für die Bauten, und durch diese gute Tat entsteht zugleich eine Heimstatt in den Sechs Himmeln (vgl. 72). Daß Sudatta dies noch nicht sehen kann, bringt Śāriputra zum Lachen und er läßt Sudatta hellsichtig die Sechs Himmel schauen. Auf die Frage des Śāriputra, in welchem der Himmel er sein Haus haben möchte, entscheidet sich Sudatta für den Vierten Himmel, den Tuṣita-Himmel, wo er den Predigten des zukünftigen Buddha lauschen kann

끠其·훓一·븩百·륙六·씹十:굽九

아·흔 흔 ·겁劫·을 브터
·이 :댱長:쟈者ㅣ ·벐發心심
너·버
어·느 ·겁劫·에 공功·득德·이
:져긇·가

닐·굽 부텨 ·위爲·ᄒᆞ슨·방
·이 싸·해 졍精·샤舍 지·서
어·느 부텻·긔 공恭·경敬·이
:덜·리잇·가

Nr. 169

Seit einundneunzig *kalpas*
    hat der Herrscher den Entschluß gefaßt, die Buddhaschaft anzustreben
        sind in irgenwelchem *kalpa* seine Verdienste und Tugenden wohl
        schwach?

So hört! Für die Sieben Buddhas
    baut er auf dieser Erde Klöster
        ist irgenwelchem Buddha gegenüber seine Verehrung wohl
        gering?

An der Stelle, an der *Sudatta* diesmal dem Buddha ein Kloster baut, hat er in früheren Leben den früheren Buddhas schon Klöster gebaut.

끠其 · 륧一 · 빅百 · 칧七 · 씹十

가야 · 미 사 · 리 오 · 라 · 고
　· 몸 닷 · 기 모 · 른는 · 돌
　　· 샤舍 · 리利 · 븘弗 · 이 슬 · 피
　　　너 · 기 · 니

가야 · 미 사 · 릴　：뵈 · 오
　· 몸 닷 · 길　· 퀀勸 · ᄒᆞ야 · 놀
　　슈須 · 땋達 · 이 · 도 슬 · 피
　　　너 · 기 · 니

Nr. 170

Das Leben der Ameise ist lang
　und sie weiß nicht sich zu vervollkommnen,
　　darüber ist *Śāriputra* betroffen.

Er deutet auf das Leben der Ameise
　und rät, sich zu vervollkommnen,
　　da ist *Sudatta* auch betroffen.

Śāriputra sieht eine Ameise, die schon lange dort lebt und bemerkt, daß diese keine Möglichkeit hat, sich aus sich durch seelische und geistige Anstrengung aus diesem Dasein zu befreien, und das macht ihn betroffen. Er zeigt sie *Sudatta* und ermahnt ihn, sich zu bemühen, sonst erginge es ihm wie der Ameise, und *Sudatta* fühlt ebenfalls Betroffenheit.

끵其·힗一·빅百·칧七·씹十·힗一

천千·별別·싫室 ·빅百종鐘·싫室·을
장莊엄嚴·을 :다 ᄒᆞ·고
왕王·샤舍셩城·에 :님·금
:말·로 술·ᄫᆞ·니

듕中쳔千·개界 ·때大쳔千·개界·예
광光명明·이 비·취시·고
·샤舍·위衛·귁國·에 :님·금
:말·로 ·오시·니

Nr. 171

Tausend alleinstehende Klausen, hundert Klausen mit Glocken
  sind in Erhabenheit vollendet
    berichtet er mit Worten des Königs in Königshausen

In den Mittleren Chiliokosmos, in den Großen Chiliokosmos
  strahlt sein Glanz
    und er kommt aufgrund der Worte des Königs nach *Śrāvastī*

Als das Kloster fertig war, berichtete *Sudatta* seinem König, der den Buddha daraufhin offiziell zum Kommen einlud. Als der Buddha auf die Einladung einging und sich auf den Weg machte, erstrahlte die ganze Welt.

끠其·훯一·빅百·칧七·씹十·ᅀᅵ二

하·놀·토 :뮈·며
·짜·토 :뮈더·니
·셰世·개界ㅅ 썅祥·쒜瑞·를
어·느 :다 ᄉᆞᆯ·ᄫᆞ·리

봉風륭流ㅅ 소·리·도 :닐·며
·뼝病ᄒᆞ·니·도 :됴터·니
·즁中ᄉᆡᆼ生 ·리利·혁益·을
어·느 :다 ᄉᆞᆯ·ᄫᆞ·리

Nr. 172

Der Himmel bebte,
    und auch die Erde bebte
        und wer könnte die guten Omen auf der ganzen Welt
        alle berichten!

Der Klang von Musik erhob sich
    und auch Kranke wurden geheilt
        und wer könnte die Gewinne für die Lebewesen alle berichten!

Als er auf dem Wege nach *Śrāvastī* war, bebten Himmel und Erde, und allenthalben ertönte Musik und waren gute Omen zu sehen.

끠其·힗一·빅百·칟七·씹十삼三

슈須·똫達·이 쪙情쎵誠·일씨
 ·씹十·밣八·흑億 ·즁衆
  ·위爲·ᄒᆞ·샤
   ·묠妙·법法·을 니ᄅᆞ·시·니

공公:쥬主ㅣ 쪙情쎵誠·일·씨
무無:비比신身·이 :뵈·샤
 ·싱勝만鬘경經·을 니ᄅᆞ·시·니

Nr. 173

Aufgrund der Wahrhaftigkeit des *Sudatta*:
 für die 18 X 100 Millionen Lebewesen
  lehrte er das Wundervolle *Dharma*

Aufgrund der Wahrhaftigkeit der Prinzessin:
 er zeigt sich in seiner Unvergleichbaren Gestalt
  und lehrt das *Śrī-Mālā-sūtra*

Buddha weilte oft in dem Kloster, das *Sudatta* gestiftet hat und viele Lehrreden, gerichtet an verschiedenste Zuhörerschaften, sind mit dem Namen des Parks verbunden. Eine Tochter des König *Prasenajit* war eine sehr treue und einflußreiche Anhängerin des Buddha. Sie verfaßte u.a. ein Preisgedicht, das dem Buddha derart gefiel, daß er ihr glanzvoll aus den Himmeln heraus erscheinend eine Lehrrede hielt.

끵其·읿一·빅百·칧七·씹十·ᄉᆞ四

슈須·딿達·이 ·그리：숩더·니
·셰世존尊ㅅ·긔 술·바
·톱·과 터·리·롤 바·다
ᄀᆞ·초ᅀᆞ·ᄫᆞ·니

슈須·딿達·이 ·뼝病ᄒᆞ·얫더·니
·셰世존尊·이 ·가 보·샤
하阿나那함含·올 ·쓩授·긔記
·ᄒᆞ시·니

Nr. 174

Sudatta hatte sich nach ihm gesehnt,
    er spricht zu dem Von-Aller-Welt-Verehrt,
        und erhält einen Fingernagel und eine Locke und verwahrt sie.

Sudatta war erkrankt
    da besucht ihn der Von-Aller-Welt-Verehrt
        und verkündet ihm, er werde die Stufe *Anāgāmin* erreichen.

Der Buddha unternahm weite und jahrelange Wanderungen, um die Lehre zu verbreiten, und *Sudatta* sehnte sich oft nach der Nähe des Buddha. Eines Tages bat er ihn um irgendeine Kleinigkeit als Andenken, worauf der Buddha ihm eine Locke und einen Fingernagel reichte, die *Sudatta* in einer Pagode aufbewahrte.

Eines Tages wurde er krank, da ging der Buddha zu ihm und verkündete ihm, er werde bald die dritte Stufe des vierstufigen Weges zu einem Heiligen erreichen.

끠其 · 륧一 · 빅百 · 칧七 · 씹十 : 오五

둏兜 · 숋率텬天 · 에 올 · 아 · 가
 · 몸 · 이 텬天ᄌ子ㅣ 드외 · 오
   · 득德 · 을 · 그 · 려 · 보 · 숩고 · 져
      ᄒᆞ · 니

 · 셰世존尊ㅅ · 긔 ᄂᆞ · 려 · 와
   몸 · 애 · 방放광光ᄒᆞ · 고
      · 꼐偈 · 를 지 · 서 · 잔讚 · 탄歎
      · ᄒᆞ · ᅀᆞᇦ · 니

Nr. 175

Er steigt in den *Tuṣita*-Himmel hinauf
    sein Körper wird ein Himmlisches Wesen, und
        er sehnt sich nach des Buddha Wohltaten und wünscht ihn zu sehen

Er kommt herunter zu dem Von-Aller-Welt-Verehrt,
    sein Körper sendet Strahlen aus und
        er verfaßt eine *Gatha* und lobpreist ihn

Als *Sudatta* gestorben war, weilte er in seinem Haus im *Tuṣita*-Himmel, bekam aber Sehnsucht, den Buddha wiederzusehen. Deshalb stieg er herab, die Welt erstrahlte in seinem Glanze, und verfaßte eine Hymne auf den Buddha und trug diese vor.

| 끠其 · 휭一 · 빅百 · 칧七 · 씹十 · 륙六 |

·칧七년年 ·을 믈 ·리져 ·ᄒᆞ·야
 ·츓出가家·를 거·스·니
  ·빵跋떼提 :말·이 :긔
   아·니 :웃보·니

·칧七 ·싏日 ·올 믈 ·리져 ·ᄒᆞ·야
 ·츓出가家 ·를 일 ·우·니
  하阿나那 ·륳律 :말·이 :긔
   아·니 ·올ᄒᆞ·니

Nr. 176

"Laß uns sieben Jahre aufschieben",
    so widersetzt er sich dem Gang in die Hauslosigkeit,
        die Rede des *Bhadrika*, ist diese nicht lächerlich?

"Laß uns sieben Tage aufschieben",
    so erreicht er den Gang in die Hauslosigkeit,
        die Rede des *Anuruddha*, ist diese nicht angemessen?

Zwei Neffen des Buddha, *Bhadrika* und *Anuruddha* schließen sich ebenfalls dem Buddha an, wobei *Bhadrika* zwar zunächst den Schritt herauszögern wollte, dann aber von *Anuruddha* zu einer schnellen Entscheidung überzeugt wurde.

| 끠其 · 휭一 · 빅百 · 칧七 · 씹十 · 칧七 |

난難따陀 ·룰   ·굻救·호리·라
 ·뼤比쿻丘 밍·ᄀᆞᄅ시·고
 :뷘 빵房·울 딕ᄒᆞ·라   ·ᄒ시·니

가·시 ·그·리볼·씨
 ·셰世존尊 ·나신 스·싀·로
 :녯 지·븨 :가리·라 ᄒᆞ·니

Nr. 177

Um *Nanda* zu retten
    macht er ihn zum *Bhikṣu*
        und trägt ihm auf, eine leere Klause zu hüten.

Er sehnt sich nach seiner Frau, und
    zu einer Zeit, da der Von-Aller-Welt-Verehrt fort ist,
        will er zu seinem alten Haus gehen

Auch seinen Halbbruder *Nanda* will der Buddha retten, dieser aber sträubt sich, da er sich nicht von seiner Frau trennen will. Da lockt der Buddha ihn zunächst in das Kloster, wohin *Nanda* ihm als dem Älteren widerwillig folgt. Hier wird er damit beauftragt, eine verlassene Klause zu hüten, aber als der Buddha einmal nicht im Kloster weilt, entschließt sich *Nanda*, zu seiner Frau zurückzukehren.

│ 끵其 · 힗一 · 빅百 · 칧七 · 씹十 · 밣八 │

뼝瓶 · 읫　·믈 · 이　삐 · 며
　다 · 돈　·이 · 피　:열 · 어 · 늘
　　부 · 러　:뷘　·길 · 홀　·츠 · 자　·가더 · 니

·셰世존尊 · 올　맞 · 나ᅀᆞ · 봏 · 며
　즘 · 게　남 · 기　들 · 여 · 늘
　　구 · 쳐　:뵈ᅀᆞᆸ · 고　조ᄍᆞ · 방오 · 니

Nr. 178

Das Wasser in den Krügen verschüttet,
　die geschlossenen Reisigpforten öffnen sich,
　　absichtlich sucht er einen verlassenen Weg
　und geht.
Er trifft auf den Von-Aller-Welt-Verehrt,
　der große Baum wird herausgerissen
　　und so sieht er ihn gezwungenermaßen und folgt ihm.

Nanda möchte die ihm anvertraute Aufgabe, die Klause in Ordnung zu halten, nicht vernachlässigen und vor Verlassen noch die Wasservorräte auffüllen. Er gerät aber in einen unentrinnbaren Kreislauf, denn wenn immer er den einen Krug gefüllt hat und sich einem zweiten zuwendet, kippt der erste um und verschüttet das Wasser. *Nanda* gibt schließlich auf und will sich so auf den Weg machen, aber ein neuer Kreislauf entsteht: schließt er die Vordertür ab, öffnet sich die Hintertür, und schließ er die Hintertür ab, öffnet sich die Vordertür, sodaß er schließlich die Klause unverriegelt verläßt. Er wählt einen Seitenweg, um dem Buddha nicht zu begegnen. Als dieser aber genau dieses Weges daherkommt, versteckt er sich hinter einem Baum. Der aber hebt sich in die Luft und der Buddha spricht ihn an. *Nanda* ist erneut gezwungen, in das Kloster zu folgen.

其一百七十:九

가·시 ·양樣 :무·르시·고
·눈 :먼 납 무·러시·놀
·셰世존尊ㅅ :말·올 :웃·비
너·기·니

돌切·리利텬天·을 :뵈시·고
·따地·옥獄·올 :뵈·여시·놀
·셰世존尊ㅅ :말·올 깃·비
너·기·니

Nr. 179

Der Buddha fragt nach dem Aussehen seiner Frau, und
  dann fragt er nach dem Aussehen eines blinden Affen,
    Nanda aber empfindet diese Reden lächerlich.
Der Buddha zeigt ihm die *Trāyastriṃśa*-Himmel, und
  dann zeigt er ihm die Höllen
    Nanda empfindet diese Reden beseeligend

Der Buddha will *Nanda* die Augen öffnen und fragt ihn, ob in seinen Augen seine Frau schön und begehrenswert sei, was dieser bejaht. Dann deutet er auf einen alten, blinden und häßlichen Affen und fragt ihn, ob auch dieser schön und begehrenswert sei. *Nanda* aber versteht den Buddha nicht und findet die Frage lächerlich.
Darauf öffnet der Buddha dem *Nanda* die Augen für den *Trāyastriṃśa*-Himmel über dem *Sumeru*, in dem sich ein leerer Platz für ihn befindet, für den Fall, daß *Nanda* dem Buddha folgt. Danach zeigt er ihm die Höllen, in denen sich ein leerer Platz für ihn befindet, für den Fall, daß *Nanda* dem Buddha nicht folgt. *Nanda* ist jetzt überzeugt und willigt in die Nachfolge ein.

끠其·힗一·빅百·밣八·씹十

닐·웨　·츠·디　·몯·ᄒ·야
　라羅·한漢:과果·롤　·득得·ᄒ야·놀
　　·삐比쿵丘·돌·히　·잔歎·탄讚ᄒ·니

오·놄　·날　:쑨 아·니·라
　가迦시尸·귁國　·궁救·ᄒ신·돌
　　·삐比쿵丘ᄃ·려 니ᄅ·시·니

Nr. 180

Als sieben Tage noch nicht voll sind
　erreicht er die Stufe eines *Arhat*
　　und die *Bhikṣu* lobpreisen ihn.

Daß er ihn nicht nur heute, sondern auch
　im Lande *Kāśi* gerettet habe,
　　berichtet er den *Bhikṣu.*

Nach weniger als sieben Tagen erreicht Nanda die Stufe eines *Arhat*, und die Anhänger des Buddha sind voller Lobpreisen. Der Buddha aber erzählt ihnen, daß er *Nanda* schon einmal in einem früheren Leben, als dieser Herrscher im Lande *Kāśi* war, geholfen habe.

끠其·훓一·븩百·밣八·씹十·훓一

나那껀乾하訶라羅·귁國·이
·똑毒룡龍 라羅·챯刹·올 계·워
 방方썅攘·앳 ·슗術·이 ·쇽·졀
 :업더·니

·뿛弗바波뿧浮떼提왕王·이
 ·뻠梵·지志 콩空씬神·이 :말·로
  졍情쎵誠·엣 향香·이 금金·개蓋
  드외·니

Nr. 181

Das Land *Nagarahāra*
 kam gegen die giftigen Drachen und *Rākśasas* nicht an und
 in der Abwehr waren alle Künste nichtig

Der König *Pūrvavideha*
 hörte den Rat des *Brahmacārin* Geist-der-Leere,
  der ehrfürchtig dargebotene Weihrauch wird zu einem goldenen
  Baldachin

Das Land *Nagarahāra* befindet sich in großer Not, da Drachen und Schlangen in Überzahl es heimsuchen. Dem Könige wird geraten, in Richtung auf den Buddha Weihrauchopfer darzubringen. Der Opferrauch bildet einen großen goldenen Schirm und kündigt damit die Rettung an.

| 끼其·욃一·빅百·밣八·씹十·시二 |

륭瑠리璃산山 우·흿 모·새
· 칧七봉寶행行·슈樹간間·애
은銀·콤堀ㅅ 가·온·더
金쌍床·이 이·렛더·니

금金쌍床·애 가迦·셥葉·이 앉·고
:오五·빅百 :뎨弟:즈子·둘·히
·씹十·시二 뚱頭따陁·혱行·을
·쪼 닷·긔ᄒᆞ·니

Nr. 182

Am Teich oben auf dem Kristallberg,
   im Sieben-Edelstein-Wald
      in der Mitte einer silbernen Höhle ist eine goldene Liege errichtet

Auf der goldenen Liege sitzt *Kāśyapa*
   und fünfhundert Schüler
      vervollkommnen zusammen mit ihm ihre Zwölf-*Dhūta*-Praxis

---

Der Buddha schickt zunächst vier Schüler, bevor er sich persönlich nach *Nagarahāra* begeben wird. Als erster begibt sich *Kāśyapa* auf den Weg und erscheint den Einwohnern in einer silbernen Höhle auf einem Berg aus Kristall. Dort sitzt er auf einer goldenen Liege inmitten von fünfhundert Schülern und unterrichtete sie in den Zwölf Regeln eines mönchisch-einfachen Lebenswandels. Auf diesem Berg erschienen sie den Leuten von *Nagarahāra*.

끠其·욿一·빅百·밣八·씹十삼三

·빅百천千롱龍·이 서·리·여
안 ·쫌 거·시 드외·야
이·벳 ·블·이
·칣七∶붐寶쌍床·이러·니

∶붐寶·댱帳·개蓋똉幢편幡 아·래
·때大·목目∶껀揵련連·이 안·자
륳瑠리璃 ·곧·ᄒᆞ·야
·안팟·기 비·취·니

Nr. 183

Hunderttausend Drachen rollten sich zusammen
   und bildeten einen Platz zum Sitzen,
      das Feuer aus ihren Mäulern war eine Liege aus Sieben
      Edelsteinen

Unter einem mit Edelstein geschmückten Baldachin und Fahnen
   sitzt Großer-*Maudgalyāyana* und
      einem Kristall gleich strahlt er im Innern und nach Außen

---

Der nächste der Mönche, der sich auf den Weg machte, war Großer-*Maudgalyāyana*. Hunderttausend feuerspeiende Drachen rollten sich zu einem Thron zusammen, auf den er sich setzte und fünfhundert Schüler unterrichtete. So erschienen sie den Leuten von *Nagarahāra*.

其ᅙퟄ一·빅百·밣八·씹十·ᄉ四

·셣雪산山   ·뻑白·옥玉·콣堀·애
 ·샤舍·리利·붏弗·이 앉·고
  :오五·빅百 사沙미彌
    ·칧七붐寶 ·콣堀·애 안ᄌ·니

·샤舍·리利·붏弗 금金·식色신身·이
  금金·식色 ·방放광光ᄒᆞ·고
    ·법法·을 닐·어
    사沙미彌·롤 들·이·니

셣ᅙퟄ一·뵈百·밣八·씹十·ᄉ四
산山·뻑白·옥玉·콣堀·애사沙미彌·칧七
미彌·쇽色·샤舍·봉弗·봏弗
ᄅᆞᆼ·리利·이앉·곳·니
·이·광光ᄒᆞ·고·법法·을·닐·어·사

Nr. 184

In einer Höhle aus weißer Jade in den Schneebergen
    sitzt Śāriputra und
        fünfhundert Śrāmaṇera sitzen in der Sieben-Edelstein-Höhle.

Śāriputras goldener Körper
    sendet goldene Strahlen aus und
        er spricht von dem *Dharma* und lässt die *Śrāmaṇera* dies hören

---

Als Nächster erschien *Śāriputra* den Leuten in *Nagarahāra*. Er thronte ganz in Gold getaucht und goldene Strahlen aussendend in einer Höhle aus weißer Jade im Himalaya, und fünfhundert Novizen in der Edelsteinhalle lauschten seiner Predigt von Der Lehre..

| 끠其·흻一·븩百·밣八·씹十:오五 |

련蓮ㅅ 고·지 勢黃금金띠臺·오
　우·희 금金·개蓋러·니
　　：오五·븩百 ·삐比륭丘·를
　　　가迦젼旃연延·이 ᄃ·리·니

띠臺·썅上·애 모·다 안·자
　몸·애 ·믈·이 ：나·뒤
　　화花간間·애 흘·러 ·ᄯᅡ·히
　　　아·니 저·즈·니

Nr. 185

Lotusblüten formen eine goldene Plattform,
　　darüber war ein goldener Baldachin
　　　　fünfhundert *Bhikṣu* begleiteten *Kātyāyana*

Sie sitzen auf der Plattform zusammen,
　　ihren Körpern entströmt Wasser,
　　　　das fließt zwischen den Blüten, die Erde aber wird nicht benetzt.

끠其·훯一·빅百·밣八·씹十·륙六

이 :네 :뗴弟:ᄌ子·둘·히
 :오五·빅百·삐比룡丘·옴 ᄃ·려
  ·이·리 안·자 ᄂ·라 가·니

쳔千·ᄉᆡ二·빅百:오五·씹十 :뗴弟:ᄌ子ㅣ
 ·쏘 씬神·륵力·을 :내·여
  ·안鴈왕王· ᄀ티 ᄂ·라 가·니

Nr. 186

Diese vier Schüler
    begleitet von je fünfhundert *Bhikṣus*
        fliegen in dieser Weise sitzend dorthin

Eintausend zweihundert und fünfzig Schüler
    entwickeln ebenfalls übernatürliche Kräfte
        und wie Wildganskönige fliegen sie dorthin

In diesen herrlichen Erscheinungen begeben sich die vier Jünger nach *Nagarahāra*, aber auch weitere eintausend zweihundert und fünfzig Schüler kommen wie Buddhas durch die Lüfte herbei.

끠其 ·힗一 ·빅百 ·밣八 ·씹十 ·칧七

:뗴弟:ᄌᆞ子·ᄃᆞᆯ 보·내시·고
희衣·밣鉢·ᄋᆞᆯ 디·니·샤
하阿난難·이 ᄅᆞᆯ 더브러 ·가시·니

져諸텬天·ᄃᆞᆯ 조:쪕거·늘
광光명明·을 너·피·샤
져諸·뿛佛·이 ᄒᆞᆫ·쁴 ·가시·니

Nr. 187

Er schickt die Schüler,
    nimmt dann Robe und Almosenschale
        und geht zusammen mit *Ānanda*

Alle Himmel folgen
    er breitet strahlende Helle aus
        und alle Buddhas gehen gleichzeitig

Nachdem er die Jünger vorgeschickt hat, nimmt er selber die Robe und seine Almosenschale und begibt sich nach *Nagarahāra*. Alle Gottheiten und alle Buddhas folgen ihm und er erstrahlt in hohem Glanze

| 끠其·힗一·빅百·밣八·씹十·밣八 |

·열여·슷 ·똑毒룡龍·이
: 모딘 ·셩性·을 ·펴·아
　　몸·애 ·블 나·고 ·무뤼·를
　　비호·니

다·숫 라羅·찷刹 : 녀女ㅣ
　　골 :업슨 :즁·을 지·ᅀᅡ
　　눈·에 ·블·나·아 ·번게
　　·ᄀᆞᆮ호·니

Nr. 188

Sechzehn giftige Drachen
　　zeigen ihre böse Natur,
　　　　aus ihren Körpern sprüht Feuer, und Hagel regnet nieder

Fünf *Rākṣasa*-Weiber
　　bieten einen nicht anzuschauenden Anblick,
　　　　aus ihren Augen sprüht Feuer wie Blitze

Als die Jünger und der Buddha selbst in *Nagarahāra* ankommen, werden die Drachen und die Dämonen wild und versuchen, gegen die Eindringlinge in ihr bisheriges Herrschaftsgebiet zu kämpfen.

끠其·흻一·빅百·밣八·씹十:굽九

금金강剛씬神   금金강剛: 쳐杵·에
· 블·이 ·나거·늘
·똑毒룡龍·이 두·리·여터·니

·셰世존尊ㅅ 그르·메·예
감甘·로露·롤 쓰·리어·늘
·똑毒룡龍·이 사·라·나·ᄉᆞᆸ·니

Nr. 189

Aus dem Diamantenzepter der Diamantengeister
    sprühte Feuer und
        die giftigen Drachen fürchteten sich

Im Schatten des Von-Aller-Welt-Verehrt
    tröpfelt Süßer Tau
        und die giftigen Drachen kommen wieder zur Besinnung

Die Schutzgötter des Buddhismus kamen herbei und umzingelten die Drachen, im Schatten des Buddha tröpfelte süßer Tau und besänftigte die Drachen.

끠其·긿一·빅百:굽九·씹十

만滿허虛콩空　금金강剛씬神·이
　·각各·각各　금金강剛:쳐杵ㅣ어·니
　　:모딘·돌 아·니 저쏜·봃·리

만滿허虛콩空　·셰世존尊·이
　·각各·각各　·방放광光·이·어시·니
　　:모딘·돌 아·니 깃스·봃·리

Nr. 190

Die Diamantengeister, die die Lüfte erfüllen,
　halten jeder ein Diamantenzepter,
　　auch, wenn die Drachen böse sind, wie könnten sie sich nicht fürchten!

Die Von-aller-Welt-Verehrt, die die Lüfte erfüllen,
　senden jeder Strahlen aus,
　　auch, wenn die Drachen böse sind, wie könnten sie nicht frohlocken!

Die Schutzgötter schwingen Diamantenzepter und bezwingen die Drachen. Der gesamte Weltraum ist erfüllt von vergangenen und zukünftigen Buddhas und erstrahlt in ihrem Glanze, und sogar die Drachen jubeln.

끵其·힗一·빅百:굽九·씹十·힗一

롱龍왕王·이 두·리〮ᅀᆞ·바
  ·칧七:붕寶뼝平쌍床·쫘座
  노:ᄡᆞ·고
    부텨·하·굽救·ᄒᆞ쇼·셔 ᄒᆞ·니

·귁國왕王·이 공恭·경敬·ᄒᆞᅀᆞ·ᄫᅡ
  ·삑白·뗨甗진眞쥬珠:망網
  ·펴ᄉᆞᆸ·고
    부텨·하 ·드·르쇼·셔 ᄒᆞ·니

Nr. 191

Der Drachenkönig fürchtet sich
  und bereitet eine flache Schlafstelle aus sieben Edelsteinen
    und schreit "Oh, Buddha, rettet mich!"

Der König des Landes ist voller Verehrung
  breitet eine weiße Decke mit Perlennetzwerk aus
    und bittet "Oh, Buddha, tretet herein"

Angesichts der Götter und Buddhas bietet der Drachenkönig dem Buddha eine Lagerstätte an und bittet um Errettung. Der König von *Nagarahāra* aber ist voller Ehrerbietung und bereitet dem Buddha auf der Lagerstätte ein königliches Lager.

끠其·잃一·븍百:굽九·씹十·싀二

·발·올 드르·시·니
:오五·식色광光명明·이 ·나·샤
고·지 ·프·고 뽀普·삻薩·이
·나시·니

블·홀 드르·시·니
:보·비·옛 고·지 드·라
금金·시翅 드외·야 롱龍·올
저·키ᄒᆞ·니

Nr. 192

Er hebt die Füße,
  fünffarbiger Glanz scheint auf,
    Blumen blühen und Bodhisattvas erscheinen

Er hebt die Arme,
  aus Edelsteinen fallen Blumen
    werden zu goldenen Flügeln und machen die Drachen
      sich fürchten.

Als er sich zu der Lagerstätte begibt, erstrahlt es unter seinen Füssen in fünf Farben, Blumen blühen und die Bodhisattvas erfüllen den Raum. Und als er die Arme bewegt, fallen Edelsteine herab, verwandeln sich in Blumen. Die Drachen sehen sie als die goldenen Flügel ihres gefährlichsten Feindes, des *Garuda*, und fürchten sich.

끠其·훓一·빅百:굽九·씹十삼三

·칧七:봉寶금金띠臺·예
 ·칧七:봉寶련蓮화花ㅣ 일어·늘
  ·현·맛 부:톄
   가加부趺·좌坐ㅣ·어시·뇨

룡瑠리璃·콩崛ㅅ 가·온·디
 룡瑠리璃·좌座ㅣ ·나거·늘
  ·현·맛 ·삐比룡丘ㅣ
   :화火광光삼三·미昧어·뇨

Nr. 193

Auf goldenen Plattformen geschmückt mit den Sieben Edelsteinen
 erscheinen Lotusse aus den Sieben Edelsteinen
  wieviele Buddhas sitzen wohl dort mit untergekreuzten Beinen?

Inmitten von Kristallhöhlen
 kommen kristallene Sitze hervor,
  wieviele *Bhikṣu* sind wohl dort in Feuerglanz-*samādhi*?

Auf goldenen Plattformen geschmückt mit den Sieben Edelsteinen erscheinen Lotusse aus den Sieben Edelsteinen, auf denen unzählige Buddhas in Meditation sitzen. Auch Kristallhöhlen sind zu sehen, in denen unzählige *Bhikṣu* in Feuerglanz-Meditation zu sehen sind.

193

끠其·훯一·빅百:굽九·씹十·ᄉ四

·귁國왕王·이 ·변變·화化 ·보ᅀᆞ·뱌
:됴ᄒᆞᆫ ᄆᆞᅀᆞᆷ 내·니
씬臣하下:도 ·쪼 :내·니이·다

룡龍왕王·이 금金강剛:쳐杵 져·허
:모딘 ᄆᆞᅀᆞᆷ 고·티·니
라羅·찷刹·도 ·쏘 고·티·니이·다

Nr. 194

So hört! Der König des Landes sieht die Verwandlungen
und entwickelt die rechte Gesinnung,
und auch die Untertanen entwickeln sie.

So hört! Der Drachenkönig fürchtet die Diamantenzepter und
ändert seine böse Gesinnung,
und auch die *Rākśasas* ändern die ihre..

Als der König diese Verwandlungen sieht, schließt er sich dem Buddha an, und auch die Drachen und Dämonen unterwerfen sich.

VOKABELN UND MORPHEMANALYSE

Im nachfolgenden Index wird bei den Angaben zur Grammatik meist eine vereinfachte, eigentlich unkorrekte, umgangsprachliche Terminologie gebraucht, indem die Morpheme nur mit Funktionen benannt werden, also "Akkusativ" statt "Akkusativ-Partikel", "Volitiv" statt "Volitiv-Infix", "Deklarativ" statt "Deklarativ- Endung", usw. Das bei der Analyse zugrundegelegte Beschreibungsmodell ist, mit wenigen geringfügigen Änderungen, dasjenige von Ko Yŏng-kŭn in "P'yojun chungse-kugŏ-munbŏmnon". Daher wird auf Erklärungen von Allomorphen, Besonderheiten, usw. weitgehend verzichtet.

Vokabeln und Morpheme werden grundsätzlich bei den beiden ersten Auftreten aufgenommen, danach nur, wenn die letzte Erwähnung weit zurück liegt, oder wenn ein Morphem Teil einer neu auftretenden Morphemkette ist.

Bei der Wiedergabe buddhistischer Termini wird im Prinzip dem Original gefolgt, um den Eindruck nachzuahmen, den die Terminologie auf Koreaner gehabt haben muß, die die Bedeutung und Lautung der einzelnen chinesischen Schriftzeichen kannten. Wenn eine inhaltliche Übertragung aus dem Sanskrit vorliegt, und damit die Kombination der Schriftzeichen semantisch einen Sinn ergibt, wird eine Übersetzung der Begrifflichkeit vorgenommen, wie sie sich eben aus der Kombination der Schriftzeichen ergibt. Bei phonetisch umschriebenen (transkribierten) Sanskritwörtern, bei denen die chinesischen Schriftzeichen ohne Berücksichtigung der Bedeutungen nur ihrem Lautwert nach den Klang des Sanskritwortes annähern sollten, wird das Sanskritwort in Alphabet-umschrift angegeben.

·웛月·힌印쳔千강江지之·콕曲·쌍上

·웛月·힌印쳔千강江	月	월	Mond
	印	인	Siegel, siegeln, drucken
	千	쳔	1.000
	江	강	Fluß
	月印千江	월인쳔강	"Der Mond gespiegelt in 1000 Flüssen"; einer der Namen des Buddha
지之	之	지	chin. Partikel, hier Genitiv-Markierung
·콕曲	曲	콕	Lied
·쌍上	上	샹	oben, hier: 1. Band eines zwei- oder dreibändigen Buches

Vokabeln zu Strophe 1

끠其·힗一	其	기	Demonstrativ- u. Possessivpronomen
	一	일	1
외巍외巍	巍	외	erhaben, mächtig
·셕釋가迦·뿛佛	釋迦佛	셕가불	Śākya-Buddha, Buddha aus dem Śākya-Stamm
	釋迦	셕가	Śākya (Eigenname)
	佛	불	Buddha

무無·량量무無변邊	無量無邊	무량무변	unermeßlich und grenzenlos
	無	무	nicht (vorhanden); verneint Nomen
	量	량	Menge, Maß; (er)messen, zählen, kalkulieren
	邊	변	Grenze, Seite
공功·득德·을	功德	공덕	Verdienste und Tugenden, Wohltaten, Tugendkraft, Sk. *Guṇa*
	功	공	Erfolg, Großtat, Verdienst
	德	덕	Tugend, (Wirk-, Heil-)Kraft, (moralisches) Verhalten
		-을	Akkusativ
·겁劫·겁劫·에	劫	겁	Sk. *Kalpa*; Äon, Zeit(-alter)
		-에	Lokativ
어·느		어느	wie; welch-, was; Fragepronomen
:다		다	alle
솔·녕·리		숣-	berichten, sagen
		-으-	Bindevokal
		-리	verkürzte Terminalform (hier: Interrogativ)

Vokabeln zu Strophe 2

끠其·ㅅ二	二	이	zwei
·셰世존尊ㅅ	世尊	세존	„der von der Welt Verehrte", Von-aller-Welt-Verehrt, Sk. *Bhāgavat*
	世	세	irdische Welt; irdische Existenz, Lebensspanne, Generation; auch *Yuga*, s. Nr. 3
	尊	존	verehren, verehrenswert
		-ㅅ	Genitiv (1. bei un-belebten Dingen, 2. bei Lebewesen: honorativ)
:일		일	Angelegenheit, Ereignis, Tat
		-∅	Fortfall des Akkusativs
술·보리·니		솗-	berichten, sagen
		-오-	Infix -오/우- ("Volitiv") (! Seitenpunkt: 솗 > 술·보)
		-리-	Präsumptiv
		-니	verkürzte Teminal- und Konjunktional-form
·먼萬	萬	만	10.000; unbestimmte sehr

:리里		里	리	groß Zahl Längenmaß; in der Yi-Zeit ca. 400 m
·외外		外	외	außen, außerhalb, jenseits
:일·이시·나			일	s.o.
			-이-	Prädikativ (Kopula)
			-시-	subjektehrender Honorativ
			-나	Konjunktionalform (adversativ, konzessiv: "zwar aber", "wenn auch")
눈			눈	Auge
·에			-에	Lokativ
·보논·가			보-	sehen
			-ᄂ-	Indikativ
			-오-	Infix -오/우- ("Volitiv") (Assimilation -ᄂ- + -오- > -노-)
			-ㄴ가	Frageendung, hier mit nachfolgendem 너기- Ausdruck eines Anscheins oder einer Annahme (...denkt: "Sehe ich etwa...?")
너·기스·븓쇼·셔			너기-	denken, fühlen, meinen
			-습-	Honorativ der Ergebenheit vor

199

	-ᄋ-		der Subjektperson Bindevokal
	-쇼셔		Aufforderungs- und Befehlsform des hohen Rede- stiles.2)
:말		말	Wort, Äußerung, Sprache
쳔千	千	천	1.000
·지載	載	재	Jahr
·썅上	上	상	oben, hier: zeitlich zurück
귀		귀	Ohr
	-예		Lokativ
듣·논·가		듣-	hören; instabiler Verbstamm ㄷ/ㄹ
	-논가		s.o.

Vokabeln zu Strophe 3

삼	三	삼	3
하阿숭僧끼祇	阿僧祇	아승지	Sk. *Asaṃkhyeya*, unzählbar, größte zählbare Zahl
쪈前·셰世	前世	전세	frühere Existenzen,

---

2) Es gibt im Deutschen keine entsprechende besondere Verbal- form, die in einer höflichen Redeweise eine Ehrerbietung gegenüber dem oder den Zuhörern enthält. Der Appelations- charakter dieser Besonderheit des Koreanischen soll in der Übersetzung ins Deutsche in der vorangestellten Aufforderung "So hört!" angedeutet werden.

	前世	전세	vergangenes Yuga, frühere Welt, vergangene Zeit vor irdische Existenz, Lebensspanne; Welt, Generation, buddh.: Vergangenheit, Gegenwart und Zukunft, auch: Sk.*Yuga*, 1000ster Teil eines *Kalpa*
·겁劫·에	劫	겁	Sk. *Kalpa*; Äon, Zeit(-alter)
:님·금		님금	König
		-∅	Fortfall des Genitivs
·위位ㄹ	位	위	Status, Stelle, Platz, Thron
		-ㄹ	Akkusativ
ㅂ·리·샤		ㅂ리-	aufgeben, verzichten, verlassen, wegwerfen
		-샤	subjektehrender Honorativ -시- + -아/어 Konverbalform (Assimilation)
졍精·샤舍·애	靜	졍	still, rein, sauber
	舍	샤	Haus
	靜舍	졍샤	"Haus der Reinheit", Eremitage,

			Tempel, Kloster
		-애	Lokativ
안·잿·더시·니		앉-	sitzen
		-아	Konverbalform
		이시-/잇-	vorhanden sein, instabiler Verbstamm, hier: Hilfsverb
		-앳-	Konverbalform + 이시-/잇- = perfektiver und durativer Aspekt (Zustand)
		-더-	Retrospektiv
		-시	subjektehrender Honorativ
		-니	verkürzte Teminal- und Konjunktionalform
:오五·빅百	五	오	5
	百	백	100
훤怨쓩讎ㅣ	怨	원	etw. hassen
	讎	수	Feind; hassen
	怨讎	원수	Feind
		-ㅣ	Nominativ
나·랏		나랗	Land; ㅎ-auslautendes Nomen
		-ㅅ	Genitiv (1. bei unbelebten Dingen, 2. bei Lebewesen: honorativ)
:쳔	錢	젼	Geld
		-∅	Fortfall des

			Akkusativs
일버·사		일벗-	stehlen
		-아	Konverbalform; eigtl. 일버서
정精·샤舍·롤	精舍	정사	s. o.
		-롤	Akkusativ
:디·나·아가·니		디나-	vorbeigehen, vergehen
		-아	Konverbalform
		가-	gehen
		-아가-	Konverbalform + "gehen" = durative Aktionsart
		-니	verkürzte Teminal- und Konjunktional- form

Vokabeln zu Strophe 4

스四	四	사	4
형兄:님·올	兄	형	älterer Bruder
		-님	Honorativ, "Herr", "gnädige Frau", usw.
		-올	Akkusativ
모·롤·씨		모르-	nicht wissen, nicht kennen, ahnungslos sein, ㄹ-verdoppelnder -ㄹ/르-auslautender Verbalstamm
		-ㄹ씨	Konjunktionalform (kausal: "da, weil")
·발자·칅		발자최	Fußabdrücke,

203

		-ㄹ	Fußspur Akkusativ
바·다		받-	empfangen, folgen; hier (eine Spur) aufnehmen
		-아	Konverbalform
남·기		나모/낡-	Baum; unregelmäßiges Nomen: Fortfall des Vokalauslautes und Einfügung von -ㄱ
		-의	Genitiv als Lokativ
:뻬·여		뻬-	aufspießen, durchdringen, eindringen
		-여	Konverbalform, hier als Konjunktion mit Subjektwechsel
·셩性·명命·을	性	셩	die (angeborene) innere Natur einer Sache, Wesen, Geschlecht, Leben
	命	명	Leben, die vom Schicksal bestimmte Lebensdauer, Befehl
	性命	셩명	Leben, Schicksal
ᄆᆞ·ᄎᆞ·시·니		ᄆᆞᆾ-	beenden, ein Ende machen
		-ᄋᆞ-	Bindevokal
		-시-	subjektehrender Honorativ
		-니	verkürzte Teminal- und Konjunktional-

:ᄌᆞ子·식息	子	자	Sohn, Kinder form	
	息	식	hervorbringen	
	子息	자식	Kinder, Nachwuchs	
		-∅	Fortfall des Nominativs	
:업·스실·씨		없-	nicht vorhanden sein	
		-으-	Bindevokal	
		-시-	subjektehrender Honorativ	
		-ㄹ씨	Konjunktionalform (kausal: "da, weil")	
		-ㄹㅅ	<ᅘ präsumptive Attributivform	
		ᄉ	abhängiges Nomen (Nominalisator)	
		-의	Genitiv als Lokativ	
몸·앳		몸	Körper	
		-애	Lokativ	
		-ㅅ	Genitiv (1. bei unbelebten Dingen, 2. bei Lebewesen: honorativ)	
·필		피	Blut	
		-ㄹ	Akkusativ	
뫼·화		뫼호-	sammeln	
		-아	Konverbalform	
그·르·세		그릇	Schüssel, Behälter	
		-에	Lokativ	
담·아		담-	hineintun, einfüllen	
남男:녀女·를	男	남	Mann	
	女	여	Frau	

		-를	Akkusativ
:내·ᅀᆞᇦ·니		내-	hervorbringen
		나-	hervor-, heraus-, hinausgehen, -kommen
		-이-	Faktitiv-/Passiv
		-ᅀᆞ-	Honorativ der Ergebenheit vor der Subjektperson
		-ᄋᆞ-	Bindevokal
		-니	verkürzte Teminal- und Konjunktionalform

Vokabeln zu Strophe 5

:오五	五	오	5
:어·엿브·신		어엿브-	bemitleidenswert, bedauernswert sein
	⟨	-시-	subjektehrender Honorativ
		-ㄴ	Attributivform des Verbs
·명命죵終·에	命	명	hier kurz für 性命 Leben, Schicksal
	終	죵	beenden, Ende,
	命終	명죵	Lebensende
		-에	Lokativ
감甘·쟈蔗:씨氏	甘蔗	감자	Eigenname: *Ikṣvāku*, wrtl. "Zuckerrohr", ein Ahnherr der *Śākya*
	氏	씨	höfliche Anrede,

:니·ᅀᅡ·ᄆᆞᆯ		닛-	auch: Clan, Familie verbinden, (nach)folgen
		-ᄋᆞ-	Bindevokal
		-샤	subjektehrender Honorativ -시- + -옴/움 Verbalnomen (Assimilation)
		-옴/움	Verbalnomen (~~Volitiv -오/우- + Nominalsator -ㅁ~~)
		-ᄋᆞᆯ	Akkusativ
·때大꾸瞿땀曇·이	大瞿曇	대구담	„Großer-Gautama", ein Heiliger
		-이	Nominativ
일·우·니이·다		일우-	vollenden, vervollständigen, durchführen, realisieren
		일-	bilden, formen, sich erfüllen
		-우-	Faktitiv/Passiv
		-니-	Apodiktiv
		-이-	Verbindlichkeit gegenüber dem Hörer.3)

---

3) Es gibt im Deutschen keine entsprechende besondere Verbalform, die in einer höflichen Redeweise eine Ehrerbietung gegenüber dem oder den Zuhörern enthält. Der Appelationscharakter dieser Besonderheit des Koreanischen soll in der Übersetzung ins Deutsche in der vorangestellten Aufforderung "So hört!" angedeutet werden.

		-다	Terminalform (Deklarativ)
·아·독훈		아독ㅎ-	weit in der Ferne
		-ㄴ	Attributivform des Verbs
:훃後·셰世·예	後	후	nach, später
	世	세	Welt, Generation
	後世	후세	Nachwelt, spätere Generation, vgl. 前世 in Nr. 3.
·셕釋가迦·뿛佛	釋迦佛	석가불	Sk. *Śākya-muni Buddha,* wrtl. der Buddha aus dem *Śākya*-Stamm
		-∅	Fortfall des Komplementals
드외·싫·돌		드외-	werden
		-시-	subjektehrender Honorativ
		-ㅭ	präsumptive Attributivform des Verbs
		드	abhängiges Nomen (Sache, Ding, Ereignis, "etwas, das")
		-ㄹ	Akkusativ
:포普광光·뿛佛·이	普	보	überall, überall hin, hier: ausstrahlen
	光	광	Licht (-strahl)
	普光佛	보광불	wrtl. der Buddha „Überall-

니ᄅ·시·니이·다			hindingender-Glanz", Sk. *Dīpaṃkara Buddha*
	닐-		sagen, sprechen
	-시-		subjektehrender Honorativ
	-니-		Apodiktiv
	-이-		Verbindlichkeit gegenüber dem Hörer, s.o.
	-다		Terminalform (Deklarativ)

Vokabeln zu Strophe 6

·륙六	六	육	6
·외外:똉道ᅀᅵᆫ人	道人	외도인	Menschen außerhalb des Weges, Nicht-Buddhisten, Andersgläubige
	外	외	außen, außerhalb
	道	도	Weg, hier: der [buddhistische Erlösungs-] Weg
	人	인	Mensch
:오五·빅百·이	五百	오백	fünf hundert
:쎤善·휑慧ㅅ	善慧	선혜	Sk. *Sumedha*, Eigenname, wrtl. „Gut-in-der-Weisheit"

209

·득德	德	덕	Tugend, (Wirk-, Heil-)Kraft, (moralisches) Verhalten hier: kurz für 공덕 „Verdienste und Tugenden", "Wohltaten"
		-∅	Fortfall des Akkusativs
닙스·바		닙-	bekommen, empfangen
		-습-	Honorativ der Ergebenheit vor der Subjektperson
		-아	Konverbalform
:떼弟:ᄌ子ㅣ	弟子	제자	Schüler, Anhänger
	弟	제	jüngerer Bruder, jüngere Person, Schüler
	子	자	Sohn, hier: Suffix zur Kennzeichnung von Nomina
		-ㅣ	Komplemental
드외·야		드외-	werden
		-야	Konverbalform
은銀:돈·올	銀	은	Silber
		돈	Geld
		-올	Akkusativ
받ᄌ·ᄫ·니		받-	opfern, darbieten, widmen
		-ᄌᆞᆸ-	Honorativ der Ergebenheit vor der

			Subjektperson
		-으-	Bindevokal
		-니	verkürzte Teminal- und Konjunktional- form
·매賣화花:녀女	賣花女	매화녀	Blumenmädchen, Blumenverkäuferin
	賣	매	verkaufen
	花	화	Blume
	女	녀	Frau, Mädchen
구俱이夷	俱夷	구이	Sk. *Gopikā*, Eigenname, spätere Frau des *Sarva-siddhārtha* (= Buddha), alias *Yaśodharā*
		-∅	Fortfall des Nominativs (Assimilation)
·뜯		뜯	Wille, Absicht, Wunsch, Gedanke, Meinung; Be- deutung
:아ㅿ·바		알-	wissen, (er)kennen, instabiler Verb- stamm ㄹ/∅
		-ᅀᆞᆸ-	Honorativ der Er- gebenheit vor der Subjektperson
		-아	Konverbalform
부夫쳐妻	夫	부	Ehemann
	妻	쳐	Ehefrau
	夫妻	부쳐	Ehepaar, Mann und

		-ᅵ	Frau Genitiv (bei Lebewesen, ohne Höflichkeitsbezug, neutral)
·원願·으·로	願	원	Gelöbnis, Schwur, Wunsch
		-으-	Bindevokal
		-로	Instrumental
고·줄		곶	Blume
		-올	Akkusativ

Vokabeln zu Strophe 7

·칧七	七	칠	7
다·숫		다슷	fünf
:두		두	zwei (Attributivform)
고·지		곶	Blume
		-ᅵ	Nominativ
콩空듕中·에	空	공	[Himmels-]leere, Leere, leer; Luftraum
	中	중	Mitte; von, unter, in, auf, an, binnen
	空中	공중	in der Luft, zwischen Himmel und Erde
		-에	Lokativ
머·믈어·늘		머믈-	bleiben, aufhalten
		-어-	Assertativ

		-ㄴ	Attributivform
		-으-	Bindevokal
		-ㄹ	Akkusativ
		어늘	Konjunktionalform (kausal: "da", oder konzessiv: "obwohl, selbst wenn")
텬天롱龍·밣八:뿡部ㅣ	天龍八部	천용팔부	himmlische Wesen und Drachen in acht Klassen: *Devas, Nāgas, Yakṣas/Rākṣasas, Gandharvas, Asuras, Garuḍas, Kiṃnaras, Mahoragas*
	天	천	Himmel; himmlisches Wesen, Gottheit; Sk. Deva
	龍	용	Drache, in buddh. Texten auch: ein Schlangendämon / kleiner Drache; Sk. *Nāga,*
	八	팔	8
	部	부	Klasse, Sektion
		-ㅣ	Nominativ
·잔讚·탄嘆·ㅎ·ᄉᆞᄫᆞ·니	讚	찬	preisen, loben
	嘆	탄	bewundern, anerkennen
	讚嘆	찬탄	Bewunderung, Begeisterung, Lobpreis

		호-	Hilfsverb, hier: Bildner denominaler Verben
		-숩-	Honorativ der Ergebenheit vor der Subjektperson
		-으-	Bindevokal
		-니	verkürzte Teminal- und Konjunktionalform
·옷·과		옷	Kleider
		과	konjunktionale Partikel ("und")
마·리·롤		마리	Haar, Kopf
		-롤	Akkusativ
·로路둥中·에	路	로	Straße, Weg
	路中	노중	auf der/die Straße
		-에	Lokativ
·펴·아시·놀		펴-	aus-, verbreiten, verkündigen
		-아-	Assertativ
		-시-	subjektehrender Honorativ
		-ㄴ	Attributivform
		-으-	Bindevokal
		-ㄹ	Akkusativ
		-아시놀	Konjunktionalform, mit eingefügtem subjektehrendem Honorativ
:포普광光·뿛佛·이	普光佛	보광불	wrtl. der Buddha „Überall-hin-dringender-Glanz",

		-이	Sk. *Dīpaṃkara Buddha* Nominativ
·쏘		쏘	noch einmal, wieder
·쓩授·긔記·ᄒ시·니	授	수	geben
	記	기	anmerken, aufzeichnen, registrieren; Markierung
	授記	수기	Bekanntmachung, hier: Vorhersage der zukünftigen Buddhaschaft
		ᄒ-	Hilfsverb, hier: Bildner denominaler Verben
		-시-	subjektehrender Honorativ
		-니	verkürzte Teminal- und Konjunktional-form

Vokabeln zu Strophe 8

·밣八	八	팔	8
닐·굽		일굽	7
힌因·ᄒ·야	因	인	Ursache, Grund
		ᄒ-	Hilfsverb, hier: Bildner denominaler Verben
		-야	Konverbalform

·신信·쎼誓	信誓	신서	Gelöbnis, Versprechen
	信	신	glaubhaft sein; sich bekennen; glauben
	誓	서	Gelöbnis, Versprechen, Eidablegung
기프·실·씨		깊-	tief sein
		-으-	Bindevokal
		-시-	subjektehrender Honorativ
		-ㄹ씨	Konjunktionalform (kausal: "da, weil")
		-ㄹㅅ	<ㅭ präsumptive Attributivform
		ㅅ	abhängiges Nomen (Nominalisator)
		-의	Genitiv als Lokativ
·셰世·셰世·예	世世	세세	von Existenz zu Existenz, in allen Zeiten
	世	세	hier: Zeitraum einer irdischen Existenz
		-예	Lokativ
쳬妻·권眷·이	妻眷	처권	Ehefrau
	妻	처	Ehefrau
	眷	권	sich kümmern um; Familienmitglied, Ehefrau
		-이	Komplemental
다·숫		다숫	fünf
·꿈·을		꿈	Traum
		-을	Akkusativ

·슈授·긔記	授記	수기	Bekanntmachung, hier: Vorhersage der zukünftigen Buddhaschaft
볼ㄱ·실·씨		붉-	hell sein, deutlich sein, klar sein, strahlend sein
		-으-	Bindevokal
금今·싫日·에	今日	금일	heute, hier: diesmal, im heutigen *Kalpa* oder *Yuga*
	今	금	jetzt, heute
	日	일	Tag
·셰世존尊·이	世尊	세존	"der von der Welt Verehrte", Von-aller-Welt-Verehrt, Sk. *Bhāgavat*

Vokabeln zu Strophe 9

:궁九	九	구	9
명名현賢·겁劫·이	名賢劫	명현겁	das [gegenwärtige] *Kalpa* der Namhaften [und zugleich] Tüchtigen, Sk. *Bhadra-kalpa*
	名	명	Name; benennen, hier: namhaft
	賢劫	현겁	das *Kalpa* der Tüchtigen,

217

			Sk. *Bhadra-kalpa*
:엻		·열-	öffnen, instabiler Verbstamm ㄹ/∅
:엻·제		-ㅭ제	Konjunktionalform (temporal: "als", "wenn")
:훊後ㅅ	後	후	nach, später
:일·울		일	Angelegenheit, Ereignis, Tat
:뵈·요리·라		뵈-	zeigen, sehen machen; abgeleitetes Verb
		-요-	Infix -오/우- ("Volitiv") mit Jotierung nach ㅣ
		-리-	Präsumptiv
		라	Konjunktionalform (final: "um zu")
		-오/우+리라	Absicht des Handlungsträgers
·힔一천千	一千	일천	ein Tausend
	千	천	1000
쳥靑련蓮·이	靑蓮	쳥련	blaue Lotusblumen
	靑	쳥	blau
	蓮	련	Lotus
도·다·펫더·니		돋-	emporsteigen, keimen, erscheinen
		-아	Konverbalform
		프-	blühen, sich entfalten
		-어	Konverbalform
		퍼	kontrahierte Konverbalform

		이시-/잇-		vorhanden sein, instabiler Verbstamm, hier: Hilfsverb
		-엣-		durativer und perfektiver Aspekt (Zustand)
		-더-		Retrospektiv
		-니		verkürzte Teminal- und Konjunktionalform
·ᄉ四쎤禪텬天·이	四禪天	사선천		die 4 *dhyāna*-Himmel, welche vom Übenden in verschiedenen Stadien der Versenkung wahrgenommen werden, bzw. die darin befindlichen Lebewesen, die Vier Großhimmel
보·고		보-		sehen
		-고		Konjunktionalform (nebenordnend: "und")
:디·나건		디나-		vorbei-, vergehen
		-거-		Assertativ
		-ㄴ		Attributivform
:일·로		일		Ereignis, Angelegenheit, Tat
		-로		Instrumental
:혜·야		혜-		erwägen, erraten,

219

	-야		zählen, kalkulieren Konverbalform
·나싫		나-	hervor-, heraus-, hinausgehen, -kommen; geboren werden
	-시-		subjektehrender Honorativ
	-ㅭ		präsumptive Attributivform
·둘		드	abhängiges Nomen (Sache, Ding, Ereignis, "etwas, das")
	-ㄹ		Akkusativ
:아·니		알-	wissen, (er)kennen, instabiler Verbstamm ㄹ/∅

Vokabeln zu Strophe 10

·씹十	十	십	10
·즁衆싱生·이	衆生	중생	die Schar der Lebewesen, die Lebewesen, alle Geschöpfe
	衆	중	Schar, Menge
	生	생	Leben
드·톨·씨		드토-	streiten
뼝平:등等왕王·울	平等王	평등왕	"Ausgleichender König",

:셰·슿·니		-을 셰-	Akkusativ stellen, aufstellen, ernennen, errichten
			König, der [im Streit] ausgleicht
꾸瞿땀曇:씨氏	瞿曇氏	구담씨	Geschlecht in der Nachfolge des "Kleiner Gautama", aus dem der histor. Buddha stammt
그		그	dies(-e,-er,-es), dies(-e,-er,-es) da, Demonstrativpronomen
·셩性·이시·니	性	셩	die innere Natur einer Sache, Geschlecht, Leben, hier: "Name"
		-이-	Prädikativ (Kopula)
:겨지·비		겨집	Ehefrau
하·라·놀		할-	bemäkeln, schlecht sprechen über etw. oder jmd.
		-아-	Assertativ
		-아늘	Konjunktionalform (kausal: "da", oder konzessiv: "obwohl, selbst wenn")
니尼룸樓 l	尼樓	니루	Sk. *Nūpura*, Eigenname
·나·가시·니		나가-	fortgehen, hinausgehen; Verbalkompositum

·셕釋가迦:씨氏	釋迦氏	석가씨	ohne Konverb *Śākya*-Geschlecht
·일로		이	dies(-e,-er,-es), Demonstrativpronomen
		-ㄹ-	ㄹ-Verdoppelung bei Pronomina
		-로	Instrumental
·나시·니		나-	hervor-, heraus-, hinausgehen, -kommen; geboren werden

Vokabeln zu Strophe 11

:댱長싱生·인	長生이	쟝생	der Ältere, Erstgeborene
		-이	namens- und personenkennzeichnendes Suffix
		-ㄴ	qualifizierende Partikel (Thema bzw. kontrastierende Hervorhebung),
·붏不·숗肖홀·씨	不肖	불쵸	unfähig, unwürdig, nicht heranreichend
	不	불	Nicht-, Un-
	肖	쵸	entsprechen
		ᄒᆞ-	Hilfsverb, hier: Bildner denominaler Verben

·놈·이		놈	der/die Andere
·나·아간·들		나아가-	fort-, hinausgehen
		나-	hinausgehen
		-아가-	Konverbalform + "gehen" = durative Aktionsart
		-ㄴ	Attributivform
		든	abhängiges Nomen (Sache, Ding, Ereignis, "etwas, das")
		-ㄹ	Akkusativ
·빅百·셩姓·들·히	百姓	백셩	die einhundert Geschlechter, das einfache Volk
	百	백	100
		-둟	Pluralsuffix, ㅎ-auslautendes Nomen
		-ㅣ	Nominativ
:다		다	alle
조·ᄎ·니		좇-	folgen
니尼룸樓·는	尼樓	니루	s. No. 10
		-는	qualifizierende Partikel (Thema bzw. kontrastierende Hervorhebung)
현賢홀·씨	賢	현ᄒ-	tüchtig, tugendhaft sein
		ᄒ-	Hilfsverb, hier: Bildner denominaler Verben

·내		나	ich, Personalpronomen 1. Person Singular
		-ㅣ	Nominativ
·나·아간·돌			s.o.
아·바:님·이		아바님	"Vater" + ehrendes Nomen
		-이	Nominativ
·올타·ᄒ시·니		옳-	richtig, korrekt
		-다	Terminalform (Deklarativ)
		-타	ㅎ- Assimilation, ㅎ+다
		ᄒ-	Hilfsverb
		-다ᄒ-	Quotativ

Vokabeln zu Strophe 12

:보補·쳐處ㅣ	補處	보처	"Der-an-die-Stelle-Tretende", der nächste Buddha
둏兜·슐率텬天·에	兜率天	도솔천	der Sk. *Tuṣita*-Himmel, der vierte von sechs Himmeln der hiesigen Welt
:겨·샤		겨시-	vorhanden sein (honoratives Verb)
		-아	Konverbalform
·씹十방方·셰世·개界	十方世界	십방세계	Welt(-sphäre) in allen räumlichen Richtungen
	十方	십방	10 Richtungen

			(8 Kompass- richtungen, Nadir, Zenith)
	方	방	Richtung
	世界	세계	Welt(-sphäre)
	界	계	Grenze, Gebiet, Sphäre
·법法	法	법	Sk. *Dharma,* 1. Gesetz, Norm, natur- und moral- gesetzlicher Ablauf; die geistige Realität hinter den Dingen, die Gesetzmäßigkeit 2. die diesem Ge- setz entsprechenden Phänomene 3. die buddhistische Lehre allgemein;
니ᄅ·더시·니		닐-	sagen, sprechen
·석釋:죵種	釋種	석종	*Śākya*-Stamm
	種	종	Stamm, Rasse, Korn, Art
·쎵盛ᄒᆞᆯ·씨	盛	성ᄒᆞ-	gedeihen, blühen, mächtig sein
가迦이夷귁國	迦夷國	가이국	das Land (Sk.) *Kapila*, Geburtsort des *Gautama*- Buddha
	國	국	Land, Reich
ᄂᆞ·리·샤		ᄂᆞ리-	herabkommen, ankommen
:펴려·ᄒᆞ시·니		펴-	ver-, ausbreiten, verkündigen

		-∅	Assimilation des Infix -오/우- ("Volitiv") (! Seitenpunkte ·펴- 〉 :펴-)
		-려	Konjunktionalform (Intensional: Absicht)
		-오/우려ᄒ-	kompositioneller Ausdruck der Absicht (Intensional)

Vokabeln zu Strophe 13

:오五쉬衰	五衰	오쇠	5 negative Zeichen, Omen des Niedergangs
	衰	쇠	in Verfall geraten, schwach werden; Niedergang, Schwäche
:오五·쉐瑞	五瑞	오서	5 gute Zeichen
	瑞	서	ein gutes Omen, gute Vorzeichen
:뵈·샤		뵈-	zeigen
염閻뿧浮뗴提	閻浮提	염부제	Sk. *Jambu-Dvi[pa]*, Kontinent im Süden des Weltenberges, Sk. *Sumeru*; auch: Indien

·나·시릴·씨		나-	hervor-, heraus-, hinausgehen, -kommen; geboren werden
		-시-	subjektehrender Honorativ
		-리-	Präsumptiv
		-ㄹ씨	Konjunktionalform (kausal: "da, weil")
져諸텬天	諸天	제천	die Himmel [-sgötter], alle himmlischen Wesen, alle *Devas*
	諸	제	Pluralmarker, mehrere, all, viel
츠기		츠기	bedauerlich, mitleiderregend, armselig
너·기·니		너기-	denken, meinen, fühlen
·법法땽幢	法幢	법당	*Dharma*-Standarte, symbolisiert die Macht des Buddha
	法	법	Sk. *Dharma*, vgl. Nr. 12
	幢	당	Tempelfahne, Symbol des Sieges der Buddhalehre
·법法·횡會	法會	법회	Predigt-Versammlung der Gläubigen, *Dharma*-Versammlung
:셰·샤		셰-	stellen aufstellen,

227

텬天신人	天人	천인	ernennen, errichten Himmel(-sgötter) und Menschen
모·드·릴·씨		몯-	(sich) versammeln
깃ᄉ·ᄫ·니		젔-	sich freuen über, sich erfreuen an, Fortfall des "ㄱ" vor Konsonanten
		-ᅀᆞᆸ-	Honorativ der Ergebenheit vor der Subjektperson

Vokabeln zu Strophe 14

·붏沸셩星	沸星	불셩	Sk. *Puṣya*, ein Sternbild, das Glück verheißt
	沸	불	blubbern, kochen; das Aufsteigen von Wasser in einer Quelle
	星	셩	Stern
도·돐·제		돋-	emporsteigen, erscheinen, keimen
		-ᄋᆞ-	Bindevokal
		-ᇙ제	Konjunktionalform (temporal: "als", "wenn")
·ᄈᆡᆨ白:썅象·올	白	백	weiß
	象	샹	Elefant
ᄐᆞ시·니		ᄐᆞ-	ein-, besteigen, reiten, fahren

·힛		힁	Sonne
광光명明·을	光	광	Licht (-strahl), Glanz
	明	명	Helligkeit
:뻬시·니이·다		뻬–	ein-, durchdringen, aufspießen
		–시–	subjektehrender Honorativ
		–니–	Apodiktiv
		–이–	Verbindlichkeit gegenüber dem Hörer, vgl. Nr. 5
		–다	Terminalform (Deklarativ)
텬天·악樂·올	天	천	Himmel; himmlisches Wesen, Gottheit; Sk. *Deva*
	樂	악	Musik
·쥼奏커·늘	奏	주	musizieren
		ᄒ–	Hilfsverb, hier: Bildner denominaler Verben
		–거–	Assertativ
		–거늘	Konjunktionalform (kausal: "da", oder konzessiv: "obwohl, selbst wenn")
		–커늘	Fortfall des Hilfsverbs ᄒ– und Aspiration des nachfolgenden Konsonanten
조쯔·ᄫ·니		좇–	folgen

229

		-ᅀᆸ-	Honorativ der Ergebenheit vor der Subjektperson
하·ᄂᆶ		하ᄂᆶ	Himmel; ㅎ-auslautendes Nomen
		-ㅅ	Genitiv (1. bei unbelebten Dingen, 2. bei Lebewesen: honorativ)
드·르·니이·다		들-	tropfen, tropfenweise fallen; instabiler Verbstamm ㄷ/ㄹ
		-니-	Apodiktiv
		-이-	Verbindlichkeit gegenüber dem Hörer, vgl. Nr. 5.
		-다	Terminalform (Deklarativ)

Vokabeln zu Strophe 15

마摩야耶	摩耶	마야	Sk. *Mājā*, Buddhas Mutter
·ᄭᅮᆷ		ᄭᅮᆷ	Traum
안·해		않	in, innerhalb; das Innere, Innenseite, ㅎ-auslautendes Nomen
:울右·협脇·으·로	右脇	우협	rechts Seite des Oberkörpers, Rippen

		-으-	Bindevokal
		-로	Direktional
·드·르시·니		들-	(ein-)treten, (hinein-)gehen, -kommen
밧긋		밨	außen, außerhalb
		-의	Genitiv als Lokativ
		-ㅅ	Genitiv (1. bei unbelebten Dingen, 2. bei Lebewesen: honorativ)
		-읫	Reihung von Lokativ + Genitiv
그르·메		그르메	Gestalt, Schattenbild, hier; Hülle, äußere Form
		-∅	Fortfall des Nominativs, (Assimilation), Nominativ als Equativ
륳瑠리璃	瑠璃	유리	Glas, Kristall
·곧·더시·니		곧-	gleichartig, gleichförmig, ähnlich sein
·쪙淨·뻔飯	淨飯	정반	"Reine-Reisspeise", Sk. *Śuddhodana*, König von *Kapila-Vastu*, Buddha's Vater
무·러시·눌		묻-	fragen; instabiler Verbstamm ㄷ/ㄹ
		-어-	Assertativ

		-시-	subjektehrender Honorativ
		-어시눌	Konjunktionalform (kausal: "da", oder konzessiv: "obwohl, selbst wenn") mit eingefügtem subjektehrendem Honorativ
졈占:쟈者	占者	졈자	Wahrsager(in), Seher(in)
	占	졈	Wahrsagerei, Prophezeihung
	者	자	Mensch, Person
·판判·ㅎ·ᄉ보·디	判	판ㅎ-	beurteilen, deuten
		-ᄉ-	Honorativ der Ergebenheit vor der Subjektperson
		-오디	Konjunktionalform: 1) verbindet eine allgemeinere Aussage mit detaillierteren Ausführungen; 2.) leitet direkte oder indirekte Reden ein
·셩聖:ᄌ子	聖子	셩자	heiliger Sohn
	聖	셩	in buddh. Kontext: heilig
	子	자	Sohn
·졍正·각覺	正覺	졍각	das Rechte Erwachen, die

	正	졍	Erleuchtung Wahr-, Gerecht-, richtig, echt
	覺	각	erfassen, begreifen, klar sehen, verstehen
일·우시·리		일우-	realisieren, vollenden, durchführen, vervollständigen
		일-	bilden, formen, sich erfüllen
		-우-	Faktitiv/Passiv
		-시-	subjektehrender Honorativ
		-리	verkürzte Terminalform (hier: Deklarativ)

Vokabeln zu Strophe 16

·때大쳔千·이	大	대	groß
	三千大千	삼쳔대쳔	„Dreitausend-Abertausende", Sk. *Tri-sāhasra-mahāsāhasra*, großer Chiliokosmos.[4]

---

[4] Die den Berg Sumeru umgebenden 7 Kontinente und Meere sind die kleine Welt. 1000 dieser Welten bilden einen "Kleinen Chiliokosmos 小千", 1000 小千 einen "Mittleren Chiliokosmos 中千", 1000 中千 bilden einen "Großen Chiliokosmos 大千"

볼·ᄀ·며		붉-	hell sein, deutlich sein, klar sein, strahlend sein
		-ᄋ-	Bindevokal
		-며	Konjunktionalform (nebenordnend: "und")
룽樓·뎐殿·이	樓殿	누전	hier: Edelsteingehäuse um den vorgeburtlichen Buddha
	樓	누	Dachgeschoß, 2-geschossiges Haus, Pavillion
	殿	전	großes Haus, Palast, Tempel
:일어·늘		일-	bilden, formen, sich erfüllen
		-어-	Assertativ
		-어늘	Konjunktionalform (kausal: "da", oder konzessiv: "obwohl, selbst wenn")
안·좀		앉-	sitzen
		-옴	Verbalnomen (= Volitiv -오- + Nominalsator -ㅁ)
:걷뇨·매		걷-	gehen, instabiler Verbstamm ㄷ/ㄹ
		니-	laufen, bummeln
		-옴	Verbalnomen (= Volitiv -오- + Nominalsator -ㅁ)

·어마:님		어마	Mutter
		-님	Honorativ, "Herr", "gnädige Frau", ...
		-∅	Fortfall des Nominativs
모·ᄅ시·니		모ᄅ-	nicht wissen, nicht kennen, ahnungslos sein
져諸·뿛佛	諸佛	제불	die Buddhas
	諸	제	alle, mehrere, viele, verschiedene
	佛	불	Buddha
뽀菩·삻薩·이	菩薩	보살	Sk. *Bodhisattva*, ein vor der Erleuchtung Stehender
·오시·며		오-	kommen
		-며	Konjunktionalform
텬天·과	天	천	Himmel; himm- lisches Wesen, Gottheit; Sk. *Deva*
		-과	konjunktionale Partikel nach Konsonantenauslaut
:귀鬼·왜	鬼	귀	Dämon, Sk. *Preta*
		-와	konjunktionale Partikel nach Vokalauslaut
		-ㅣ	Nominativ
		-왜	Reihung von konjunktionaler Partikel + Nominativ,

235

듣:줍거·늘		듣-	hören; instabiler Verbstamm ㄷ/ㄹ
·밤·과		밤	Nacht
·낮·과		낮	Tag
		∅	Fortfall des Lokativs
·법法·을	法	법	Sk. *Dharma*, vgl. Nr. 12

Vokabeln zu Strophe 17

·날·둘·이		날	Tag
		∅	Fortfall der konjunktionalen Partikel
		둘	Monat, Mond
·ᄎ거·늘		ᄎ-	voll werden, erfüllt werden
ᄢᅵ毘람藍원園	毘藍園	비람원	Geburtsort des Buddha, gemeint ist: 籃毘尼園, *Lumbini*-Park in 迦毘羅 = 迦夷國 *Kapila*-Land
	園	원	Park
보·라		보-	sehen
		-라	Konjunktionalform (final: "um zu")
쌍祥쉬瑞	祥瑞	상서	ein gutes Vorzeichen, ein gutes Omen

하거늘	祥	샹	Glück, gutes Omen
		하-	viel, groß sein
무無훓憂·슝樹	無憂樹	무우슈	Sk. *Aśoka*-Baum, wrtl. "Ohne-Trauer-Baum"
	無	무	nicht (vorhanden); verneint Nomen
	憂	우	Sorge, Kummer, Trauer, Melancholie,
	樹	슈	Baum
·쏘		쏘	noch einmal, wieder, ebenfalls

Vokabeln zu Strophe 18

:본本리來	本來	본래	von Anfang an, ursprünglich, eigentlich
·하신		하-	viel, groß sein
·깊吉·경慶	吉慶	길경	Glück
	吉	길	Glück
	慶	경	glückliches Ereignis, Glück
·띠地·옥獄·도	地獄	지옥	Hölle, Sk. *Naraka*
		-도	qualifizierende Partikel (subsumierende Hervorhebung) "auch, sogar"
		...-도 ...-도	"sowohl ....., als auch ......"

:뷔·며		뷔-	leer sein, leer werden
		-며	Konjunktionalform (nebenordnend: "und")
·붊沸셩星	沸星	불셩	Sk. *Puṣya*, ein Sternbild, das Glück verheißt
:별·도		별	Stern
ᄂ·리·니이·다		ᄂ리-	(herunter)fallen
광光명明·에	光明	광명	Licht, Strahl, Glanz
비·취시·며		비취-	beleuchten, bescheinen
		-며	Konjunktionalform
명明·욇月쥬珠·도	明月珠	명월주	Perle des hellen Mondes
	月	월	Mond
	珠	주	Perle, Glaskugel, Edelstein, Juwel
·ᄃ·ᅀᆞᄫ·니이·다		둘-	aufhängen, anbringen; instabiler Verbstamm ㄹ/∅

Vokabeln zu Strophe 19

무無훔憂·슈樹	無憂樹	무우수	"Ohne-Trauer-Baum", Sk. *Aśoka*-Baum
·가지		가지	Zweig
굽거·늘		굽-	sich biegen, sich beugen

자ᄇ·샤		잡-	(in die Hand, in Gewalt) nehmen, festhalten, greifen
:ᄋᆞᆷ右·협脇	右脇	우협	rechte Seite des Oberkörpers
:딴誕싱生	誕生	탄생	Geburt
련蓮화花	蓮花	연화	Lotusblume
·나거·늘		나-	hervor-, heraus-, hinausgehen, -kommen; geboren werden
드·듸·샤		드듸-	(auf)treten
·ᄉᆞ四방方	四方	사방	vier Himmelsrichtungen
·향向·ᄒᆞ·샤	向	향	richten, zielen
즇周혱行	周行	주행	umlaufen, -kreisen
	周	주	umkreisen
	行	행	gehen, handeln, tun, ausüben
·칧七·뽀步	七步	칠보	7 Schritte
	步	보	gehen, laufen; Schritt, Gang

Vokabeln zu Strophe 20

:ᄋᆞᆷ右:ᄉᆈ手	右手	우수	rechte Hand
	右	우	rechts
	手	수	Hand
:자左:ᄉᆈ手·로	左手	좌수	linke Hand
	左	좌	links
		-로	Instrumental-Partikel

텬天·띠地	天地	천지	Himmel und Erde, Welt
ᄀᆞᆯ·치·샤		ᄀᆞᆯ치-	mit dem Finger zeigen, hinweisen; lehren, unterrichten
ᄒᆞ오·ᅀᅡ		ᄒᆞ오ᅀᅡ	allein
·내		나	ich, Personalpronomen 1. Person Singular
		-ㅣ	Nominativ-Partikel
존尊·ᄒᆞ라	尊	존ᄒᆞ-	erhaben, würdevoll, verehrenswert sein; verehren
		ᄒᆞ-	Hilfsverb, hier: Bildner denominaler Verben
		-오-	Infix -오/우- ("~~Volitiv~~") präfinal
		-라	Deklarativendung, 다 〉 라 nach -오/우-
·ᄒᆞ시·니		ᄒᆞ-	Hilfsverb (+ Volitiv 〉 호)
		-라ᄒᆞ-	Quotativ
흔溫:쉬水	溫水	온수	warmes Wasser
	溫	온	warm
	水	수	Wasser
:링冷:쉬水·로	冷水	냉수	kaltes Wasser
	冷	냉	kalt
		-로	Instrumental-Partikel
ᄂᆞ·리·와		ᄂᆞ리-	herunterkommen, herabregnen

		-오-/-우-	Faktitiv/Passiv
		-아	Konverbalform
:궁九룡龍	九龍	구룡	9 Drachen
	龍	룡	Drache, in buddh. Texten auch: ein Schlangendämon / kleiner Drache; Sk. *Nāga*,
모·다		몯-	(sich) versammeln
싯·기슨·ᄫ·니		싯기-	jmd./etw. waschen, säubern

Vokabeln zu Strophe 21

삼三·개界	三界	삼계	"die drei Welten"5)
쓩受:코苦ㅣ·라	受苦	수고	das Erleiden von Bitternis und Qual
	受	수	erhalten, aufnehmen
	苦	고	Bitternis, Leid, Schmerz, Qual, Sk. *duḥkha*
		이-	Prädikativ (Kopula)
		-라	Deklarativ, 다 〉 라 nach Prädikativ
		-라ᄒ-	Quotativ
신仁ᄍᆞ慈ㅣ	仁慈	인자	Menschlichkeit und Barmherzigkeit

---

5) die drei Sphären, in denen die Lebewesen verweilen: die Sphäre der Sinnlichkeit und Begierden, die der Form, und die formlose Welt reinen Geistes, Sk. *Trayo dhātavaḥ, Trailokya*

	仁	인	Menschlichkeit
	慈	자	Güte, Barmherzigkeit, Mitleid,
기프·실·씨		깊-	tief sein
하·놀·따·히		하놀따히	Himmel und Erde
하·놀		하놇	Himmel, ㅎ-auslautendes Nomen
		∅	Fortfall der konjunktionalen Partikel
·따·히		땋	Erde, ㅎ-auslautendes Nomen
ᄀᆞ·장		ᄀᆞ장	meist, äußerst, höchst
·진震:똥動ᄒᆞ·니	震動	진동	Erschütterung, Beben
	震	진	Donner, Blitz
	動	동	bewegen, vibrieren
뼌便한安·케	便安	편안	Friede, Wohlsein, Ruhe
	便	편	friedlich, bequem, wohl sein
	安	안	Friede, Ruhe
		ㅎ-	Hilfsverb, hier: Bildner denominaler Verben
		-게	Adverben bildende Ableitung
		-케	Fortfall des Hilfsverbs ㅎ- und Aspiration des nachfolgenden Konsonanten

·호리·라		호-	< Hilfsverb ㅎ- + Volitiv -오-
		-게ㅎ-	komposititioneller Faktitiv
		-오-	Infix -오/우- ("Volitiv")
		-리-	Präsumptiv Deklarativendung
		-라	~~Konjunktionalform (final: "um zu")~~
		-오/우+리라	Absicht des Handlungsträgers
·빐發·원願·이	發願	발원	der Entschluss [zum Erstreben der Buddhaschaft]
	發	발	entfalten, hervorbringen
	願	원	Gelöbnis, Gelübte, Wunsch, Bitte, Gesuch
기프·실·씨		깊-	s.o.

Vokabeln zu Strophe 22

텬天룡龍·밣八:뿛部]	天龍八部	천용팔부	himmlische Wesen und Drachen in acht Klassen[6]
·큰		크-	groß sein, mächtig sein, gewaltig sein

---

6) *Devas, Nāgas, Yakṣas/Rākṣasas, Gandharvas, Asuras, Garuḍas, Kiṃnaras, Mahoragas*

·德	德	덕	Tugend, (Wirk-, Heil-)Kraft, (moralisches) Verhalten
ᄉᆞ랑·ᄒᆞᆺ·바		ᄉᆞ랑ᄒᆞ-	denken, lieben,
놀·애·룰		놀애	Lied, Hymne
블·러		브르-	singen, rufen, schreien, ㄹ-verdoppelnder -ㄹ/르-auslautender Verbstamm
깃·거·ᄒᆞ더·니		깃거ᄒᆞ-	erfreut sein
마魔왕王	魔王	마왕	König *Māra*, König der Hölle
바波쓘旬·이	波旬	파순	Sk. *Pāpīyas*, Māra's Beiname
·큰		크-	groß sein, mächtig sein, gewaltig sein
새·오ᄉᆞ·바		새오-	eifersüchtig sein, beneiden
앉·디		앉-	sitzen
		-디	Konverbalform vor Verneinungs- und bestimmten anderen Verben
:몯 ·ᄒᆞ·야		몯-	Verneinung des nachstehenden Verbums ("nicht möglich sein", "unfähig, etw. zu tun sein")
시·름ᄒᆞ더니		시름	Schwermut, Kummer, Sorge

| | | 시름ᄒᆞ- | sich Sorge machen, befürchten, sich beunruhigen |

Vokabeln zu Strophe 23

:치䧔:녀女ㅣ	䧔女	채녀	Hofdame
:기·베		깁	Seide, seidener Stoff
:안ᄉᆞ·바		안-	in die Arme nehmen
·어마:넚·긔		어마님	Mutter + ehrendes Nomen
		-ㅅ	Genitiv (1. bei unbelebten Dingen, 2. bei Lebewesen: honorativ)
		긔	adverbiales abhängiges Nomen im Lokativ
		-ㅅ긔	Dativ in *statu nascendi*
·오·숩더·니		오-	kommen
·때大씬神·돌·히	大神	대신	große Gottheiten
		-둫	Pluralsuffix, ㅎ-auslautendes Nomen
:뫼·시ᅀᆞ·ᄫᆞ·니		뫼시-	begleiten, bedienen, verehren (honoratives Verb)
쳥靑의衣	靑衣	쳥의	blaue Kleidung, hier: Dienerschaft

			in blauer Kleidung
	青	쳥	blau
	衣	의	Kleidung, Gewand,
긔·별·을		긔별	Nachrichten Mitteilung
깃그·시·니		깃-	sich freuen
종宗친親·돌·홀	宗親	종친	Verwandschaft, insb. königliche
	宗	종	Ahnherr, Ahnenlinie
	親	친	Nahestehende, Verwandschaft
드·려·가시·니		드려가-	mitnehmen, zusammengehen
		드리-	begleiten, Seite an Seite
		-어	Konverbalform
		가-	gehen, hier: Richtungsbezug

Vokabeln zu Strophe 24

져諸왕王·과	諸王	졔왕	alle Könige
		-과	konjunktionale Partikel (nach konsonantauslautenden Nomen)
쳥靑희衣·와	靑衣	쳥의	blaue Kleidung, hier: Dienerschaft in blauer Kleidung
		-와	konjunktionale Partikel (nach

			vokalauslautenden Nomen)
:댱長:쟈者ㅣ	長者	쟝쟈	Anführer, Ältester, Familienoberhaupt, Dorfvorsteher
	長	쟝	lang, groß, hervorragend
	者	쟈	Person
아·들		아·들	Sohn
나ㅎ며		낳-	gebären, ㅎ-auslautender Verbstamm
져諸·셕釋	諸釋	제석	alle aus dem *Śākya*-Geschlecht
아·들·도		아들	Sohn
		-도	qualifizierende Partikel (subsumierende Hervorhebung) "auch, sogar"
·쏘		쏘	noch einmal, wieder
:썅象·과	象	샹	Elefant
·쇼·와		쇼	Kuh, Rind, Ochse
양羊·과	羊	양	Schaf
·궁廐:마馬ㅣ	廐馬	구마	Pferd
	廐	구	(Pferde-)Stall
	馬	마	Pferd
삿·기		삿기	Tierjunges
:건騫·특特·이·도	騫特	건특	Buddhas Pferd namens *Kaṇṭhaka*
		-이	namens- und personenkenn-

247

zeichnendes Suffix

Vokabeln zu Strophe 25

·쀩梵·지志	梵志	범지	Sk. *brahmacārin*, 1. junger Brahmane (Priesterkaste), 2. im weiteren Sinne: buddhistischer Asket
·외外:똉道ㅣ	外道	외도	"〔Menschen〕 außerhalb des 〔buddhistischen〕 Weges", = 외도인 Andersgläubige
부텻		부텨	Buddha
·먼萬·쉐歲·롤	萬歲	만세	10.000 Jahre, Ruf des Hochlebenlassens, "Hurra"
	歲	세	(Lebens–)Jahre
브르슨·병·니		브르–	rufen, schreien, singen ㄹ-verdoppelnder –ㄹ/르-auslautender Verbalstamm
훔優땀曇·밣鉢라羅ㅣ	優曇鉢羅	우담본라	Sk. *Uḍumbara*, eine Feigenbaumart; die Blüte entsteht im Lauf langer Zeiten

·나샤·몰		나-	hervor-, heraus-, hinausgehen, -kommen; geboren werden
		-시-	subjektehrender Honorativ
		-옴	Verbalnomen (= Volitiv -오- + Nominalsator -ㅁ)
나·토·아		나토-	zeigen, zur Schau stellen, verraten, etwas ausdrücken
		낟-	erscheinen, in Sicht kommen
		-호-/-후--	Faktitiv/Passiv
금金	金	금	Gold, Metall, golden, goldfarbig
·펴·디슷·븟·니		펴디-	aufblühen, erblühen
		프-	blühen, sich entfalten
		-어	Konverbalform
		펴	kontrahierte Konverbalform
		디-	Hilfsverb "werden (zu)", "machen, daß", kompositionelles Passiv/Faktitiv

Vokabeln zu Strophe 26

썅祥·솅瑞·도	祥瑞	상서	ein gutes Vorzeichen, ein gutes Omen
:ᄀᆞᆺ		ᄀᆞᆺ	Rand, Grenze
:업·스실·씨		없-	nicht vorhanden sein, nicht bestehen, nicht haben
오·늘		오늘	heute, dieser Tag
:몯		몯-	Verneinung des nachstehenden Verbums ("nicht möglich sein", "unfähig, etw. zu tun sein")
:ᄉᆞᆲ·뇌		ᄉᆞᆲ-	berichten, sagen
		-뇌	kurze deklarative Terminalform (Sprecher ist Subjekt)
:해		해	viel
		하-	viel sein, groß sein
		-이	Adverben bildende Ableitung
쉰人:귀鬼·도	人鬼	인귀	Menschen und Dämonen
	人	인	Mensch
	鬼	귀	Dämon, Sk. *Preta*
·수數	數	수	Zahl, Anzahl

Vokabeln zu Strophe 27

즁周쏗昭왕王	周昭王	주소왕	*Chao* (1052-1000 B.C.), König der *Chou*-Dynastie (1122-249 B.C.)
		∅	Fortfall des Genitivs
가嘉·쉬瑞·를	嘉瑞	가서	gutes Omen, glückbringendes Zeichen
	嘉	가	schön, gut, glücklich
소蘇융由ㅣ	蘇由	소유	*Su Yu*, Gelehrter zur Zeit des Kaisers *Chao* von *Chou*
		아·라숣-	deuten, wrtl. "erkennen und aussprechen"
남南굥郊·애	南郊	남교	im Süden außerhalb der Stadt
	南	남	Süden
	郊	교	außerhalb der Stadt, außerhalb der Burg, offenes Feld
:돌·홀		돓	Stein, ㅎ-auslautendes Nomen
무드·시·니		묻-	graben, begraben, beerdigen
·한漢	漢	한	chinesische

명明·뎨帝ㅅ	明帝	명제	Dynastie, hier: Spätere Han (25-221 A.D.) Kaiser Ming, zweiter Kaiser der Späteren Han (57-75 A.D.)
·긼吉·몽夢·올	吉夢	길몽	ein glückverheißender Traum, ein guter Traum
	吉	길	Glück
	夢	몽	Traum
·부傅·의毅	傅毅	부의	*Fu-I,* Gelehrter zur Zeit des Kaisers *Ming* von *Han*
셔西텬天·에	西天	서천	wrtl. "westlicher Himmel", hier: Indien
	西	서	Westen
·ᄉ使:쟈者	使者	사자	Bote, Abgesandter
	使	사	anstellen, machen lassen, ausüben, (Ab)gesandte, Bote
보·내시·니		보내-	senden, schicken

Vokabeln zu Strophe 28

여·윈		여위-	mager werden, dürr werden, vertrocknen
·못		못	Teich, Becken
가·온·디		가온디	Mitte, Zentrum

·몸			몸	Körper
·커			크-	groß sein, mächtig sein, gewaltig sein
			-어	Konverbalform
			커	Kontraktion, 크-+어
그우·닐			그우니-	sich wälzen
			그울-	rollen, sich wälzen, instabiler Verbstamm ㄹ/∅
			니-	hin und her gehen, auf und ab gehen
룡龍·올		龍	용	Drache, in buddh. Texten auch: ein Schlangendämon / kleiner Drache: Sk. *Nāga,*
			-올	Akkusativ
·현·맛			현마	wieviel, wie lange, wie weit, Fragepronomen
벌·에			벌에	Wurm, Insekt
비·늘·을			비늘	Schuppe
			-을	Akkusativ
·섈라·뇨			섈-	saugen, einsaugen, lutschen
			-아	Assertativ
			-뇨	Frageendung (materielle Frage: Satz mit Fragepronomen)
:오五·식色운雲		五色雲	오색운	fünffarbige Wolke
		色	색	Farbe, Licht
		雲	운	Wolke

·쉬瑞·샹相	瑞相	서샹	ein gutes Zeichen
	相	샹	Form, Figur, Gestalt; ansehen, betrachten, beobachten
셔如러來ㅅ·긔	如來	여래	wrtl. "So-gekommener", "Vollendeter", Sk. *Tathāgata*, ein Buddha (jemand, der den Erlösungsweg bereits durchlaufen hat)
		-ㅅ	Genitiv (1. bei unbelebten Dingen, 2. bei Lebewesen: honorativ)
		긔	adverbiales abhängiges Nomen im Lokativ
		-ㅅ긔	Dativ in *statu nascendi*
·즁衆싱生·이	衆生	즁생	die Schar der Lebewesen, die Lebewesen, alle Geschöpfe
머·리		머리	Kopf, Haar
:좃·ㅅ바·뇨		좃-	verneigen vor, sich tief verbeugen, ㅿ/ㅅ Verb
		-ㅸ-	Honorativ der Ergebenheit vor der Subjektperson

	-아	Assertativ
	-뇨	s. o.

Vokabeln zu Strophe 29

·오샤·몰	오-	kommen
	-샴	subjektehrender Honorativ -시- + -옴/움 Verbalnomen (Assimilation)
	-옴/움	Verbalnomen (Volitiv -오/우- + Nominalsator -ㅁ)
소·사	솟-	auf-, hochsteigen, emporsteigen, hervorbrechen
:녯	녯	alt, ehmalig
·ᄠᅳ·들	뜯	Wille, Absicht, Wunsch, Gedanke, Meinung; Bedeutung
고·티라	고티-	verbessern, berichtigen, verändern
	-라	Aufforderungs-/ Befehlsform (Imperativ)
:말·ᄋᆞᆯ	말	Wort, Äußerung, Sprache, Bemerkung
도·라·보·아ᄒᆞ·니	도라보아ᄒᆞ-	sich umsehen

	돌-		sich drehen, kreisen
	-아		Konverbalform
	보-		sehen
	-아		Konverbalform
	ᄒ-		Hilfsverb, hier: "tun, machen"
제	저		Pronomen der 3. Person "er, sie, es" und Dritten gegenüber höflich als Pronomen der 1. Person "ich"
	-ᅵ		Genitiv (bei Lebewesen, ohne Höflichkeitsbezug, neutral)
	제		kontrahierte Form, vgl. 저의 in No. 30
·몸·이	몸		Körper
	-이		Nominativ

Vokabeln zu Strophe 30

·때大:봉寶·뎐殿·에	大寶殿	대보전	mit Edelstein geschmückter Palast, prachtvolles großes Haus
	寶	보	Schatz, Edelstein, Juwelen
뫼·호샨		뫼호-	sammeln, versammeln

·샹相ᄉ師ㅣ	相師	상사	Wahrsager, Seher, Gesichtsdeuter, Physiognom
	相	상	ansehen, betrachten, beobachten; Form, Figur, Gestalt
	師	사	Lehrer, Meister
·츌出가家	出家	출가	Mönch werden, seine Familie verlassen, "in die Hauslosigkeit gehen"
	出	출	fortgehen, hinausgehen, verlassen
	家	가	Haus, Familie, (irdisches, profanes) Leben
쎵成·뿛佛·을	成佛	성불	Buddha werden
	成	성	vollenden, vervollständigen, erfüllen, beenden
향香산山·애	香山	향산	"Duft-, Weihrauch-Gebirge", Sk. *Gandha-mādana*, der Himalaya
	香	향	Duft, Räucherwerk
	山	산	Berg
:사ᄂᆞᆫ		살-	leben, wohnen, existieren, instabiler Verbstamm ㄹ/∅

257

하阿ㅅ私따陁ㅣ	阿私陁	아사타	Sk. *Asita*, ein Seher
저·의		저	Pronomen der 3. Person "er, sie, es" und Dritten gegenüber höflich als Pronomen der 1. Person "ich"
		-의	Genitiv (bei Lebewesen, ohne Höflichkeitsbezug, neutral) (vgl. auch die kontrahierte Form 제 in Nr. 29)
늘·구·믈		늙-	alt sein
		-움	Verbalnomen (= Volitiv -우- + Nominalsator -ㅁ)
:우·ㅅㅸ·니		울-	weinen, Tränen vergießen, instabiler Verbstamm ㄹ/∅

Vokabeln zu Strophe 31

·어마:님		어마님	Mutter + Honorativ
:돤短·명命·ㅎ시·나	短命	단명	kurzes leben
·열		열	10
·돌·이		둘	Monat, Mond
즈랄·씨		즈라-	wachsen, groß

			werden, sich entwickeln
·칧七·ᄝᆡᆯ月ㅅ	七月	칠월	siebter Monat
보·롬·애		보롬	15. eines Monats
텬天:하下·애	天下	천하	unter dem Himmel, Welt
ᄂᆞ·리시·니		ᄂᆞ리-	herabkommen
아·ᄃᆞᆯ:님		아ᄃᆞᆯ님	Sohn + Honorativ
:딴誕싱生·ᄒᆞ시·고	誕生	탄생	Geburt
		-고	Konjunktionalform (nebenordnend: "und")
닐·웨		닐웨	sieben Tage
기·틀·씨		기티-	hinterlassen, übriglassen
·ᄉᆞ四·ᄝᆡᆯ月ㅅ	四月	사월	vierter Monat
텬天·쌍上·애	天上	천상	über dem Himmel, im Himmel oben
오ᄅᆞ·시·니		오ᄅᆞ-	auf−, besteigen

Vokabeln zu Strophe 32

빠婆라羅몬門	婆羅門	파라문	Sk. *Brahmana*, 1. Brahmane (Angehöriger der Priesterkaste), 2. im weiteren Sinne: nach innerer Reinheit Strebender
:말·ᄋᆞᆯ		말	Wort, Äußerung,

			Sprache
텬天씬神·이	天神	천신	himmlische Gott-heiten, Sk. *Devatā*
:됴·타훌·씨		둏-	gut, schön, fein sein
		-타	ㅎ-Assimilation, ㅎ + 다
		-다ㅎ-	Quotativ
·삻薩빠婆·싫悉·땋達·이	薩婆悉達	살파실달	"Verwirklichung aller guten Omen" Sk. *Sarva-siddhārtha*, Name des historischen Buddha
일·훔·이시·니		일훔	Name
		-이-	Prädikativ (Kopula)
·명命·엣	命	명	Befehl, Leben, die vom Schicksal bestimmte Lebensdauer
·절·을		절	Verbeugung
말·이ᅀ·볼·씨		말이-	abhalten von, (be)hindern
텬天듕中텬天·이	天中天	천중천	"Himmelsgott unter den Himmels-göttern", Sk. *Devātideva*,
	中	중	Mitte; von, unter, in, auf, bei, binnen

Vokabeln zu Strophe 33

·샹相ᄉ師·도	相師	상사	Wahrsager, Seher, Gesichtsdeuter, Physiognom
션仙ᅀᅵᆫ人·도	仙人	선인	Unsterblicher, Sk. *Ṛṣi*
	仙	선	Unsterblicher, göttliches Wesen, Eremit
니롤·씨		닐-	sagen, sprechen
·밤		밤	Nacht
·나·졸		낮	Tag
분分·ᄈᆑᆯ別·ᄒ·더시·니	分別	분별ᄒ-	unterscheiden, auseinanderhalten, sich auskennen, verstehen
	分	분	teilen, unterscheiden
	別	별	teilen, sich trennen
·칧七:봏寶·뗜殿	七寶殿	칠보전	großes Haus mit 7 verschiedenen Edelsteinen und edlen Metallen
	寶	보	Schatz, Juwel, Edelstein
	七寶	칠보	7 Schätze[7]

---

7) allg.: 7 verschiedenen Edelsteine und edle Metalle, z.B.: Gold, Silber, Lapislazuli, Kristall, Agat, Rubin, Karneol; auch: 7 königliche Schätze eines idealen Herrschers, Sk. *cakravartin*: Rad [der Lehre], Elephanten, Pferde, Perlen, Schatzmeister, edle Frauen, Heerführer

·쑤미·며		쑤미-	schmücken, vollenden
:녀女:끼妓	女妓	녀기	Gespielin
	女	녀	Weib, Mädchen, Tochter
	妓	기	Gespielin
굴·희·샤		굴희-	er-, auswählen, auslesen, unterscheiden
달·애·더시·니		달애-	beruhigen, mildern, umstimmen, unterhalten

Vokabeln zu Strophe 34

·ᄉ四:희海ㅅ	四海	사해	die Vier Meere, Seen, Ozeane
·믈·이여		믈	Wasser
		이-	auf dem Kopf tragen
		-여	Konverbalform
·오나·눌		오-	kommen
		-나-	Assertativ
		-나눌	Konjunktionalform (kausal: "da", oder konzessiv: "obwohl, selbst wenn")
마·리·예		마리	Kopf, Haar
븟:습·고		븟-	gießen
		-고	Konjunktionalform (nebenordnend: "und")

·태太:ᄌ子·롤	太子	태자	Kronprinz
	太	태	groß; der Erste
:셰ᅀᆞ·ᄫᅵ시·니		셰-	stellen, aufstellen, ernennen, errichten
금金륜輪:봄寶ㅣ	金輪寶	금륜보	Gold-Rad-Juwel, Zeichen eines omnipotenten Herrschers
	輪	륜	Rad
ᄂᆞ·라		놀-	fliegen
·니거·늘		니-	hin und her gehen, auf und ab gehen
텬天:하下ㅣ	天下	천하	[Das Reich] unter dem Himmel
	下	하	Unterteil, Boden, Grund; unter, unterhalb
나·라·히		나랗	Land, Staat, ㅎ-auslautendes Nomen

Vokabeln zu Strophe 35

·밇蜜다多라羅·ᄂᆞᆫ	蜜多羅	밀다라	eigtl. 毘奢蜜多羅 Sk. *Viśvamitra*, Lehrer des Kronprinzen
		-ᄂᆞᆫ	qualifizierende Partikel, (Thema, kontrastierende Hervorhebung)

263

:두		두	zwei, zwei Arten; verschiedenartig, Attributivform
·글·을		글	Schrift
비·화·사		비호-	sich angewöhnen, erlernen, beherrschen
		-아	Konverbalform
		-사	qualifizierende Partikel (Hervorhebung der Besonderheit) ″erst nachdem, lediglich, allerdings nur″
·태太:ᄌ子ㅅ·긔	太子	태자	Kronprinz
		-ㅅ긔	Dativ in *statu nascendi*
:몯 술·븧·니		몯-	Verneinung des nachstehenden Verbums (″nicht möglich sein″, ″unfähig, etw. zu tun sein″)
여·쉰:네		여쉰네	vierundsechzig
		여쉰	sechzig
		네	vier; Attributivform
아·니		아니	Verneinung des nachfolgenden Verbums
ᄀᄅ·치시·니		ᄀᄅ치-	mit dem Finger zeigen, hinweisen; lehren, unterrichten

Vokabeln zu Strophe 36

·셕釋:죵種·이 술·ᄫ·디	釋種	석종 ᇫᆞᆲ- -오디	Śākya-Stamm berichten, sagen Konjunktionalform: 1) verbindet eine allgemeinere Aussage mit detaillierteren Ausführungen; 2.) leitet direkte oder indirekte Reden ein
·츌出가家·ᄒᆞ시·면	出家	출가	Mönch werden, seine Familie verlassen, "in die Hauslosigkeit gehen"
		-면	Konjunktionalform (konditional: "wenn")
:ᄌᆞ子손孫·이	子孫 孫	자손 손	Nachkommen Enkelkind
그·츠·리이·다		긏-	beenden, aufhören, zu Ende kommen
:뉘		뉘 누 -ㅣ	wessen wer, Fragepronomen Genitiv (bei Lebewesen, ohne Höflichkeitsbezug, neutral)

265

·ᄯᆞᆯ·ᄋᆞᆯ		ᄯᆞᆯ	Tochter
ᄀᆞᆯ·히야·ᅀᅡ		ᄀᆞᆯ히-	er-, auswählen, auslesen, unterscheiden
		-야	Konverbalform
		-ᅀᅡ	qualifizierende Partikel (Hervorhebung der Besonderheit) "erst nachdem, lediglich, allerdings nur"
며·놀·이		며놀이	Schwiegertochter
		-∅	Fortfall des Komplementals (Assimilation)
오·리·야		오-	kommen
		-리야	= 리여; Frageendung mit Praesumptiv (Entscheidungsfrage: "Ja/Nein")

Vokabeln zu Strophe 37

피비:ᄌᆞ子ㅅ	妃子	비자	Kronprinzessin
	妃	비	Gemahlin des Königs, Kronprinzessin
금金:쌍像·ᄋᆞᆯ	金像	금상	Figur aus Gold, goldene Statue
	像	상	Bild, Figur, Statue
밍·ᄀᆞᆯ·싸		밍ᄀᆞᆯ-	machen

:뿡婦·득德·을·	婦德	부덕	weibliche Tugend
	婦	부	Frau, Weib, Schwiegertochter
쓰시·니이·다		쓰-	schreiben
·집執:땅杖·셕釋·의	執杖釋	집장석	"Śākya, der den Zepterstab (der Gerichtsbarkeit) hält", der Śākya-Fürst Daṇḍapāni; Gopa's Vater, Schwiegervater des Kronprinzen
·뚤·이		뚤	Tochter
·곧·ᄒ·샤		곧ᄒ-	gleichen
:쉬水졍精·을	水精	수정	"Klarheit wie Wasser", Kristall
	精	정	Essenz; klar, tief, hart
바ᄃ·시·니이·다		받-	erhalten, bekommen

Vokabeln zu Strophe 38

사·회·를		사회	Schwiegersohn
직·조·를		직조	Fähigkeit, Begabung, Talent
:몯		몯-	Verneinung des nachstehenden Verbums ("nicht möglich sein", "unfähig, etw. zu tun sein")

미·다		믿-	glauben, vertrauen, überzeugt sein
:님·금		님금	König
거·스슣·ᄫ·니		거슬-	sich widersetzen, sich sträuben, sich auflehnen, nicht gehorchen,
의疑심心·ᄒ·샤	疑心	의심	zweifelndes Herz, Zweifel, Bedenken, Mißtrauen, Verdacht
:무르·샤		묻-	fragen; instabiler Verbstamm ㄷ/ㄹ
나·랏		나랏	(< 나랑 + ㅅ) des Landes
:사ᄅᆞᆷ·ᄋᆞᆯ		사ᄅᆞᆷ	Mensch, Leute
뫼·호시·니		뫼호-	sammeln

Vokabeln zu Strophe 39

난難따陁	難陁	난타	Sk. *Nanda,* Halbbruder des Kronprinzen[8]
뚱調·땋達·오	調達	조달	Sk. *Devadatta* (調婆達多), ein Vetter des Kronprinzen, später erst

---

[8] Sohn vom Vater des Buddha, Sk. *Śuddhodana* 淸飯王, und der Schwester der Mutter des Buddha, und dessen Ziehmutter, "Die-auf-dem-Weg-der-großen-Liebe" 大愛道, Sk. *Mahāprajāpati*

	-ᄋᆞᆫ	Anhänger, danach Gegenspieler des Buddha qualifizierende Partikel, (Thema, kontrastierende Hervorhebung)
·티·츠·며	티츠-	etw. hochschießen, wegstoßen, treten, emporschleudern
그우·리혀·고	그우리혀- 그우리- -혀-	etw. herumrollen rollen, wälzen, Verstärkungs- morphem
:둟·희	둟	zwei; ㅎ-aus- lautendes Nomen, s. auch No. 7
	-의	Genitiv (bei Lebe- wesen, ohne Höflichkeitsbezug, neutral)
·힘·이	힘	Kraft, Stärke, Fähigkeit
	-이	Nominativ
달·오·미	달옴	Unterscheidung, Verschiedensein, Andersartigsein
	다ᄅᆞ-	verschieden sein, anders sein, sich unterscheiden von,
	-옴	Verbalnomen (= Volitiv -오- + Nominalsator -ㅁ)

	-이	Nominativ als Equativ
:업더·니	없-	nicht vorhanden sein, ㅅ-Fortfall bei ㅄ-Verben vor Konsonanten
·태太:즈子·논	-논	qualifizierende Partikel, (Thema, kontrastierende Hervorhebung)
호오·사	호오사	allein
나모·티·며	나모티-	umwerfen, niederschlagen, zu Boden werfen
	나모-	überschreiten, übersteigen, übertreten
	티-	schlagen, klopfen, hauen, werfen
혼·쁴	혼쁴	auf einmal; zusammen, mit einem Schlag, auf einen Zug
	혼	ein, eine; derselbe, dieselbe, dasselbe Attributivform von 호낳 s. No. 89, vgl. auch 두 in No. 7 vs. 둟 in No. 39
	쁴	Zeit, Fall, Gelegenheit
이·기시·니	이기-	siegen, gewinnen, überwältigen

Vokabeln zu Strophe 40

제	저	Pronomen der 3. Person "er, sie, es", und Dritten gegenüber höflich als Pronomen der 1. Person "ich"
	-ㅣ	Genitiv (bei Lebewesen, ohne Höflichkeitsbezug, neutral)
	제	kontrahierte Form, vgl. 저의 in No. 30
·간·올	간	Angemessenheit, Stand, Umsicht
·뎌리	뎌리	so, solch, so sehr, derartig; Demonstrativ-Pronomen
:둘·희	둟	zwei; ㅎ-auslautendes Nomen
	-의	Genitiv (bei Lebewesen, ohne Höflichkeitsbezug, neutral)
쏜	쏘-	(ab)schießen, (ab)feuern
·살·이	살	Pfeil
:세	세	drei; Attributivform
:낟	낟	das einzelne Stück, einzeln

·붚		붚	Trommel
:뿐		뿐	qualifizierende Partikel / ab-hängiges Nomen (vereinzelnde Hervorhebung) "nur, allein, bloß"
:뻬·여디·니		뻬-	aufspießen, durchdringen, eindringen
		디-	Hilfsverb "werden (zu)", "machen, daß", kompositionelles Passiv/Faktitiv
씬神·륵力·이	神力	신력	übernatürliche, übermenschliche Kraft
	神	신	Gottheit, auch: Geist (in der gleichen Mehrdeutigkeit wie im Deutschen),
	力	력	Kraft
·이리		이리	so, wie dies, auf diese Weise
:세실·씨		세-	stark, kräftig sein, mächtig sein, gewaltig sein
훈번		훈번	einmal
		훈	ein, eine; derselbe, dieselbe, dasselbe; Attributivform
		번	Mal, X-mal,

			Nummer in einer Reihenfolge (chin. 番), abhängiges Nomen
:네닐·굽		네닐굽	viermal sieben
		네	vier; Attributivform
		닐굽	sieben

Vokabeln zu Strophe 41

싸·해		쌍	Erde, ㅎ-auslautendes Nomen
·살·이		살	Pfeil
:뻬여·늘		뻬–	aufspießen, durch–, eindringen
		–이–	Faktitiv/Passiv
		–어–	Assertativ
		–어늘	Konjunktionalform (kausal: "da", oder konzessiv: "obwohl, selbst wenn")
:례醴쯴泉·이	醴泉	례천	Brunnen, der süßen Wein spendet
	醴	례	süßer Wein; süßes, d.h. klares Wasser
	泉	천	Quelle, Brunnen
소·사·나·아		소사나–	entspringen
		솟–	aufsteigen, hochsteigen, emporsteigen, hervorbrechen

		나-	hervorkommen, herausgehen, hinauskommen
·즁衆싱生·올	衆生	즁생	die Schar der Lebewesen, alle Geschöpfe
·굽救·ㅎ·더시·니	救	구ㅎ-	retten, helfen, erlösen, befreien
:뫼·해		뫃	Berg, ㅎ-aus-lautendes Nomen
박거·늘		박-	einschlagen, eintreiben, einlegen
텬天·썅上·탑塔·애	天上塔塔	천상탑탑	Pagode im Himmel Turm, Pagode
ᄀᆞ·초·아		ᄀᆞ초-	verbergen, verstecken
:웡永·셰世·롤	永世	영세	ewige Welten, Ewigkeit, ewiges Leben
	永	영	ewig, dauerhaft
륳流뗜傳·ㅎ·ᅀᆞᄫᆞ·니	流傳	유전	Verbreitung, Ausstreuung,
	流	유	fließen
	傳	전	überliefern, weitergeben, zuführen, mitteilen

Vokabeln zu Strophe 42

노ㅎ·시·며		놓-	stellen, legen
·ᄇᆡᆨ白·뗩豔·을	白	백	weiß

	氎	쳡	gekämmte Wolle, Wollstoff
:량兩·뿐分·이	兩分	양분	die zwei Menschen, die Beiden, beide
	兩	양	zwei, beide, jeder (von zweien)
	分	분	ein Teil, Portion; hochgeschätzte Person(en)
ᄒᆞᆫ·듸		ᄒᆞᆫ듸	derselbe Ort, dieselbe Stelle
		ᄒᆞᆫ	ein, eine; derselbe, dieselbe, dasselbe Attributivform von ᄒᆞ낳
		듸	Ort, Stelle, Platz, (abhängiges Nomen ᄃ Sache, Ding, Ereignis, "etwas, das") + Lokativ
안ᄌᆞ·시·니		앉-	sitzen
곳 이·슬		이슬	Tau
저·즈리·라		젖-	feucht, naß werden
		-으-	Bindevokal
		-리-	Präsumptiv
		-라	Deklarativendung, 다 wird 라 nach Präsumptiv
·ᄠᅵ		ᄠᅵ	Schmutz, Fleck
무·드리·라		묻-	haften, beschmiert werden
갈·아		갈-	teilen, trennen, absondern

Vokabeln zu Strophe 43

무無·량量·겁劫	無量劫	무량겁	unermeßliche *Kalpas*
부:톄시·니		부텨	Buddha
		-이-	Prädikativ (Kopula)
		-시-	subjektehrender Honorativ
주·거·가는		죽-	sterben
		-어가-	Konverbalform + "gehen" = durative Aktionsart
거·싀		것	Ding, Sache; Geschehen, Ereignis, abhängiges Nomen
		-의	Genitiv (bei Lebewesen, ohne Höflichkeitsbezug, neutral)
:일·올		일	Angelegenheit, (Tat)sache
·보신·둘		보-	sehen
		-ㄴ둘	Konjunktionalform (konzessiv: "selbst wenn", "obwohl")
:매		매	wie, wieso; Fragepronomen
·쪙淨거居텬天	淨居天	정거천	"Himmelsgottheit-der-reinen-Behausung", Sk. *Suddhāvāsadeva*

:좋澡뼝缾·이	澡缾	조병	Reine-Vase, Eigenname
	澡	조	baden, reinigen
	缾	병	Vase, Flasche, Krug
벌·에		벌에	Wurm, Insekt
드외·야·눌		드외-	werden
		-아-	Assertativ (Jotierung = Assimilation)
		-아눌	Konjunktionalform (kausal: "da", oder konzessiv: "obwohl, selbst wenn")
·보시·고·사		보-	sehen
		-고	Konjunktionalform (nebenordnend: "und")
		-사	qualifizierende Partikel (Hervorhebung der Besonderheit) "erst nachdem, lediglich, allerdings nur"
:안디·시·ᄒ시·니		알-	wissen, (er)kennen, instabiler Verbstamm ㄹ/∅
		-디시	Adverben bildende Ableitung "als ob"
		-디시 ᄒ-	Ausdruck einer Vermutung oder des Anscheins

277

Vokabeln zu Strophe 44

동東남南몬門	東南門	동남문	Südosttor
	東	동	Osten
	南	남	Süden
	門	문	Tor
:노·니샤·매		노니-	umherschlendern, umherbummeln
		놀-	spielen, sich vergnügen, instabiler Verbstamm ㄹ/∅
		니-	laufen, bummeln
		-샤	subjektehrender Honorativ -시- + Verbalnomen -옴/움- (Assimilation)
		-옴/움	Verbalnomen (~~Volitiv -오/우- + Nominalsator -ㅁ~~)
		-애	Lokativ
늘·그·니		늘그니	der Alte, der Greis
		늙-	alt sein
		-으-	Bindevokal
		-ㄴ	Attributivform
		-이	Mensch, Person; abhängiges Nomen
·뼝病ᄒ·니·를	病	병ᄒ니	der Kranke,
	病	병ᄒ-	krank sein
		-ㄴ	Attributivform
		-이	s.o.
ᄆᆞᅀᆞ·ᄆᆞᆯ		ᄆᆞᅀᆞᆷ	Herz, Geist, Gemüt, Seele, Gefühl

:내시·니			내-	erzeugen, hervorbringen
			나-	hervor-, heraus-, hinausgehen, -kommen;
			-이-	Faktitiv-/Passiv
			ᄆᅀᆞᆷ올 내-	sich aufraffen, sich ermutigen, sich (ein Herz) fassen
셰西·븍北몬門		西北門	서북문	Nordwesttor
		西	서	Westen
		北	븍	Norden
주·그·니			주그니	der Gestorbene
			죽-	sterben
			-으-	Bindevokal
			-ㄴ	Attributivform
			-이	Mensch, Person; abhängiges Nomen
·삐比쿙丘슝僧·을		比丘僧	비구승	Sk. *Bhikṣu*, buddhistischer Mönch
		比丘	비구	Sk. *Bhikṣu*, buddhistischer Mönch
		僧	승	chin.: Mönch
더·욱			더욱	noch mehr, um so mehr
바츠·시·니			밫-	beschäftigt sein, rührig sein, drängen Eile haben,

279

Vokabeln zu Strophe 45

아·바:닚·긔		아바님	"Vater" + Honorativ
		-ㅅ긔	Dativ in *statu nascendi*
:말		말	Wort, Äußerung, Sprache
:네		네	vier, Attributivform
·원願·을	願	원	Wunsch, Gelöbnis
:쳥請·ᄒ·샤	請	쳥ᄒ-	bitten, eine Bitte richten, etwas wünschen
지·블		집	Haus, Heim
·나·아:가려·터시·니		나아가-	hinaus-, fortgehen, verlassen
		-∅	Assimilation des Volitiv (! Seitenpunkte: ·가- > :가-)
		-려	Konjunktionalform (Intensional: Absicht)
		-오/우려ᄒ-	kompositioneller Ausdruck der Absicht (Intensional)
		-터	Aspiration durch das voranstehende -ᄒ- + -더- Retrospektiv
·손		손	Hand

자ᄇ·샤		잡-	(in die Hand, in Gewalt) nehmen, festhalten, greifen
:두		두	zwei, Attributivform
·눉·믈		눉믈	Tränen
		눈	Augen
		믈	Wasser
:디·샤		디-	hin-, um-, herunterfallen, stürzen
자·펴		잡-	(in die Hand, in Gewalt) nehmen, festhalten, greifen
		-히	Faktitiv/Passiv
		-어	Konverbalform
막ᄌᄅ·시·니		막ᄌᄅ-	abhalten, aufhalten, wehren, zurückhalten, hindern
		막-	wehren, hindern, abhalten von
		줄-	schneiden, abschneiden

Vokabeln zu Strophe 46

·횻孝:똫道·ᄒ·실	孝道	효도ᄒ-	den Kindespflichten nachkommen, u.a. für (männliche) Nachkommen sorgen
·날·ᄋᆞᆯ		날	Tag

분分·별別·ᄒ·샤	分別	분별ᄒ-	unterscheiden, sich auskennen, verstehen, wissen,
	分	분	teilen, unterscheiden
	別	별	teilen, sich trennen
구俱이夷	俱夷	구이	Sk. *Gopikā, Sarvasiddhārthas* Frau, alias *Yaśodharā*
·비·롤		비	Bauch
ᄀᆞᄅ·치시·니		ᄀᆞᄅ치-	mit dem Finger zeigen, hinweisen; lehren, unterrichten
:어·엿브·신		어엿브-	bemitleidenswert, bedauernswert sein
·나·가싫·가		나가-	fortgehen, verlassen
		-시-	subjektehrender Honorativ
		-ᅗ가	Frageendung mit Präsumptiv (Entscheidungsfrage: "Ja/Nein")
저ᄒ·샤		젛-	sich fürchten, Bedenken tragen,
겨·틔		곁ᄒ	Seite, Nähe; ᄒ-auslautendes Nomen
		-의	Genitiv als Lokativ
안ᄍ·ᄫᅵ시·니		앉-	sitzen
		-ᅀᆞᇦ-	Honorativ der Ergebenheit vor der Subjektperson

Vokabeln zu Strophe 47

:고븐		곱-	schön, hübsch, nett, rein sein, instabiler Verbalstamm ㅂ/ㅸ
각·시·둘·콰		각시	Mädchen, Braut
		-둛	Pluralsuffix, ㅎ-auslautendes Nomen
		-과	konjunktionale Partikel; Aspiration nach ㅎ
붕風룡流ㅅ	風流	풍류	Eleganz, Feinheit
	風	풍	Wind
	流	류	fließen
소·리·로		소리	Ton, Klang, Schall,
		-로	Instrumental
:쎤善심心·올	善心	선심	gutes Herz, Gemüt
	善	선	gut, rein
	心	심	Herz, Geist, Gemüt, Seele, Gefühl
마ᄀ·시·니		막-	wehren, hindern, abhalten von etwas
·쪙淨거居텬天·의	淨居天	정거천	"Himmelsgottheiten-der-reinen-Behausung", Gottheiten des vierten *Dhyāna*-Himmels, Sk. *Suddhāvāsadeva*
씬神·륵力·에	神力	신력	übernatürliche, übermenschliche Kraft

	神	신	Gottheit, Geist (in der gleichen Mehrdeutigkeit wie im Deutschen),
	力	력	Kraft
:더러·본		더럽-	schmutzig, häßlich, unrein, unanständig sein; instabiler Verbstamm ㅂ/ㅸ.
·욕欲심心·올	欲心	욕심	Herz voller Begierde, Verlangen
	欲	욕	Begierde, Verlangen, Gier

Vokabeln zu Strophe 48

·칧七:봉寶	七寶	칠보	sieben Schätze, sieben Edelsteine
천千:ᄌᆞ子·로	千子	천자	tausende Söhne, viele Kinder
·ᄉᆞ四텬天:하下	四天下	사천하	die Vier Reiche (der Welt)
다·ᄉᆞ료·미		다ᄉᆞ리- -옴	regieren, herrschen Verbalnomen (= Volitiv -오- + Nominalsator -ㅁ)
		-이	Nominativ
·뜨·디시·니		뜯	Wille, Wunsch, Absicht, Gedanke, Meinung; Bedeutung

		이-	Prädikativ (Kopula)
·졍正·각覺·을	正覺	졍각	das Rechte Erwachen, die Erleuchtung
일·워		일우-	vollenden, durchführen, vervollständigen
·때大쳔千·셰世·계界	大千世界	대쳔셰계	die abertausend Weltsphären
불·고·미		븕-	hell sein, deutlich sein, klar sein, strahlend sein
		-이	Faktitiv/Passiv

Vokabeln zu Strophe 49

		각시	Mädchen, Braut
각·시		∅	Fortfall des Nominativs (Assimilation)
·꾀노·라		꾀-	verführen, verlocken, versuchen
		-노-	Indikativ ᄂ + Volitiv -오-
		-라	Konjunktionalform (final: "um zu")
눛		눛	Gesicht
:고·빙		곱-	schön, hübsch, nett, rein sein, instabiler Verbalstamm ㅂ/ㅸ

285

		-이	Adverben bildende Ableitung
빗·여		빗-	schminken, schmücken
		-이	Faktitiv/Passiv
·드·라		들-	(ein-)treten, (hinein-)gehen, -kommen
·맗末·리利화花	末利花	말리화	Sk. *Mallikā*-Blüten, Jasmin-Blüten
만鬘·올	鬘	만	Gebinde, Kranz
미슨·볃·나		미-	binden, anbinden, festmachen, hängen
		-나	Konjunktionalform (adversativ, konzessiv: "zwar aber", "wenn auch")
구드·실·씨		굳-	hart, fest, stark, starr, sein
·눈		눈	Auge
쌜·아		쌜-	bohren, starren
·보신·대		보-	sehen
		-ㄴ대	Konjunktionalform (kausal "weil", koordinativ "und", adversativ "aber", temporal "als", gibt allgemein eine Vorbedingung an)
		-ㄴ	Attributivform
		ᄃ	abhängiges Nomen
		-애	Lokativ

도로		도로	wieder, zurück
:내·야		내-	hervorbringen, erzeugen
		도로 내-	"wieder hervorbringen", hier "wieder zurücknehmen"
ㅂ·리·니		ㅂ리-	Hilfsverb, Aspekt der Endgültigkeit

Vokabeln zu Strophe 50

·츕出가家·호려	出家	출가ㅎ-	Mönch werden, seine Familie verlassen, "in die Hauslosigkeit gehen"
		-오-	Infix -오/우- ("Volitiv")
		-려	Konjunktionalform (Intensional: Absicht)
		-오/우려ㅎ-	kompositioneller Ausdruck der Absicht
하·놀·해		하놇	Himmel, ㅎ-auslautendes Nomen
·방放광光·ㅎ·샤	放光	방광ㅎ-	erstrahlen, Licht (-strahl) aussenden
	放	방	strahlen, los lassen, schießen, abfeuern

져諸텬天씬神·이	諸	제	alle, mehrere
	天神	천신	himmlische Gottheiten, Sk. *Devatā*
·뻬실·씨	ř	뻬	Zeit
		∅	Fortfall des Prädikativs (Kopula)
		-시-	subjektehrender Honorativ
		-ㄹ씨	Konjunktionalform (kausal: "da, weil")
쎵城	城	셩	Stadtmauer, Stadt, Schloß, Burg
·안·흘		앓	das Innere, die Innenseite; ㅎ-auslautendes Nomen
:재·요리·라		재-	in Schlaf versetzen
		자-	schlafen
		-이-	Faktitiv/Passiv
		-요-	Infix -오/우- ("Volitiv") (jotiert nach ㅣ)
		-리-	Präsumptiv
		-라	Konjunktionalform (final: "um zu")
		-오/우+리라	Absicht des Handlungsträgers
호烏소蘇·만慢·이	烏蘇慢	오소만	Sk. *Śānta(su)mati*, einer der 33 Götter um 帝釋

Vokabeln zu Strophe 51

:분粉·과	粉	분	Puder, Schminkweiß
현燕지脂·와	燕脂	연지	Rouge
	燕	연	hier: Rouge, eigentlich 臙
	脂	지	Fett
고·ᄌ·로		곶	Blume
		-ᄋ-	Bindevokal
		-로	Instrumental
비슨		빗-	schminken, schmücken
		-으-	Bindevokal
		-ㄴ	Attributivform
·셰世간間ㅅ	世間	세간	Welt, Leben, hier: die irdische Welt, Diesseits
봉風륳流·를	風流	풍류	Eleganz, Feinheit
	風	풍	Wind
	流	류	fließen
들·이·ᅀᆸ더·니		들이-	hören lassen, zu Gehör bringen
		듣-	hören; instabiler Verbstamm ㄷ/ㄹ
		-이-	Faktitiv/Passiv
:볼寶뼝甁·과	寶甁	보병	kostbare (Zeremonial-) Flasche, Sk. *Kuṇḍikā*, hier Sternzeichen?
	寶	보	Schatz, Juwel,

			Edelstein, hier: kostbar
	瓶	병	Flasche, Karaffe
:화火쥬珠·와	火珠	화주	Rubin, Kugel an der Spitze einer Pagode, hier Sternzeichen?
	火	화	Feuer
	珠	주	Glaskugel, Perle, Edelstein, Juwel
비·췰		비취-	scheinen, leuchten
		-ㄹ	präsumptive Attributivform
날·애		날	Tag
		-애	Lokativ
:엇더·ᄒ시·니		엇덯-	wie, was; ᄒ-auslautendes Verb

Vokabeln zu Strophe 52

:죵·과	죵	(Haus)diener, Knecht
물·와·롤	물	Pferd
	-와	konjunktionale Partikel
	-롤	Akkusativ
·현맨·돌	현마	wieviel, wie lange, wie weit, Fragepronomen
	-이-	Prädikativ (Kopula)

		-ㄴ들		Konjunktionalform (konzessiv: "selbst wenn", "obwohl")
:알리·오		알-		wissen, (er)kennen, instabiler Verbstamm ㄹ/∅
		-리-		Präsumptiv
		-리오		<리고; Frageendung (materielle Frage: Satz mit Fragepronomen)
어·느		어느		welch-, was, wie; Fragepronomen
:누·를		누		wer; Fragepronomen
		-를		Akkusativ
더·브·르시·려·뇨		더브르-		zusammen sein
		-려		Intensionalform: Absicht
		-뇨		Frageendung (materielle Frage: Satz mit Fragepronomen)
챠車·닉匿·이	車匿	차닉		Wagenlenker des Kronprinzen, Sk. *Chandaka*
		-이		namens- und personenkennzeichnendes Suffix
:건蹇·특特·이·는	蹇特	건특		Sk. *Kaṇṭhaka*, das Pferd des Kronprinzen

	-이	namens- und personenkenn-zeichnendes Suffix
ᄒᆞ낧	ᄒᆞ낧	gleicher Tag, derselbe Tag
	ᄒᆞᆫ	ein, eine; derselbe, dieselbe, dasselbe Attributivform von ᄒᆞ낳
·나·슨볼·씨	나-	hervor-, heraus-, hinausgehen, -kommen; geboren werden
·이	이	dies(-e,-er,-es), Demonstrativ-pronomen
:둘흘·사	둟	zwei, ㅎ-aus-lautendes Nomen
	-ㄹ	Akkusativ
	-사	qualifizierende Partikel (Hervor-hebung der Be-sonderheit) "erst nachdem, lediglich, allerdings nur"

Vokabeln zu Strophe 53

:디·나건	디나-	vorbei-, vergehen
	-거-	Assertativ
	-ㄴ	Attributivform

무無·량量·겁劫·에	無量劫	무량겁	unermeßliche *Kalpas*
슈修·행行·이	修行	수행	Übung, Selbsterziehung, Ausbildung
	修	수	sich ausbilden, sich üben
	行	행	handeln, tun, ausüben; gehen, laufen
니그·실·씨		닉-	reifen, reif werden, sich gewöhnen, beherrschen
일·우옳·갓		일우-	vollenden, vervollständigen, vollziehen, durchführen
		-오-	Infix -오/우- ("Volitiv")
		-ㅭ가	Frageendung mit Präsumptiv(Entscheidungsfrage: "Ja/Nein")
		-ㅅ	Genitiv (1. bei unbelebten Dingen, 2. bei Lebewesen: honorativ)
의疑심心·이	疑心	의심	zweifelndes Herz, Zweifel, Bedenken, Argwohn, Mißtrauen
	疑	의	zweifeln, Bedenken tragen, in Verdacht haben; Zweifel

	心	심	Herz, Gefühl, Neigung, Wille, Vorhaben
:업·스시·나		없-	nicht vorhanden sein, nicht bestehen
·미未리來·옛	未來	미래	Zukunft
·즁衆싱生·둘·흘	衆生	즁생	die Schar der Lebewesen, alle Geschöpfe
		둟	Pluralsuffix, ㅎ-auslautendes Nomen
		-으-	Bindevokal
		-ㄹ	Akkusativ
졍精·진進·올	精進	졍진	Energie, Sk. *vīrya;* reines, unbeirrtes Voranschreiten
:뵈·시릴·씨		뵈-	zeigen, sehen lassen sehen machen
		-시-	subjektehrender Honorativ
		-리-	Präsumptiv
		-ㄹ씨	Konjunktionalform (kausal: "da, weil")
아·니		아니	Verneinung des nachfolgenden Verbums
:오리·라		오-	kommen
		-∅	Assimilation des Volitiv (! Seitenpunkte: ·오- > :오-)
		-리-	Präsumptiv

		-라	Deklarativendung, 다 〉 라 nach 리
		-오/우+리라	Absicht des Handlungsträgers
명盟·쎼誓·ᄒᆞ시	盟誓	맹서	Eid, Gelübde, Schwur
		맹세ᄒᆞ-	Eid ablegen, schwören

Vokabeln zu Strophe 54

·씹十방方·셰世·개界	十方世界	십방세계	Weltsphäre in allen räumlichen Richtungen
	十方	십방	10 Richtungen (8 Kompass- richtungen, Nadir, Zenith)
붉·고		붉-	hell, deutlich sein, klar sein, strahlend sein
ᄉᆞ獅:ᄌᆞ子셩聲ㅅ	獅子聲	사자성	Löwenstimme
	獅子	사자	Löwe
	聲	셩	Stimme
:말·ᄒᆞ·샤		말ᄒᆞ-	sprechen
셩城·을	城	셩	Stadtmauer, Stadt, Schloß, Burg
남·아		남-	übersteigen, überschreiten
산山·올	山	산	Berg
·향向·ᄒᆞ시·니	向	향ᄒᆞ-	zielen, richten

·ᄉᆞ四텬天왕王·이	四天王	사천왕	"Vier-Himmels-Könige", Weltenhüter der vier Himmelsrichtungen, Sk. *Cātur-mahā-rāja-kāyikā devāḥ*
:뫼숩·고		뫼-	begleiten, bedienen, eskortieren, dienen
몰·발·올		말발	Pferdehuf
바·다		받-	auffangen, nehmen, bekommen, erhalten
허虛콩空	虛空	허공	Luft, Himmel, das Leere
	虛	허	leer
	空	공	leer, Leere; Himmelsleere hier: Luftraum
·ᄐᆞ·샤		ᄐᆞ-	reiten, fahren, besteigen
니·르·르시·니		니를-	erreichen, ankommen
		-으-	Bindevokal

Vokabeln zu Strophe 55

·셣雪산山	雪山	설산	die "Schneeberge", Sk. *Himālaya*
	雪	설	Schnee
:코苦·ᄒᆡᆼ行림林·애	苦行林	고행림	wrtl. „Wald der bitteren Praxis", Sk. *Uruvilvāgrāma*,

	苦行	고행	wrtl. „bittere Praxis", Askese
	林	림	Wald
무·지시·며		무지-	schneiden, scheren
뻔煩:뇽悩	煩惱	번뇌	„die Quälenden, die Kummer-bringenden", die Leidenschaften, Sk. *kleśa(ḥ)*
	煩	번	(sich) ärgern, sich quälen
	惱	뇨	sich quälen
·쁘·러브·료려·ᄒ시·니		쁠-	fegen, wegfegen, wegreißen, fort-raffen, beseitigen
		브리-	Hilfsverb, Aspekt der Endgültigkeit
		-오-	Infix -오/우- ("Volitiv")
		-려	Konjunktionalform (Intensional: Absicht)
		-오/우려ᄒ-	kompositioneller Ausdruck der Absicht
:봉寶관冠	寶冠	보관	Edelsteinkrone, Diadem
	冠	관	Kranz, Krone, Kopfbedeckung
형瓔·락珞·올	瓔珞	영락	Perlenhalsband, Glasperlenkette
챠車·닉匿·일	車匿	차닉이	Wagenlenker des Kronprinzen,

도·라:가려·ᄒ시·니		-ㄹ	Sk. *Chandaka* Akkusativ
		도라가-	zurückkehren, zurückgehen
		-∅-	Assimilation des Infix -오/우- ("Volitiv") (! Seitenpunkte: ·가- > :가-)
		-려	Konjunktionalform (Intensional: Absicht)
		-오/우려ᄒ-	kompositioneller Ausdruck der Absicht (Intensional)

Vokabeln zu Strophe 56

야耶슈輸]	耶輸	야수	Sk. *Yaśodharā*, Frau des hist. Buddha, al. *Gopikā*
:울어·신마·론		울-	weinen, Tränen vergießen, instabiler Verbstamm ㄹ/∅
		-어-	Assertativ
		-언마론	Konjunktionalform (adversativ: "zwar, aber")

			-어신마론	Konjunktionalform (adversativ: "zwar, aber") mit eingefügtem subjektehrenden Honorativ -시-
·뎨帝·셕釋·은		帝釋	제석	"Kaiser Śākra", Beiname des Herrschers über alle Himmelsgötter über dem Berg Sumeru, Sk. Śakra Devānām-Indra
·뜯			뜯	Absicht, Vorhaben, Idee, Meinung
달·아			다ᄅ-	verschieden sein, anders sein
·탑塔·애		塔	탑	Pagode
ᄀᆞ·초ᅀᆞ·ᄫᆞ·니			ᄀᆞ초-	verbergen, verstecken
슬ᄒᆞ·신·돌			슳-	traurig, betrübt, kummervoll sein
			-ㄴ돌	Konjunktionalform (konzessiv: "selbst wenn", "obwohl")
가袈사裟		袈裟	가사	Sk. kaṣāya, Körperrobe des buddh. Priesters
니·피ᅀᆞ·ᄫᆞ·니			닙-	anziehen, ankleiden, tragen
			-히-	Faktitiv/Passiv

299

Vokabeln zu Strophe 57

·오나·눌		오-	kommen
		-나-	Assertativ
		-나눌	Konjunktionalform (kausal: "da", oder konzessiv: "obwohl, selbst wenn")
싸·해		쌓	Erde, Boden; ㅎ-ausl. Nomen
		-애	Lokativ
·디여		디-	(hin-, um-, herunter-)fallen, stürzen
		-여	Konverbalform
:우·르시·니		울-	weinen
		-으-	Bindevokal
피비:ᄌ子ㅣ	妃子	비자	Kronprinzessin
고·갤		고개	Kopf, Hals
		-ㄹ	Akkusativ
안·아		안-	umarmen, in den Arm nehmen

Vokabeln zu Strophe 58

하阿람籃가迦란蘭	阿藍迦蘭	아람가란	Sk. *Ārāḍa-kālāma*, Buddhas erster Lehrer in der Zeit der Askese
		-의	Genitiv (bei Lebewesen, neutral)

		그에	adverbiales abhängiges Nomen im Lokativ
		-이그에	Dativ in *statu nascendi*.
·븛不·용用·쳐處·뎡定	不用處定	불용처정	„*Samādhi* der Wohnstatt des Nicht-Wirkens"[9]
	定	정	festmachen, hier: Sk. *Samādhi*, Meditation[10]
삼三년年·을	三年	삼년	drei Jahre
니·기시·니		니기-	beherrschen, erlernen
·울鬱둫頭람藍·붎弗	鬱頭藍弗	울두람불	Sk. *Udraka-rāma-putra,* Buddhas zweiter Lehrer in der Zeit der Askese
		-의	Genitiv (bei Lebewesen, ohne Höflichkeitsbezug, neutral)
		그에	adverbiales abhängiges Nomen im Lokativ
·의 그에		-의그에	Dativ in *statu nascendi*

---

9) Versenkungsstufe, in der die differenzierende Bewusstseinstätigkeit geschwunden ist
10) seine geistigen und seelischen Erkenntnisorgane "fest" und unverrückbar auf einen Meditationsinhalt konzentrieren

비非비非:샹想·쳐處·뗭定非非想處定 비비상쳐정 „*Samādhi* der Wohnstatt, die nicht etwas ausserhalb der Vorstellung ist"[11]

Vokabeln zu Strophe 59

야耶슈輸]	耶輸	야수	Sk. *Yaśodharā*, Frau des histor. Buddha, alias *Gopikā*
쪈前·셰世·예	前世	젼셰	frühere Existenz, vergangenes Yuga, frühere Welt, vergangene Zeit
		-예	Lokativ
·륙六:리里·롤	六里 里	육리 리	sechs *li* Längenmaß; in der Yi-Zeit ca. 400 m
·뻐·디실·씨		뻐디-	zurückbleiben, zurückfallen
나ᄒ·시·니		낳-	gebären
라羅운雲·이	羅雲	라운	Sk. *Rāhula*, Buddhas Sohn[12]
·륙六·싏日·올	六日	육일	sechs Tage

---

11) Abk. für 非想非非想處定, „*Samādhi* der Wohnstatt, die weder Vorstellung noch etwas ausserhalb der Vorstellung ist", Sk. *naiva-saṃjñā-nāsaṃjñā-āyatana*

12) später einer der zehn bedeutenderen Schüler des Buddha (十大弟子)

니ᄌᆞ·실·ᄊᆡ	닞-	vergessen
·나앳·더시·니	나-	hervor-, heraus-, hinausgehen, -kommen; geboren werden
	-아	Konverbalform
	이시-/잇--	vorhanden sein, hier: Hilfsverb
	-앳-	Konverbalform + 잇- = perfektiver und durativer Aspekt (Zustand)

Vokabeln zu Strophe 60

·굳	굳	Grube, Loch, Höhle
	-∅	Fortfall des Akkusativs
·포·고	포-	graben, wühlen, bohren
·블	블	Feuer
	-∅	Fortfall des Akkusativs
퓌·우·니	퓌-	rauchen; brennen; Feuer (an)machen
	-우-	Faktitiv/Passiv
씬臣:뼈下ㅅ	臣下	신하	Untertan
의疑심心	疑心	의심	zweifelndes Herz, Zweifel, Mißtrauen, Verdacht
·이·러시·니	-이-	Prädikativ (Kopula)

	-러	Retrospektiv -더- > -러- nach dem Prädikativ
·드·르신·대	들-	(ein-)treten, (hinein-)gehen, -kommen
	-ㄴ대	Konjunktionalform (kausal "weil", koordinativ "und", adversativ "aber", temporal "als", gibt allgemein eine Vorbedingung an)
	-ㄴ	Attributivform
	ᄃ	abhängiges Nomen
	-애	Lokativ
·믈	믈	Wasser
굡·고	굡-	stillstehen, stocken, sich stauen
·프·니	프-	blühen, aufblühen, sich entfalten
아·니·ᄒ시·니	아니	Verneinung des nachfolgenden Verbums

Vokabeln zu Strophe 61

꺄伽싸闍산山	伽闍山	가사산	der Berg (Sk.) *Gajā[śīrṣa]*, wo Buddha Askese übte

:코苦·힝行·애	苦行	고행	wrtl. „bittere Praxis", Askese
우·희		웋	die obere Seite, das Oben, das Obere, das Oberteil
		-의	Genitiv als Lokativ
		우희	auf, über
:가·치		가치	Elster
샷·기		샷기	Tierjunges
·치·니		치-	werfen, züchten, aufziehen
굥憍띤陳여如	憍陳如	교진여	Sk. *Kauṇḍinya*, Untergebener des König "Reine Speise"13)
:유무·에		유무	Nachricht, Mitteilung, Brief
삼三·뿐分·이	三分	삼분	drei Personen
	分	분	eine hochgeschätzte Person
슳ᄒ·샤		슳-	traurig, betrübt, kummervoll sein
술·위		술위	Wagen, Fuhrwerk
:쳔	錢	젼	Geld
		-∅	Fortfall des Akkusativs
시·러		싣-	laden, beladen; instabiler Verbstamm auf ㄷ/ㄹ
보·내시·니		보내-	senden, schicken

---

13) nicht identisch mit *[Ājñāta-]Kauṇḍinya* in Nr. 94

Vokabeln zu Strophe 62

·잡雜:츙草·목木	雜草木	잡초목	Unkraut und Unterholz
	雜	잡	allerlei, verschiedene
	草木	초목	Gräser und Bäume, Pflanzen, Gewächse
것·거다·가		겪-	brechen, pflücken
		-어	Konverbalform
		-다가	Konjunktionalform (unmittelbar aufeinanderfolgende Handlungen "und dann")
ᄂ·츨		ᄂᆾ	Gesicht
거우ᅀᆞ·ᄫᆞᆫ·ᄃᆞᆯ		거우-	ärgern, reizen, aufregen, erregen
		-ᅀᆞ-	Honorativ der Ergebenheit vor der Subjektperson
ᄆᆞᅀᆞᆷ·잇·ᄃᆞᆫ		ᄆᆞᅀᆞᆷ	Herz, Geist, Gemüt, Seele, Gefühl
		-잇ᄃᆞᆫ	Abtönungspartikel, hier: Betonung
뮈·우시·리·여		뮈-	(sich) bewegen, rühren, regen
		-우-	Faktitiv/Passiv
		-리여	Frageendung mit Praesumptiv (Entscheidungsfrage: "Ja/Nein")

ᄒᆞᆫ:낱		ᄒᆞᆫ	ein, eine; derselbe, dieselbe, dasselbe, Attributivform
		낱	das einzelne Stück
·ᄡᆞᆯ·ᄋᆞᆯ		ᄡᆞᆯ	Reis
:좌·샤		좌시-	essen, verzehren, (honoratives Verb)
·술·히		숧	Fleisch; ㅎ-auslautendes Nomen
여·위신·ᄃᆞᆯ		여위-	mager, dünn werden, abnehmen
		-ㄴᄃᆞᆯ	Konjunktionalform (konzessiv: "selbst wenn", "obwohl")
금金·ᄉᆡᆨ色·잇·ᄃᆞᆫ	金色	금색	goldene Farbe
가·시시·리·여		가시-	nachlassen, vorbei, vorüber sein

Vokabeln zu Strophe 63

니尼련蓮:슈水·	尼連水	니련수	Sk. Nairañjanā, Name eines Flußes
·목沐·욕浴·ᄒᆞ·샤	沐浴	목욕	ein Bad nehmen
:나리·라		나-	hervor-, heraus-, hinausgehen, -kommen; geboren werden
		-∅	Assimilation des Infix -오/우- ("Volitiv") (! Seitenpunkte: ·나- ⟩ :나-)

307

		-리-	Präsumptiv
		-라	Konjunktionalform (final: "um zu")
		-오/우+리라	Absicht des Handlungsträgers
너·기시·니		너기-	denken, fühlen, meinen
즘·게		즘게	(großer) Baum
남·기		나모/낢-	Baum; unregelmäßiges Nomen: Fortfall des Vokalauslautes und Einfügung von -ㄱ
구·피·니		굽-	sich biegen, sich beugen
·가지·를		가지	Zweig
뽀菩떼提·쓔樹·에	菩提樹	보제수	Sk. *Bodhi*-Baum, der "Baum des Erwachens der Allweisheit",
	菩提	보제	Sk. *Bodhi*; das Erwachen die Erleuchtung
:좌·샳 것		좌시-	essen, verzehren (honoratives Verb)
		-오-	Volitiv
		-ㅭ	präsumptive Attributivform
		-샳	subjektehrender Honorativ 시 + Volitiv -오- + Attributivform ㅭ
ᄉᆞ랑·ᄒᆞ시·니		ᄉᆞ랑ᄒᆞ-	denken, lieben,

:댱長:쟈者ㅣ	長子	장자	der Älteste, Anführer, Familienoberhaupt, Dorfvorsteher
-ㅣ			Genitiv (bei Lebewesen, ohne Höflichkeitsbezug, neutral)
·쥭粥·을	粥	죽	Brei, Grütze

Vokabeln zu Strophe 64

무·틔		뭍	Land, das feste Land
가袈사裟	袈裟	가사	Sk. *kaṣāya*, Körperrobe des buddhistischen Priesters
니·피ᅀᆞ·ᄫᅧ·니		닙- -히-	anziehen, tragen Faktitiv/Passiv
바리·롤		바리	Almosenschale, wie sie von buddh. Mönchen benutzt wird
더·뎌시·눌		더디-	werfen, schmeißen
뎐天·톄帝·셕釋·이	天帝釋	천제석	"der Himmlische Kaiser *Śakra*", Beiname des *Indra*, Sk. *Śakra Devānām-indra*

309

Vokabeln zu Strophe 65

금金강剛·좌座	金剛座	금강좌	der „Diamantsitz" des Buddha unter dem *Bodhi*-Baum, Sk. *Vajrāsana*
	金剛	금강	Diamant; Sk. *vajra*, Symbol für das unzerstörbare Absolute
	座	좌	Sitz
빗·이·고		빗- -이-	schmücken Faktitiv/Passiv
仌獅:子·좌座·롤	獅子座	사자좌	der "Löwensitz" des Buddha, von dem aus dieser predigt, Sk. *Simhāsana*
·밣八·먼萬	八萬 萬	팔만 만	80.000 10.000, unbestimmte sehr große Zahl
제여·곰		제여곰 -곰	jeder Einzelne qualifizierende Partikel "jeder, je, Stück für Stück"
밍盲룡龍·이	盲龍 盲	맹룡 맹	blinder Drache blind
·뜨·고		뜨-	(Augen) öffnen
가迦또茶룡龍·이	迦茶龍	가도용	(Sk.) *Kālika* (?), *Kālīyaka* (?), ein Drachenkönig, ein Schlagenkönig

공供·양養·올	供養	공양	Opfer, Darbietung von Essen, Blumen oder Duft, Sk. *Pūjā*
니·서·ᄒ·ᅀᆞᄫᆞ·니		닛-	aneinander fügen, verbinden
		니서	nacheinander; Konverbalform

Vokabeln zu Strophe 66

·빓畢밣鉢라羅·슈樹	畢鉢羅樹	필발라수	Sk. *Pippala*-Baum, der Heilige Feigenbaum, *Ficus Religiosa*, gemeint ist der *Bodhi*-Baum (Nr. 63)
	樹	수	Baum
·가싫·제		가-	gehen, sich begeben
		-ᇙ제	Konjunktionalform (temporal: "als, wenn")
·득德	德	덕	Tugend, (Wirk-/Heil-)Kraft, moralisches Verhalten
:듕重·ᄒᆞ·샤	重	중	schwer, groß, mächtig, wichtig
드·러·치·니		드러치-	erbeben, zittern, erschüttern, rütteln

311

·긿吉쌍祥믈茅:츃草·롤	吉祥	길상	gutes Omen
	茅草	모초	Gras, Reet
·손·ᄋ·로		손	Hand
		-ᄋ-	Bindevokal
		-로	Instrumental
·ᄭᆞ·ᄅ싫·제		ᄭᆞᆯ-	legen, ausbreiten

Vokabeln zu Strophe 67

·졍正·각覺·ᄋᆞᆯ	正覺	졍각	das Rechte Erwachen, die Erleuchtung
일·우시·릴·ᄊᆡ		일우-	vollenden, durchführen, vervollständigen
		-시-	subjektehrender Honorativ
		-리-	Präsumptiv
		-ㄹᄊᆡ	begründende Konjunktionalform ("da, weil")
마魔궁宮·에	魔宮	마궁	der Palast des *Māra*
	魔	마	Sk. *Māra*, der Teufel, der böse Geist
	宮	궁	Palast
·방放광光·ᄒᆞ·샤	放光	방광ᄒᆞ-	erstrahlen, Licht (-strahl) aussenden
바波슌旬·이·룰	波旬	파슌	Sk. *Pāpīyas*, *Māra*'s Beiname

항降:히·요리·라	降	항	Niederlage
		항ᄒ-	sich ergeben, sich unterwerfen, kapitulieren
		-이-	Faktitiv/Passiv
		-요-	Infix -오/우- ("Volitiv"), Jotierung nach ㅣ
		-리-	Präsumptiv
		-라	Deklarativendung, 다 wird 라 nach Präsumptiv
·ᄭᅮᆷ·을		ᄭᅮᆷ	Traum
·ᄭᅮ·고		ᄭᅮ-	träumen
씬臣:하下·와	臣下	신하	Untergebener
·의議론論·ᄒ·야	義論	의론	Besprechung, Unterredung, Rücksprache
꾸瞿땀曇·이·룰	瞿曇	구담	Sk. *Gautama*, Geschlecht, aus dem der histor. Buddha stammt

Vokabeln zu Strophe 68

:세		세	drei
여·러		여러	mehrere, viel, verschieden
감甘·로露·ᄅᆞᆯ	甘露	감로	Süßer Tau, Nektar, Honigtau, Göttertrank, Sk. *Amṛta*

313

	甘	감	süß, wohl-schmeckend; Süßigkeit
	露	로	Tau
·퀀勸·ᄒᆞ·ᅀᆞᄫᆞ·니	勸	권ᄒᆞ-	raten, zureden, anbieten, einladen, aufzwingen, bitten
·즁衆병兵·을	衆兵	즁병	die Scharen der Soldaten
	衆	즁	Menge; viele, allgemein
	兵	병	Heer, Soldaten, Mannschaft(en), Kämpfer
뫼·화		뫼호-	sammeln
·온		온	allerlei, verschieden, mannigfach
·양樣:ᄌᆞ子ㅣ	樣子	양ᄌᆞ	Gestalt, Figur, Aussehen
·쪙淨뼝瓶·을	淨瓶	정병	"Reine(s-Wasser)-Vase", Sk. *Kuṇḍikā*
	淨	정	sauber, klar, rein
	瓶	병	Flasche, Karaffe
무·우·려ᄒᆞ·니		무으-	bewegen, schütteln
		-우-	Volitiv
		-려	Konjunktionalform (Intensional: Absicht)
		-오/우려ᄒᆞ-	kompositioneller Ausdruck der Absicht (Intensional)

Vokabeln zu Strophe 69

·삑白빵毫·로	白毫	백호	wrtl. „weißes Haar", des Buddhas Locke zwischen den Augenbrauen,
	毫	호	feine Haare
견·지시·니		견지-	zielen, richten auf, anvisieren
아·래		아래	Unterteil,
:더러·본		더럽-	schmutzig, häßlich, unrein, unanständig sein; instabiler Verbstamm ㅂ/ㅸ.
		-으-	Bindevokal
		-ㄴ	Attributivform
ㄱ·린		가리-	verdecken, verhüllen, bedecken
거·시		것	Ding, Sache; Geschehen, Ereignis, abhängiges Nomen
		-이	Nominativ
:업·게		없-	nicht vorhanden sein, ㅅ-Fortfall bei ㅄ-Verben vor Konsonanten
		-게	Adverben bildende Ableitung
·힗一빵毫·도	一毫	일호	ein einziges Haar
아·니		아니	Verneinung des nachfolgenden Verbums

:뮈시·니		뮈-	bewegen, rühren, rücken
:귀鬼병兵	鬼兵	귀병	die Heerscharen der Dämonen, Teufelsschar
:모·딘		모디-	grausam sein, erbarmungslos sein, verrucht sein
잠·개		잠개	Waffe, Werkzeug, Gerät
나·ᅀᅡ·드·디		나ᅀᅳ드-	vorwärtsgehen, vorrücken
		-디	Konverbalform vor Verneinungs- und bestimmten anderen Verben
:몯·게		몯-	Verneinung des nachstehenden Verbums ("nicht möglich sein", "unfähig, etw. zu tun sein")
		-게	s. o.

Vokabeln zu Strophe 70

·빈·엔		빈	Bauch
		-에	Lokativ
		-ㄴ	qualifizierende Partikel (Thema, kontrastierende Hervorhebung)

·곯骨ːᄼᆔ髓·엔	骨髓	골수	Knochen, Mark
효·ᄀᆞᆫ		횩-	klein, winzig sein
		-ᄋᆞ-	Bindevokal
		-ㄴ	Attributivform
미·틧·ᄂᆞᆫ		밑	der untere Teil
		-의	Genitiv als Lokativ
		-ᄂᆞᆫ	qualifizierende Partikel (Thema, kontrastierende Hervorhebung)
얼·읜		얼의-	gerinnen, sich verdicken, gelieren
		-ㄴ	Attributivform
벌·에러·니		벌에	Wurm, Insekt
		-∅	Fortfall des Prädikativs (Kopula)
		-러-	Retrospektiv -더- > -러- nach dem Prädikativ
가·온·딘		가온더	Mitte, Zentrum
		-ㄴ	qualifizierende Partikel (Thema, kontrastierende Hervorhebung)
가·히		가히	Hund
엇·게·엔		엇게	Schulter
·ᄇᆞ얌		ᄇᆞ얌	Schlange
여ᅀᆞ		여ᅀᆞ	Fuchs
앒ː뒤·헨		앒	Vorn, Anfang
		뒿	Hinten, Ende; ㅎ-auslautendes Nomen

317

| 아ㆍ힌 | | 아힌 | Kind |
| ㆍ할ㆍ미러ㆍ니 | | 할미 | die Alte, alte Frau, Großmutter |

Vokabeln zu Strophe 71

마魔왕王ㆍ이	魔王	마왕	König *Māra*, König der Hölle
:노흔ㆍ돌		노흐-	sich ärgern, zürnen, wütend sein
:똥道:리理	道理	도리	hier wrtl. "Leitlinien des Weges", "Grundrichtung des Weges"
:거츨ㆍ씨		거츨-	falsch, grundlos sein, kindisch werden, unvernünftig sein
무無ㆍ수數흔	無數	무수흔	zahllos, unzählig,
	無	무	nicht (vorhanden); verneint Nomen
	數	수	Zahl
군軍ㆍ이	軍	군	Armee, Heer, Truppen
ㆍ쪙淨삥甁ㆍ을	淨甁	정병	"Reine(s-Wasser)-Vase", Sk. *Kuṇḍikā*
쭈慈심心ㆍ으ㆍ로	慈心	자심	mitleidvolles, erbarmungsvolles Herz
	慈	자	Güte, Barmherzigkeit, Mitleid
	心	심	Herz, Gemüt, Geist

삼三·미昧·예	三昧	삼매	Sk. *Samādhi*; Versenkung, Meditation, oberste Stufe des achtgliedrigen Pfades
·드·르시·니		드르-	sich in einen Zustand der Selbstvergessenheit versenken
·눌·히		눓	Messerschneide

Vokabeln zu Strophe 72

·륙六텬天	六天	육천	"sechs Himmel"[14]
·밣八·뿡部:귕鬼병兵	八部鬼兵	팔부귀병	die Heerscharen der Dämonen in acht Klassen
드·러		듣-	hören; instabiler Verbstamm ㄷ/ㄹ
·와		오-	kommen
:모딘		모디-	grausam sein erbarmungslos sein, verrucht sein
·뜨·들		뜯	Wille, Wunsch, Absicht, Gedanke, Meinung; Bedeutung

---

14) sechs himmlische Welten, die über dem Berg *Sumeru* liegen. Die Welt zwischen der Erde und dem *Brahmaloka,* die Welt der Götter, die aber noch der Wiedergeburt unterliegen

일·우오·려터·니		일우–	vollenden, durch-führen, erfüllen
		–오–	Infix -오/우- ("Volitiv")
		–려	Konjunktionalform (Intensional: Absicht)
		–오/우려ㅎ–	kompositioneller Ausdruck der Absicht (Intensional)
		–터–	Aspiration durch das voranstehende -ㅎ- + -더- Retrospektiv
텬天:ᄌᆞ子텬天:녀女	天子天女	천자천녀	himmlische Wesen, wrtl.: himmlische Söhne und himmlische Töchter
:내·ᅘᅧᅀᆞ·ᄫᆞ·니		내ᅘᅧ–	aufraffen, ermutigen
		내–	erzeugen, hervorbringen, verursachen
		–ᅘᅧ–	Verstärkungs-morphem

Vokabeln zu Strophe 73

바·사		밧–	herausziehen, abnehmen

견·져		견지-	zielen, richten, anvisieren
·띠地·옥獄	地獄	지옥	Hölle, Sk. *Naraka*
잠·개		잠개	Waffe, Werkzeug, Gerät
:모·디		모디	unbedingt, ohne weiteres
자·ᄇ·라터·니		잡-	(in die Hand, in Gewalt) nehmen, festhalten, greifen
		으	Bindevokal
		라	Aufforderungs-/Befehlsform (Imperativ)
		터니	Quotativ, ᄒ더니, Aspiration durch das voranstehende -ᄒ- + 더 Retrospektiv
드·러		들-	halten, nehmen, heben, hochheben
·믈·이		믈	Wasser
:죄罪ᅀᅵᆫ人·들·히	罪人	죄인	Verbrecher
	罪	죄	Verbrechen, Schuld, Sünde
	人	인	Mensch
		돓	Pluralsuffix, ᄒ-auslautendes Nomen
ᅀᅵᆫ人간間·애	人間	인간	Menschenwelt, Menschen, Menschheit
	間	간	zwischen

321

Vokabeln zu Strophe 74

쟤·야		쟤-	begabt sein, talentvoll sein, trickreich sein
나·아·드·니		나아드-	vorwärtsgehen, vorrücken
·현·날인·둘		현날	wieviele Tage
		현	wieviele, wieweit, Fragepronomen
		-이-	Prädikativ (Kopula)
메迷·확惑	迷惑	미혹	Verwirrung, Täuschung
	迷	미	verwirrt sein
	惑	혹	verwirrt sein, in Zweifel sein
어·느		어느	wie; welch-, was; Fragepronomen
·플·리		플-	lösen, auflösen, beheben, hinwegräumen, befreien
		-리	verkürzte Terminalform (hier: Interrogativ)
·디智·륵力·으·로	智力	지력	Geisteskraft, Verstand, Erkenntnisvermögen
업·더디·니		업더디-	sich niederwerfen, niederfallen
·싀二·웛月ㅅ	二月	이월	der zweite Monat
·밣八·싏日·에	八日	팔일	achter Tag

Vokabeln zu Strophe 75

音優뻐婆·꾹鞠다多	憂婆鞠多	우파국다	Sk. *Upagupta*, der vierte von 24 Patriarchen der *T'ien-t'ai*-Tradition
존尊:쟈者ㅣ	尊者	존자	Ehrwürdiger
·몱妙·법法·을	妙法	묘법	„Wundervolles *Dharma*", Sk. *Saddharma*[15]
	妙	묘	wundervoll, geheimnisvoll, tiefsinnig
·펴거·늘		펴-	ausbreiten, verkündigen
굴·외·니이·다		굴외-	einbrechen, überfallen, sich widersetzen, Unfug treiben
·때大쫑慈비悲	大慈悲	대자비	von großer Barmherzigkeit
	慈	자	Barmherzigkeit, Mitleid, Güte
	悲	비	Mitleid, Trauer, (Be-)dauern
버·릇		버릇	Gewohnheit, Hang, Manieren, Bildung
:뉘으·츠·니이·다		뉘으츠-	bereuen, bedauern

---

15) die "wundervolle Lehre" des Buddha, gemeint ist die Lehre des 妙法蓮華經 („Sūtra des Lotus des Wundervollen *Dharma*"), des Grundtextes innerhalb der Tradition des *T'ien-t'ai*

Vokabeln zu Strophe 76

지·ᅀᅡ		짓-	machen, verfertigen, formen, gestalten, bauen
감·아·눌		감-	winden, wickeln, rollen
		-아-	Assertativ
		-아눌	Konjunktionalform (kausal: "da", oder konzessiv: "obwohl, selbst wenn")
쭝慈비悲심心·ᄋᆞ·로	慈悲心	자비심	barmherzigen Gemütes
화花만鬘·올	花鬘	화만	Blumenkranz, Haarschmuck; s. No.-49
연·자·눌		엱-	(auf)setzen, legen, stellen
씬神통通·륵力·ᄋᆞ·로	神通力	신통력	wrtl. "Kräfte geistiger Durchdringung/Einflußnahme", Geisteskraft
	神	신	Geist (in der gleichen Mehrdeutigkeit wie im Deutschen)
	通	통	hindurch-; gänzlich, universal; durchdringen, verstehen
	力	력	Kraft

모·굴	목	Hals
구·디	구디	hartnäckig, starrsinnig, unbedingt
미·니	미-	binden, festmachen, schnüren, hängen

Vokabeln zu Strophe 77

바리	바리	Almosenschale, wie sie von buddhist. Mönchen benutzt wird
ᄲᅡ·리논	ᄲᅡ리-	(nieder)schlagen
·쇼	쇼	Kuh
	-ㅣ	Nominativ
:거츨·언마·론	거츨-	falsch sein, grundlos sein, unbegründet sein
	-어-	Assertativ
	-언마론	adversative Konjunktionalform "zwar, aber",
ᄍᆞ慈비悲심心·ᄋᆞ·로	慈悲心	자비심 barmherzigen Gemütes
구·지·돔	구지돔	Tadel, Vorwurf
	구짇-	schelten, schimpfen, rügen
	-옴	Verbalnomen (= Volitiv -오- + Nominalsator -ㅁ)

325

모·ᄅ시·니		모ᄅ-	nicht wissen, nicht kennen, ahnungslos sein, ㄹ-verdoppelnder -ㄹ/르-auslautender Verbalstamm
수·플·에		수플	Wald
공恭·경敬심心·ᄋ·로	恭敬心	공경심	ehrerbietigen Gemütes
끠期·약約·ᄋᆞᆯ	期約	기약	Versprechung, Verheißung
니·즈·니		닞-	vergessen

Vokabeln zu Strophe 78

모·ᄅ샤·도		모ᄅ-	nicht wissen, ahnungslos sein
		-샤	subjektehrender Honorativ + Konverbalform
		-어도	die subsumierende Hervorhebung -도 ("auch, sogar") bildet mit der Konverbalform eine Konjunktionalform ("obwohl, auch wenn")
닙스·ᄫᅡ		닙-	bekommen, empfangen; anziehen, ankleiden

버·서		벗-	ausziehen, sich entkleiden, sich befreien, ablegen
굴·아나·니		굴-	ändern, wechseln, erneuern;
		나-	auskommen,
항降·뽁服·ㅎ·야	降服	항복	Kapitualtion, Ergebung, Unterwerfung
·절ㅎ·고		절ㅎ-	sich beugen, sich neigen
		절	Verbeugung, Verneigung
하·눌·해		하눓	Himmel
도·라가·니		도라가-	zurückgehen, zurückkehren

Vokabeln zu Strophe 79

·십入·떙定	入定	입정	in die Versenkung eintreten
	定	정	festmachen, hier: Konzentration des Geistes, Versenkung, Sk. *samādhi*
삼三명明·을	三明	삼명	"drei Klarheiten", drei klare Erkenntnisse, Sk. *Tri-vidya*[16]

327

·득得·ᄒᆞ시·며	得	득ᄒᆞ-	bekommen, erlangen, erreichen, erhalten, finden
·륙六통通·이	六通	육통	sechs übernatürliche geistige Fähigkeiten des *Śākyamuni*, Sk. *Abhijñā*17)
ᄀᆞᄌᆞ·시·니		ᄀᆞᆽ-	haben, besitzen, vervollständigen
명明셩星	明星	명성	"heller Stern", Venus
·씹十·뙗八·법法·을	十八法	십팔법	achtzehn *dharma*, achtzehn Merkmale, die einen Buddha von einem Bodhisattva unterscheiden, Sk. *Āveṇika[-buddha]-dharmā*
·씹十씬神·륵力·을	十神力	십신력	zehn übernatürliche Kräfte, die der

---

16) 1. Wissen über die Umstände der vorherigen Existenzen seiner Selbst und Anderer;
2. Wissen über die Umstände zukünftiger Existenzen seiner Selbst und Anderer;
3. Wissen, welches die Defizite erschöpft und zum *Nirvāṇa* führt
17) 1. hellsichtiges Auge, 2. hellhöriges Ohr, 3. die Fähigkeit eine jedwede Gestalt anzunehmen, 4. Kenntnis aller Präexistenzen, 5. intuitive Erkenntnis, 6. Erkenntnis der Endlichkeit von Allem

:시·르시·니		싣-	Buddha nach der Predigt des Lotussūtra offenbahrte, Sk. *Daśa-bala* beladen, ansammeln, instabler Verbstamm ㄷ/ㄹ

Vokabeln zu Strophe 80

아·로·미		알-	wissen, erkennen; ㄹ/∅ Verb
		-옴	Verbalnomen (= Volitiv -오- + Nominalsator -ㅁ)
훤·ㅎ시·며		훤ㅎ-	breit und weit sein, kenntnisreich sein, vertraut sein
·짯		짷	Erde, ㅎ-auslautendes Nomen
		-ㅅ	Genitiv (1. bei unbelebten Dingen, 2. bei Lebewesen: honorativ)
·샹相·이	相	상	Form, Gestalt
드·러·치·니		드러치-	erbeben, zittern, erschüttern, rütteln,
·디智·혜慧	智慧	지혜	Weisheit, Einsicht, Sk. *Prajñā*

저·푸·미		젛-	sich fürchten
		-브-	Ableitungs-morphem: Bildner von Eigenschafts-verben
		-움	Verbalnomen (= Volitiv -우- + Nominalsator -ㅁ)
절·로		절로	von sich selbst
:우·니		울-	weinen, schreien; klingen, tönen, ㄹ/∅-Verb

Vokabeln zu Strophe 81

·밣八:뽕部]	八部	팔부	himmlische Wesen in acht Klassen[18]
둘·어셔·며		둘어서-	umringen, im Kreis stehen
		둘-	umgeben, umlegen, umstellen, -ringen
		서-	stehen, sich befinden
깃·그·며		깃그-	sich freuen
곳·비·도		곳비	Blumenregen
		-도	subsumierende Hervorhebung "auch"

---

18) *Devas, Nāgas, Yakṣas/Rākṣasas, Gandharvas, Asuras, Garuḍas, Kiṃnaras, Mahoragas*

져諸텬天·이	諸天	제천	alle himmlische Wesen, alle *Devas*
	諸	제	Pluralmarkierung, mehrere, alle, viel
:오五통通션仙·이	五通仙	오통선	die fünf Un- sterblichen in Gestalt der fünf übernatürlichen Fähigkeiten
	五通	오통	fünf übernatürliche Fähigkeiten, Sk. *Pañca-abhijñā*[19]
	仙	선	Unsterblicher, Sk. Ṛṣi

Vokabeln zu Strophe 82

본중·을	本證	본증	Beweis, Zeugnis
딴彈왕王·이	彈王	탄왕	Bogen-König, anderer Name von König *Māra* (魔王)
	彈	탄	Bogen
:묻·주방·놀		묻-	fragen; instabiler Verbstamm ㄷ/ㄹ

---

19) 1. Fähigkeit, jederzeit an beliebigem Orte zu erscheinen,
    2. göttliches Auge, Fähigkeit universeller Wahrnehmung,
    3. göttliches Ohr der universellen Wahrnehmung,
    4. Kenntnis des Geistes des Anderen,
    5. Kenntnis früherer Existenzen seiner selbst und Anderer

		-᷵-	Honorativ der Ergebenheit vor der Subjektperson
		-아-	Assertativ
		-아눌	Konjunktionalform (kausal: "da", oder konzessiv: "obwohl, selbst wenn")
견堅롱牢·띠地씬神·이	堅牢地神	견로지신	Erdgeist Fest-und-Dauerhaft, Sk. *Pṛthivī*
	堅	견	fest
	牢	로	dauerhaft
	地神	지신	Erdgeist, Sk. *Pṛthivī*
솟·나·아		솟나-	steigen, aufsteigen, emporsteigen, hochsteigen
긔·별·을		긔별	Nachricht, Mitteilung, Kunde
쿵空씬神텬天씬神·이	空神	공신	Geister der Luft
	天神	천신	himmlische Gottheiten, Sk. *Devatā*
우·희		웋	Oben, die obere Seite, das Obere
		-의	Genitiv als Lokativ
알·외·니		알외-	mitteilen, sagen, erzählen

Vokabeln zu Strophe 83

젼前싱生·애	前生	전생	früheres Leben

슈修·行行	修行	수행	Selbsterziehung, Übung
기프·신		깊-	tief sein
		-으-	Bindevokal
		-신	Attributivform mit subjektehrendem Honorativmorphem
문文슈殊	文殊	문수	Sk. *Mañjuśrī*, ein *Bodhisattva*[20]
:포普현賢·둘·히	普賢	보현	"Allumfassend-Tüchtiger", Sk. *Samantabhadra*[21]
		-둘ㅎ	meist Pluralsuffix, hier als "Gruppe"
		-이	Nominativ
·둘:닚·긔		둘	Mond[22]
		-님	Honorativ, "Herr", "gnädige Frau", usw.
		-ㅅ긔	Dativ in *statu nascendi*
·구룸		구룸	Wolke
몯·둧·더시·니		몯-	sich versammeln
		-둧	Adverben bildende Ableitung "als ob" (Fortfall des für

---

20) Hüter der Weisheit, in der Ikonographie zur Linken des Śākyamuni
21) ein *Bodhisattva,* Hüter des grundlegenden Gesetzes, in der Ikonographie zur Rechten des Śākyamuni
22) Wortspiel: "Mond der Weisheit" = Buddha, vgl. auch den Titel des hier annotierten Zyklus)

		-더-	den Ausdruck einer Vermutung oder des Anscheins -돗 ㅎ- normalerweise folgenden Hilfsverbs ㅎ- Retrospektiv
·묘妙·법法	妙法	묘법	„Wundervolles Dharma", Sk. *Saddharma*[23]
	妙	묘	wundervoll, geheimnisvoll, tiefsinnig
:펴리·라		펴-	ausbreiten, verbreiten, verkündigen
		-∅	Assimilation des Volitiv (! Seitenpunkte: ·펴- 〉 :펴-)
		-리-	Präsumptiv
		-라	Konjunktionalform (final: "um zu")
원圓:만滿·봉報신身로盧·샤舍나那 圓滿報身盧舍那		원만보신로사나	"der mit dem vollkommenen Körper seiner Verdienste (報身, Sk. *Sambhoga-kāya*) [ausgestattete] *Rocaṇa*"[24]

---

23) s. No. 75

화華엄嚴경經·을	華嚴經	화엄경	"Blumengirlanden-sūtra"25), Sk. Avataṃsaka-sūtra
·돈頓·굣敎·로	頓敎	돈교	Lehre vom plötz-lichen Erwachen
	頓	돈	plötzlich
	敎	교	Lehre

Vokabeln zu Strophe 84

·때大·법法·을	大法	대법	"Großes Dharma", d.h. die Lehre in ihrer unaus-sprechlichen Tiefe
:몰·라		모ᄅ-	nicht wissen, nicht kennen, nicht verstehen; ㄹ-ver-doppelndes Verb
·녏涅빤槃	涅槃	열반	Sk. Nirvāṇa, Verlöschen
·호려·터시·니		ᄒ-	Hilfsverb
		-오-	Infix -오/우- ("Volitiv")
		-오/우려ᄒ-	kompositioneller Ausdruck der Absicht
		-더-	Retrospektiv

---

24) eine der drei Manifestationsformen (三身, Sk. Trikāya) des Buddha, vgl. auch No. 88, 97 und 109
25) chin. Hua-yen ching, jap. Kegon-kyo,

335

방方·뼌便·으·로	方便	방편	Angemessenes Mittel, Sk. *Upāya*[26]
:알·에·ᄒ·샤		알-	wissen, erkennen
		-에	< 게 Adverben bildende Ableitung, Fortfall des ㄱ nach ㄹ
삼三·ᄊᆢᆼ乘·올			Sk. *Tri-yāna*, drei Fahrzeuge[27], d.h. drei Stufen
니ᄅ·시릴·씨		닐-	sagen, sprechen
		-시-	subjektehrender Honorativ
		-리-	Präsumptiv
		-ㄹ씨	Konjunktionalform (kausal: "da, weil")
·잔讚·탄歎·ᄒ시·니	讚嘆	찬탄	Lobpreisen, Bewunderung

---

26) Lehre, angepaßt an die beschränkten Fassungsmöglichkeiten des im Weltlichen gefangenen normalen Menschen, den Umständen angepaßte Methode

27) 1. das Fahrzeug der Hörer bzw. Schüler, d.h. das *Hinayāna*, Sk. *Śravaka-yāna*
 2. das Fahrzeug der nur die eigene Erlösung erstrebenden *Pratyeka-buddhas*, Sk. *Pratyeka-buddha-yāna*,
 3. das Fahrzeug der an der Erlösung Anderer arbeitenden *Bodhisattvas*, *Bodhisattva-yāna*

Vokabeln zu Strophe 85

셩成:똥道	成道	성도	das Vollenden des [spirituellen] Weges
	道	도	Weg
:帝後	後	후	nach, nachdem später
타他·화化·쫑自·찡在텬天·에	他化自在天	타화자재천	Gottheiten, welche die Anderen verwandeln und so eigene Macht erreichen, Herrscher des sechsten Himmels, der Sphäre der Begierde, Sk. *Para-nirmita-vaśa-vartinaḥ [devāḥ]*
·씹十·띠地경經·을	十地經	십지경	"Sūtra der zehn Gefilde" bzw. "Stufen", Sk. *Daśabhūmika-sūtra*, d.h. der zehn Stufen in der Entwicklung von einem *Bodhisattva* zu einem Buddha
차差리梨니尼가迦·애	差梨尼迦	차리니가	Sk. *kṣīriṇikā*, "safthaltig", Name eines Baumes mit viel (Heil-)saft

가加부趺·좌坐·롤	加趺坐	가부좌	"Sitz mit unter-gekreuzten Beinen", Sk. *nyaṣīdat-paryaṅkam ābhujya*, Meditationsstellung

Vokabeln zu Strophe 86

훙졍바·지·돌·히		훙졍바지	Händler, Verkäufer
		훙졍	Verhandlung, Kauf-Verkauf
		받-	etw. erhalten
		-이	Nomina bildendes Ableitungsmorphem
		바지	Palatalisierung ㄷ〉ㅈ vor -이
		-둟	Pluralsuffix
·길·흘		긿	Weg
:녀·아		녀-	hin und her gehen
:비더·니이·다		빌-	beten,
수·픐		수풀	Wald
씬神령靈·이	神靈	신령	wrtl. „über-natürliche magische Kraft", Geist
:뵈·야		뵈-	zeigen, sehen lassen/machen
:아숩·게ᄒ·니이·다		알-	wissen, (er)kennen, instabiler Verbstamm ㄹ/∅
		-숩-	Honorativ der Er-gebenheit vor der

	-게			Subjektperson Adverben bildende Ableitung
	-게ᄒ-			kompositioneller Faktitiv, "zu etwas machen"

Vokabeln zu Strophe 87

:세가·짓			세	drei
			가지	Art, Sorte
공供·양養·이	供養		공양	Opfer, Darbietung von Essen, Blumen oder Duft, Sk. *Pūjā*
	供		공	versorgen, stützen, tragen, darbieten
	養		양	ernähren, aufziehen, stillen, füttern
그·르·시			그릇	Schüssel, Behälter, Geschirr
쪈前·셰世·뿛佛·을	前世		젼세	frühere Existenz, vergangenes *Yuga*, frühere Welt, vergangene Zeit
	佛		불	Buddha
ᄉᆞ랑·터시·니			ᄉᆞ랑ᄒ-	denken, lieben
바리·예			바리	Almosenschale der Mönche
:담·ᄋᆞ샤·미			담-	füllen, voll machen, (hinein)tun
			-ᄋᆞ-	Bindevokal

339

		-샴	subjektehrender Honorativ -시- + -옴/움 Verbalnomen (Assimilation)
		-옴/움	Verbalnomen (Volitiv -오/우- + Nominalsator -ㅁ)
·스四텬天왕王·이	四天王	사천왕	"Vier-Himmel-Könige", Weltenhüter der vier Himmelsrichtungen, Sk. *Catur-mahā-rāja-kāyikā[-devāḥ]*
:쳥請·이슨·ᄫ·니	請	쳥	Bitte, Wunsch, Anliegen
		-이-	Prädikativ (Kopula)

Vokabeln zu Strophe 88

:녯·날·애		녯날	die alten Zeiten, Vergangenheit; früher, einst
		녜	Vorzeit, alte Zeit, früher (Nomen)
		-ㅅ	Genitiv (1. bei unbelebten Dingen, 2. bei Lebewesen: honorativ)

:어·더		날 얻-	Tag bekommen, erhalten, erwerben; finden, aufheben
뼤毗로盧쟈遮나那ㅅ 오·눐 기·드리:숩더·니	毗盧자那	비로자나 오늘 기드리-	Sk. *Vairocaṇa*[28] heute, dieser Tag hoffen, erwarten; warten, abwarten
뼤毗사沙몬門왕王·익 ·원願·을	毗沙門王 願	비사문왕 원	Sk. *Vaiśravaṇa*[29] Gelöbnis, Schwur, Wunsch, Bitte

Vokabeln zu Strophe 89

ㅎ나·홀	ㅎ낳	ein, eins, einzig, alleinig; ㅎ-auslautendes Nomen; vgl. 훈 in No. 39
바·드·면	받- -면	erhalten, bekommen Konjunktionalform (konditional: "wenn")
고ᄅ·디	골-	gleich, unparteilich gleichmäßig sein

---

28) eine von drei grundlegenden Manifestationsformen (三身, Sk. *Trikāya*) des Buddha, mit dem reinen (淸淨) *Dharmakāya* (法身) assoziiert, u.a. Vater der 四天王,"Vier-Himmel-Könige" vgl. auch No. 83 und 109

29) einer der 四天王 *Catur-Maharadja*, "Vier-Himmel-Könige", der Weltenhüter der vier Himmelsrichtungen

		-으-	Bindevokal
		-디	Konverbalform vor Verneinungs- und bestimmten anderen Verben
:몯ㅎ·리		몯-	Verneinung des nachstehenden Verbums ("nicht möglich sein", "unfähig, etw. zu tun sein")
		ㅎ-.	tun, machen
		-리	verkürzte Terminalform (hier: Deklarativ)
씬神통通·륵力·에	神通力	신통력	wrtl. "Kräfte geistiger Durchdringung/ Einflußnahme", Geisteskraft
ᄒᆞᆫ·디		ᄒᆞᆫ디	derselbe Ort, dieselbe Stelle
		ᄒᆞᆫ	ein, eine, derselbe, dieselbe, dasselbe; Attributivform von ᄒᆞ낳 s.o.
		디	Ort, Stelle, Platz; abhängiges Nomen (Sache, Ding, Ereignis, "etwas, das") abhängiges Nomen ᄃ + Lokativ 의

누·르시·니		누르-	pressen, drücken
브·텨		븥-	anheften, anstecken, ankleben
어·우·니		어우-	vereinigen, verbinden, verküpfen, zusammensetzen

Vokabeln zu Strophe 90

·올·히		옳-	richtig sein, angemessen sein, recht sein, aufrichtig sein
		-이	Adverben bildende Ableitung
·뿛佛·법法숭僧	佛法僧	불법승	Buddha (佛), *Dharma* (法), Mönche (僧)30)
·꼐偈	偈	게	Sk. *Gāthā*, Lied, Verse, Strophen
지·어		짓-	machen, anfertigen, bilden, schreiben, verfassen
터·리		털	Haar
·뻬·혀·주시·고		뻬혀-	abziehen, abtrennen, loslösen,
		∅	nach 혀- Fortfall der Konverbalform

---

30) 三寶, "Drei Kleinodien" (佛寶, 法寶, 僧寶), Sk. *Tri-ratna*

		주-	geben, schenken, anbieten; auch Aktionsart: "für jdn. etwas tun"
·손·토·볼		손톱	Fingernagel

Vokabeln zu Strophe 91

무無·량量·겁劫	無量劫	무량겁	unermeßliche *Kalpas*, unermessliche Zeitalter
션燃등燈셔如러來ㄹ	燃燈如來	연등여래	der *Tathāgata* "Der-das-Licht-entzündet"[31]
	燃	연	anzünden
	燈	등	Lampe, Licht
	如來	여래	wrtl. ein "So-gekommener", ein "Vollendeter", Sk. *Tathāgata*, ein Buddha, (als jemand, der den Erlösungsweg bereits durchlaufen hat)

---

[31] identisch mit 普光佛, Sk. *Dīpaṃkara Buddha*, „Überall-hindringender-Glanz", vgl No. 5 ff

뽀菩뗴提심心·ᄋ·로	菩提心	보제심	die Entschlossenheit, der Wille, *Bodhi* (das Erwachen) zu erlangen
	菩提	보제	Sk. *Bodhi,* das Erwachen
	心	심	Herz, Gemüt, Geist; Wille, Absicht, Entschlossenheit, Vorhaben,
터러·글		터럭	Haar, Feder;
모·ᄃᆞᆫ		모ᄃᆞᆫ	alle, gesamt; Attributivform von 몯- ″(ver)sammeln″
·씹十·흑億텬天·에 공恭·양養·ᄒᆞ·ᅀᆞᄫᆞ·니	十億天 供養	십억천 공양	1 Milliarde Himmel Opfer, Darbietung von Essen, Blumen oder Duft, Sk.*Pūjā*,

Vokabeln zu Strophe 92

탐貪·욕欲심心	貪慾心	탐욕심	Geist voller Begierde, begehrlich, Sk. *lobha, rāga, abhidhyā*
	貪	탐	etwas begehren, begierig sein
	慾	욕	Begierde, Verlangen, Gier

:겨시·건마·론		겨시-	vorhanden sein (honoratives Verb)
		-거-	Assertativ
		-건마론	Konjunktionalform (adversativ: "zwar, aber")
터럭:쑨·늘		터럭	Haar, Feder;
		-쑨	qualifizierende Partikel / abhängiges Nomen (vereinzelnde Hervorhebung) "nur, allein, bloß"
		-을	Akkusativ
공供·양養공功·득德	供養功德	공양공덕	Verdienste und Tugenden aufgrund von Opfern
·녈涅빤槃·올	涅槃	열반	Sk. *Nirvāṇa*, Verlöschen
·득得·ᄒᆞ야·니	得	득ᄒᆞ-	bekommen, erlangen, erreichen, erhalten, finden
삼三·막藐삼三·뿓佛따陀	三藐三佛陀	삼막삼불타	Sk. *Samyaksaṃbuddha*, „ein zum allerhöchsten Erwachen Gelangter", "Vollkommener Buddha", einer der Titel eines jeden Buddha
ㅣ·어시·니		-이-	Prädikativ (Kopula)
		-어-	Assertativ

		-시-	subjektehrender Honorativ
		-니	verkürzte Teminal- und Konjunktional- form, hier: begründend
·토빈·돌		톱	Nagel
		-이-	Prädikativ (Kopula)
어·느		어느	wie; welch-, was; Fragepronomen
:ᄀᆞᆺ		ᄀᆞᆺ	Rand, Grenze
이시·리		이시-/잇-	vorhanden sein, instabiler Verbstamm
		-리	verkürzte Terminalform (hier: Interrogativ)

Vokabeln zu Strophe 93

:쎤善·록鹿왕王·이실·씨	善鹿王	선록왕	"König Guter-Hirsch", Sk. *Mṛga-rāja*
	善	선	gut sein
	鹿	록	Reh, Hirsch; Sk. *mṛga*
		-이-	Prädikativ (Kopula)
목:숨·을		목숨	Leben
ᄇᆞ·료려·ᄒᆞ·샤		ᄇᆞ리-	aufgeben, weg- werfen, verlassen, verzichten auf

347

		-오-	Infix -오/우-- ("Volitiv")
		-려	Konjunktionalform (Intensional: Absicht)
		-오/우려ᄒ-	kompositioneller Ausdruck der Absicht (Intensional)
·뻠梵마摩·땊達·올	梵摩達	범마달	Sk. *Brahmadatta*; Name eines Königs, der täglich einen Hirsch aß
ᄀᄅ·치시·니		ᄀᄅ치-	lehren, unterrichten, ausbilden
:신忍·ᅀᅭᆨ辱션仙신人	忍辱仙人	인욕선인	der "Unsterbliche, der alle Leiden und Schande erträgt und von ihnen nicht berührt wird, frühere Inkarnation des Buddha, Sk. *Kṣāntivādin-ṛṣi*,
	忍	인	ertragen, erdulden, erleiden
	辱	욕	schänden, beleidigen beschmutzen
	仙人	선인	Unsterblicher, Sk. *Ṛṣi*
·손·발·올		손	Hand
		발	Fuß
바·히스·ᄫᅳ·나		바히-	abschneiden,

가歌·리利·롤	歌利	가리	Sk. *Kali[-rāja]* *Kaliṅ[ga-rāja]*32)
·굼救·호려·ㅎ시·니	救	구ㅎ-	retten, helfen, erlösen, befreien

Vokabeln zu Strophe 94

젼前·셰世·옛	前世	젼셰	frühere Existenz, vergangenes *Yuga*, frühere Welt, vergangene Zeit
		-예	Lokativ
		-ㅅ	Genitiv (1. bei unbelebten Dingen, 2. bei Lebewesen: honorativ)
힌因연緣·이실·씨	因緣	인연	Ursachen und Nebenbedingungen, Sk. *Hetu-pratyaya*, ursächliche Zusammenhänge
	因	인	Ursache, Grund; kommen von, verursachen
	緣	연	folgen, verbinden

---

32) ein streitsüchtiger König, der die Hände und Füße eines *Ṛṣi* abgeschnitten hat, weil eine seiner Konkubinen die Einsiedelei des *Ṛṣi* aufgesucht hatte

·뒌轉·ㅎ샤·디	轉	전호-	[das Rad der Lehre] drehen, d.h. in Bewegung setzen, weitergeben
·록鹿:야野:훤苑·에	鹿野苑	녹야원	„Hirschpark", Sk. *Mṛgadāva*33)
	野	野	Feld
	苑	원	Park, Garten
·못		못	äußerst, vor allem; Superlativ- und Elativ-Bildner (Adverb)
몬져		몬져	zunächst
·졔濟·또渡·ㅎ샤·디	濟渡	제도	"ans andere Ufer übersetzen", d.h. zur Erlösung von Geburt und Tod und Wiedergeburt, zum *Nirvāṇa* verhelfen,
	濟	제	hinüberbringen; Fähre
	渡	도	hinübergehen, übersetzen
꾱憍띤陳ㅅㅓ如·를	憍陳如	교진여	Sk. *[Ājñāta-]-Kauṇḍinya*, einer der fünf Gefährten des Siddharta während dessen Askese-Zeit34)

---

33) Ort, an dem der Buddha das Rad der Lehre in Gang setzte
34) nicht identisch mit *Kauṇḍinya* aus Nr. 61

Vokabeln zu Strophe 95

감·오		감-	schwarz sein, dunkel sein
:똥道:쏫士 ㅣ	道士	도사	ein Mann des [rechten] Weges, hier: Buddhist
	道	도	der [rechte] Weg
	士	사	Gelehrter; Ritter, in dem Sinne: Mann
		-ㅣ	Komplemental
드외·야		드외-	werden
		-야	Konverbalform
삼三귀歸희依·롤	三歸依	삼귀의	"Drei Zufluchten und Stützen", Sk. *Tri-śaraṇa-gamana* 35)
:쓩受·ㅎ·ㅅ병·니	受	수ㅎ-	bekommen, erhalten, aufnehmen, empfangen
나那윰由텬天·이	那由天	나유천	unermessliche Himmel(sgottheiten) Sk. *Ayu[ta] Deva*; *Ayuta*: Zahlwort, 1.000.000.000

---

35) 1) ich suche meine Zuflucht in *Buddha* (歸依佛)
    2) ich suche meine Zuflucht in der Lehre (*Dharma*) (歸依法)
    3) ich suche meine Zuflucht im Mönchsorden (*Saṃgha*) (歸依僧)

·ㅅ四·뎨諦·를	四諦	사체	die „Vier Wahrheiten", Sk. *Āryasatyāni-catvāri*[36]
	諦	체	untersuchen, einschätzen, buddh.: "Wahrheit"
·법法:안眼·올	法眼	법안	*Dharma*-Auge, Sk. *dharma-cakṣus*, "Auge für die Lehre", *Dharma*-Einsicht, *Dharma*-Urteilsvermögen
	眼	안	Auge

Vokabeln zu Strophe 96

·뿛佛:봄寶·롤	佛寶	불보	das Kleinod [in Gestalt] des *Buddha,* s. No. 90
너·피시·며		너피-	verbreiten, ausdehnen, vergrößern, erweitern, entfalten

---

36) 1) vom Wesen des Leidens (苦諦),
    2) vom Ursprung des Leidens im Ansammeln leidhafter Einflüsse (集諦),
    3) vom Auslöschen des Leidens durch Abkehr von sinnlicher Begierde (滅諦),
    4) vom Weg zum Auslöschen des Leidens, dem Achtfachen Pfad (道諦)

·법法:뽕寶·롤	法寶	법보	das Kleinod [in Gestalt] der Lehre, s. No.-90
숭僧:뽕寶·롤	僧寶	승보	das Kleinod [in Gestalt] des Mönchsordens, s. No.-90
·띠地씬神·이	地神	지신	Erdgeist, Sk. *Pṛthivī*
콩空텬天·이	空天	공천	Geister der Luft

Vokabeln zu Strophe 97

·샤舍나那신身·이	舍那身	사나신	(Sk.:) *Cana-* (Chin.:) Körper, kurz für 圓滿報身盧舍那 원만보신로사나, "der mit dem vollkommenen Körper seiner Verdienste (報身, Sk.*Sambhoga-kāya*) [ausgestattete] *Rocaṇa*"37)
	身	신	Körper
:보·비		보비	Schatz, Juwel, Kleinod

---

37) eine der drei Manifestationsformen (三身, Sk. *Trikāya*) des Buddha, vgl. auch No. 83, 88 und 109

·옷		옷	Kleid(er)
·돈頓·굠敎·룰	頓敎	돈교	Lehre vom plötzlichen Erwachen
·뉘		뉘	wer?
		누	wer, Fragepronomen
		-ㅣ	Nominativ
아·라 들ᄍ·ᄫ·리		아라들-	verstehen, begreifen
		알-	verstehen
		들-	hören; instabiler Verbstamm ㄷ/ㄹ
:땽丈·륙六신身·이	丈六身	장육신	"Körper von 16 Fuß", allg. Größenangabe von Buddha[38]
	丈	장	Längenmaß, 10 Fuß
	丈六	장육	16 Fuß
:헌		헌	alt, ausgelaugt sein
:쪔漸·굠敎·롤·ᅀᅡ	漸敎	점교	Lehre vom allmählichen Erwachen
		-롤	Akkusativ
		-ᅀᅡ	qualifizierende Partikel (Hervorhebung der Besonderheit) "erst nachdem, lediglich"

---

[38] hier aber genauer als Hinweis auf den 化身 "Verwandlungskörper", Sk. *Nirmāṇa-kāya*: (釋迦牟尼千百億化身, *Śākyamuni*-im-Körper-der-Myriaden-Verwandlungen, eine der drei Manifestationsformen des Buddha, vgl. No. 83, 88 und 109

Vokabeln zu Strophe 98

마摩·꺓竭따陁ㅅ	摩竭陁	마갈타	Sk. *Magadha*, Königreich am Südufer des Ganges[39]
뼁甁사沙]	甁沙	병사	Sk. *Bimbisā[ra]*, König von *Magadha*
:날		나	ich, Personalpronomen 1. Person Singular
		-ㄹ	Akkusativ
가迦·셥葉	迦葉	가섭	Sk. *Kāśyapa* häufiger Familienname, u.a. von 5 Schülern des Buddha, deswegen auch *Uruvilvā Kāśyapa* genannt[40]
·훓鬱비卑라羅]	鬱卑羅	울비라	Sk. *Uruvilvā*, eigtl. Ortsname, hier: Namenszusatz
·귁國신人·올	國人	국인	Leute des Landes, Bevölkerung, Volk
:뵈·요리·라		뵈-	zeigen
		-오/우+리라	Absicht des Handlungsträgers
지·블		집	Haus

---

39) bis ca. 400 A.D. eines der wichtigen Zentren des Buddhismus
40) nicht identisch mit *Mahā-Kāśyapa* in Nr. 147

| 지·서 | | 짓- | bauen, machen, bilden |
| ·치더·니 | | 치- | züchten, halten |

Vokabeln zu Strophe 99

남·기		낡	Baum
높·고·도		높-	hoch sein
		-고도	Konjunktionalform (konzessiv: "obwohl")
불·휘·롤		불휘	Wurzel
바·히·면		바히-	ab-, ausschneiden,
여·름·을		여름	Früchte
·따 먹ᄂ·니		따-	pflücken
		먹-	essen
·슗術·법法·이	術法	슗법	Magie-, Zauberkunst
놉·다ᄒ·ᄂ		높-	hoch
		-다ᄒ-	Quotativ: Terminalform -다 + Hilfsverb ᄒ-
		-ㄴᄃᆞᆯ	Konjunktionalform (konzessiv: "selbst wenn", "obwohl")
행降·뽁服:히·면	降服	항복히-	unterworfen werden
		항복	Kapitulation, Unterwerfung
		-히-	Hilfsverb ᄒ- + Faktitiv/Passiv -ㅣ

		-면	Konjunktionalform (konditional: "wenn") s. No.s: 6, 25
·외外:뚱道ㄹ·둘 아·니		아니	Verneinung des nachfolgenden Verbums
조쫀·볼·리		좃-	folgen

Vokabeln zu Strophe 100

한安:붏否·를	安否	안부	Wohlbefinden; Gruß "Sind Sie in innerem Frieden oder nicht"
	安	안	Friede; friedlich, ruhig sein
	否	부	verneinen, ablehnen
:묻줍·고		묻-	fragen; instabiler Verbstamm ㄷ/ㄹ
·뻔飯	飯	반	Mahlzeit, Essen
:좌쇼·셔		좌시-	essen (Honorativverb)
		-쇼셔	Aufforderungs-/Befehlsform des hohen Redestiles
:쳥請커·늘	請	쳥ᄒ-	bitten, wünschen
		-거-	Assertativ
		-거늘	Konjunktionalform (kausal, konzessiv)

자·리·롤		자리	Sitz, Platz, Bett
빌·이라 ·ㅎ시·니		빌이-	leihen, ausleihen
		-라	Aufforderungs-/ Befehlsform (Imperativ)
		-이라ㅎ-	Quotativ
빵房·올	房	방	Zimmer
·법法·으·로	法	법	hier kurz für 術法, "magische Künste" (vgl. vorherige Strophe)
막:숩거·늘		막-	wehren, aufhalten, verhindern
룡龍땅堂·올	龍堂	룡당	Drachenhalle
	堂	당	Halle, Saal

Vokabeln zu Strophe 101

·블·을		블	Feuer
:토吐·ㅎ·야	吐	토ㅎ-	speien, ausspucken, auswerfen
:모딘		모디-	grausam sein, verrucht sein, hartherzig sein
		-ㄴ	Attributivform
:일·올		일	Sache, Geschäft
말·이·숩더·니		말이-	abhalten, abraten, hindern
·욕欲:화火·롤	欲火	욕화	Feuer der Begierde
	欲	욕	Begierde, Leidenschaft

ᄒ·마		ᄒ마	schon, vorher, früher
·ᄢ·샤		ᄢ-	löschen, ausmachen
·ᄒᆡ害ᄒ·ᄉᆞᄫᆞ·리	害	해ᄒ-	schaden, beschädigen, verletzen, beleidigen
		-ㄹ	Attributivform
		-이	Mensch, abhängiges Nomen
:업슬·씨		없-	nicht vorhanden sein
·드러·가시·니		드러가-	hineingehen

Vokabeln zu Strophe 102

·똑毒·킈氣·롤	毒氣	독긔	giftiger Odem
	毒	독	Gift
	氣	긔	hier: Odem, Atem; Energie
:내·니		내-	erzeugen, hervorbringen; hier: rauchen, qualmen
:노怒·롤	怒	노	Ärger, Zorn, Wut
더ᄒ·니		더ᄒ-	addieren, vergrößern, vermehren, verstärken
도·라디고		도라디-	umgedreht werden (kompositionelles Passiv/Faktitiv)

	돌-	sich drehen, kreisen, rotieren
	디-	Hilfsverb "werden (zu)", "machen, daß"
·츤	츳-	(eis)kalt sein
브룸	브룸	Wind
:불어·늘	불-	wehen,
그·치·니	긏-	aufhören, enden

Vokabeln zu Strophe 103

:몰·라	모ᄅ-	nicht wissen, nicht kennen, ㄹ-verdoppelndes Verb
:긔	그	dies(-e,-er,-es), dies(-e,-er,-es) da, Demonstrativpronomen
	-이	Nominativ
어·리·니잇·가	어리-	dumm sein, blöde sein, töricht sein
	-니잇가	Frageendung 니...-ㅅ가 + -이- Verbindlichkeit gegenüber dem Hörer,
주·구려ᄒ·니	죽-	sterben
	-우-	Infix -오/우- ("Volitiv")

			-오/우려ㅎ-kompositioneller Ausdruck der Absicht
:어·엿브·니잇·가		어엿브-	armselig, bemitleidenswert

Vokabeln zu Strophe 104

·붏弗우于·톄逮	弗于逮	불우체	Sk. *Pūrva[vi]de-[ha]*, Kontinent im Osten des Weltenberges (Sk.) *Sumeru*
염閻뿧浮톄提·와	閻浮提	염부제	Sk. *Jambu-dvī[pa]*, Kontinent im Süden des Weltenberges auch: Indien
꾸瞿야耶니尼	瞿耶尼	구야니	Sk. *Godānī[ya]*, Kontinent im Westen des Weltenberges
·훓鬱단單·웛越·에	鬱單越	울단월	Sk. *Uttara-kuru*, Kontinent im Norden des Weltenberges
염閻·벽逼	閻逼	염핍	Sk. *Jambu*, Rosenapfel (?) *Eugenia jambolana*
하阿:례䔧·륵勒·과	阿䔧勒	아려늑	Sk. *Harītakī*, *Terminalia chebula*

| 하阿마摩·륵勒 | 阿摩勒 | 아마륵 | Sk. *Āmala[ka]*, *Tamarindus indica*, eine Nussart |
| ·쫀自연然깅粳:메米·롤 머·기시·니 | 自然粳米 | 자연갱미 머기- 먹- -이- | Natur-Reis füttern essen Faktitiv/Passiv |

Vokabeln zu Strophe 105

양楊지枝ㅅ·믈·호려·ᄒ시·니	楊枝	양지ㅅ믈ᄒ- 양지	Zähneputzen Weidenzweig (aus dem eine primitive Zahnbürste gemacht wurde)
		-ㅅ	Genitiv (1. bei unbelebten Dingen, 2. bei Lebewesen: honorativ)
		믈	Wasser
		ᄒ-	Hilfsverb, hier: Bildner denominaler Verben
		오/우려ᄒ-	kompositioneller Ausdruck der Absicht
:녜		녜	früher, jeher, seit alten Zeiten
:업던		없-	nicht vorhanden sein

	-더-	Retrospektiv
	-ㄴ	Attributivform
·모·슬	못	Teich
일·워:내·니	일우-	bilden, formen, machen, durch- führen, vollenden
	내-	vorbringen, an- bringen, vorlegen
·섈오·져·ㅎ시·니	셸-	waschen, reinigen
	-고져ㅎ-	kompositionelle Optativform: wünschen, vorhaben zu tun
	-오	Konjunktionalform (nebenordnend: "und")
		고 > 오 nach ㄹ
	져	Optativ
	ㅎ-	Hilfsverb
:돌:훌	돓	Stein, hier: Wasch- stein zum Klopfen der Wäsche
옮·겨오·니	옮기-	(um)ziehen, verlegen
	오-	kommen, hier: Richtungsbezug

Vokabeln zu Strophe 106

·ㅅ四텬天왕王텬天	四天王天	사천왕천	„die Gottheiten der Vier-Himmels- Könige",

			die Weltenhüter der vier Himmels- richtungen, Sk. *Catur-mahā-rāja-kāyikā-devāḥ*
·뎨帝·셕釋·뼘梵텬天	帝釋梵天	제석범천	Kaiser *Śakra* und Gott *Brahmā*"
	帝釋	제석	Kaiser *Śakra*, Sk. *Indra*
	梵天	범천	Gott *Brahmā*
·비·츨		빛	Licht
듣:줍고·사		듣-	hören; instabiler Verbstamm ㄷ/ㄹ
		-고사	nur nachdem
		-고	Konjunktionalform (nebenordnend: "und")
		-사	qualifizierende Partikel (Hervor- hebung der Be- sonderheit) "erst nachdem, lediglich, allerdings nur"
·쎯實·올	實	실	Wirklichkeit, Realität, Tatsache
·혀는		혀-	anzünden
·쁴는		쁴-	löschen, ausmachen
메·윤		메-	aufgehängt werden, gebunden werden
		-ㅣ-	Assimilation
		-우-	Faktitiv/Passiv
		-ㄴ	Attributivform
:돗·귀·롤		돗귀	Axt

:비·슥·바	빌-	bitten, instabiler Verbstamm ㄹ/∅

Vokabeln zu Strophe 107

즘·게남·기	즘게낡	großer Baum
	즘게	Baum
	낡	Baum
ᄀᆞ·롭·애	ᄀᆞ롭	Fluß
·믌·결·이	믌결	Welle
	믈	Wasser
	-ㅅ	Genitiv (1. bei unbelebten Dingen, 2. bei Lebewesen: honorativ)
	결	Welle
갈·아·디거·늘	갈아디-	sich teilen, sich spalten
	갈-	teilen, trennen
	디-	Hilfsverb "werden (zu)", "machen, daß", kompositionelles Passiv/Faktitiv
드틀·에	드틀	Staub
소·사·나시·니	소사나-	steigen, aufsteigen emporsteigen
	솟-	(auf-)steigen, entspringen
	나-	hervorkommen

Vokabeln zu Strophe 108

이바·딜	이바디	Festessen, Festmahl, Bankett
머·구리·라	먹-	essen
	-우-	Infix -오/우- ("Volitiv") (Absicht des Handlungsträgers)
새·옴	새옴	das Neiden, das Eifersüchtigsein
	옴	Verbalnomen (Volitiv -오- + Nominalsator -ㅁ)
:낸·대	내-	hervorbringen
닐·웨·롤	닐웨	sieben Tage
	-ㄴ대	Konjunktionalform (kausal "weil", koordinativ "und", adversativ "aber", temporal "als", gibt allgemein eine Vorbedingung an)
·숨엣·더시·니	숨-	sich verstecken, sich verbergen
	-어	Konverbalform
	이시-/잇-	vorhanden sein, instabiler Verbstamm, hier: Hilfsverb)
	-엣-	perfektiver und durativer Aspekt

·ᄒᆞ·ᄉᆞ보·려		ᄒᆞ-	tun, machen
		-ᅀᆞᆸ-	Honorativ der Ergebenheit vor der Subjektperson
		-오-	Infix -오/우- ("Volitiv")
		-려	Konjunktionalform (Intensional: Absicht)
·즉卽 씨時·예	卽時	즉시	sofort, gleich, auf der Stelle
나·ᅀᅡ		낳-	vorwärts gehen, vorgehen, vorrücken

Vokabeln zu Strophe 109

쳔千·빅百·ᄒᆞᆨ億	千百億	천백억	1.000x100x 1(0(0)).000.000, Myriaden
·ᄒᆞᆨ億	億	억	Zahl, bez. 1.000.000, 10.000.000 oder 100.000.000
·변變·화化ㅣ·샤	變化	변화	Veränderung, Wechsel, Umwandlung[41]

---

41) hier aber als Hinweis auf den 化身 "Verwandlungskörper", Sk. *Nirmāṇa-kāya*: (釋迦牟尼千百億化身, *Śākyamuni*-im-Körper-der-Myriaden-Verwandlungen), eine der drei Manifestationsformen des Buddha, und zwar diejenige, die er zur Verbreitung der Lehre annimmt, vgl. auch No. 83, 88 und 97

		-이-	Prädikativ (Kopula)
		-샤	subjektehrender Honorativ -시- + Konverbalform 어
·졍正·똥道ㅣ	正道	졍도	rechter Weg, hier: buddhistischer Weg
노프·신·돌		높-	hoch sein, erhaben sein
:아·래		아래	früher, eher, ehemals,
브·터		브터	von ... an
		븥-	anhaften, anhängen
		-어	Konverbalform
:아·ᄉᆞ보·디		알-	wissen
제		저	Pronomen der 3. Person "er, sie, es", und Dritten gegenüber höflich als Pronomen der 1. Person "ich"
		-이	Genitiv (bei Lebewesen, ohne Höflichkeitsbezug, neutral)
		제	kontrahierte Form, vgl. 저의 in No. 30
:똥道:리理	道理	도리	hier wrtl. "Leitlinien seines Weges", "Grundrichtung seines Weges"
붓·그·리다·가		붓그리-	sich schämen, Scham empfinden

		-다가	Konjunktionalform (unmittelbar aufeinanderfolgende Handlungen: "und dann")
·뻠梵·지志	梵志	범지	Sk. *brahmacārin*, 1. junger Brahmane (Priesterkaste), 2. im weiteren Sinne: buddh. Asket
더·블·오		더블-	zusammenkommen, mitgehen, begleiten
		-오	Konjunktionalform (nebenordnend: "und") 고 > 오 nach ㄹ
·이		이	dies(-e,-er,-es)
머·리		머리	Kopf, Haar
:좃·스바·노		좃-	sich verneigen vor, sich tief verbeugen, ㅿ/ㅅ Verb

Vokabeln zu Strophe 110

:오五방方·애	五方	오방	fünf Richtungen, vier Himmelsrichtungen und die Mitte
:뵈·어시·놀		뵈-	zeigen, sehen lassen/machen
		-어-	Assertativ

		-시-	subjektehrender Honorativ
		-어시눌	Konjunktionalform (kausal: "da", oder konzessiv: "obwohl, selbst wenn") mit eingefügtem subjektehrendem Honorativ
·뻬比쭁丘ㅣ	比丘	비구	Sk. *Bhikṣu*, buddhistischer Mönch
:울·워슥·뱃더·니		울월-	hinaufschauen, emporblicken, verehren, ㄹ/∅-Verb
		-슿-	Honorativ der Ergebenheit vor der Subjektperson
		-아	Konverbalform
		이시-/잇-	vorhanden sein, instabiler Verbstamm, hier: Hilfsverb
		-앳-	durativer und perfektiver Aspekt (Zustand)
		-더-	Retrospektiv
도·라·오·샤		도라오-	zurückkommen
		돌-	sich drehen, kreisen
		-아	Konverbalform
		오-	kommen

삼三·씨示·현現	三示現	삼시현	"Drei Arten Offenbarung", Sk. *trīṇi prātihāryāṇi*[42]
라羅·한漢·이	羅漢	라한	Sk. *Arhat*, "Heiliger"[43]

Vokabeln zu Strophe 111

·듁竹원園·에	竹園	듁원	Bambuspark, Sk. *Veṇuvana*
뼝甁사沙ㅣ	甁沙	병사	Sk. *Bimbisā[ra]*, König von *Magadha*
·드·러		들-	(ein-)treten, (hinein-)gehen, -kommen
내		내	mein
		나	ich, Personal- pronomen 1. Person Singular
		-ㅣ	Genitiv (bei Lebe- wesen, ohne Höflichkeitsbezug, neutral)

---

42) 1. 身, d.h. körperlich, durch Wunder und Darstellungen über-
natürlicher Kräfte oder Gestaltveränderungen (神變)
2. 意, d.h. geistig, durch Erleuchtung und Gedächtniskraft
(記說)
3. 口, d.h. durch Sprache, durch Lehren und Gebote (敎誡)
43) ein Schüler, der bereits Befreiung vom Zustand des Ver-
haftetseins in den Drei Sphären erreicht hat; auch eine der
Bezeichnungen für den So-Gekommenen

·욕欲심心	欲心	욕심	begieriges Herz/Gemüt, Begierde, Verlangen, Gier
:업슰·돌		없-	nicht vorhanden sein
		-ㅭ	präsumptive Attributivform
		ᄃ	abhängiges Nomen (Sache, Ding, Ereignis, "etwas, das")
		-ㄹ	Akkusativ
하阿난難·이ᄃ·려	阿難	하난	Sk. *Ānanda*, Vetter des Buddha; des Buddhas erster Schűler und ständiger Begleiter
		-이	namens- und personen-kennzeichnendes Suffix
		-ᄃ려	Nebenform des Dativ in *statu nascendi* (-ᄃ려 > -더러)
		ᄃ리-	begleiten, Seite an Seite
		-어	Konverbalform

Vokabeln zu Strophe 112

마馬·싱勝·이	馬勝	마승	"Pferde-Bezwinger" bzw. "Abrichter", Sk. *Aśvajit*, einer der fünf Gefährten des Siddharta während dessen Askese-Zeit
·샤舍·리利·뿛弗	舍利佛	사리불	*Śāriputra*, Name eines der zehn bedeutenderen Schüler des Buddha (十大弟子)
·꼐偈·를	偈	게	Sk. *Gātha*, Lied, Verse, Strophen
들·여		들-	hören; instabiler Verbstamm ㄷ/ㄹ
		-이-	Faktitiv/Passiv
제		저	Pronomen der 3. Person "er, sie, es", und Dritten gegenüber höflich als Pronomen der 1. Person "ich"
		-ㅣ	Genitiv (bei Lebewesen, ohne Höflichkeitsbezug, neutral)
		제	kontrahierte Form, vgl. 저의 in No. 30
스승·을		스승	Lehrer, Meister

373

·곧		곧	gleich, sofort
닛·기ᄒ·니		닛-	vergessen
		-기	Adverben bildende Ableitung
		-기ᄒ-	machen, lassen; kompositioneller Faktitiv
·목目련連·이	目連	목련	*Maudgalyāyana*, Name eines weiteren der zehn bedeutenderen Schüler des Buddha (十大弟子)
·새		새	neu
모·다오·니		모다오-	sich (vor-, heran-) drängen, strömen, zusammenkommen
		몯-	sich versammeln
		오-	kommen

Vokabeln zu Strophe 113

成佛	成佛	성불	ein Buddha werden, die Buddhaschaft erringen
·그리·샤		그리-	sich sehnen, bewundern, verehren
홈優따陀야耶·롤	優陀耶	우타야	eigentlich 烏陀夷, Sk. *Udāyin*, oder 迦留陀夷

				Kālodāyin, "der schwarze Udāyin", ein Schüler des Buddha
솔·ᄫ라		솗-		berichten, sagen
		-라		Konjunktionalform (final: "um zu")
·브·리시·니		브리-		anstellen, veranlassen, zu tun geben
라羅·한漢		羅漢	나한	Sk. Arhat, "Heiliger" s. No. 10
돌아 보·내시·니			돌아보내-	wegschicken, fortschicken, zurückgeben
			돌-	sich drehen, umkreisen, rotieren
			돌아	Wegfall des Faktitiv 이 + Konverbalform; vgl. 도라
			보내-	senden, schicken

Vokabeln zu Strophe 114

:유무			유무	Nachrichten, Mitteilung, Brief
·첫			첫	erst
명盟·쎄誓		盟誓	맹서	Eid, Schwur, Gelübte

일·우리·라		일-	vollenden, durch-führen, erfüllen
		-우-	Infix -오/우- ("Volitiv")
ᄂᆞ·라 가·라·ᄒᆞ시·니		ᄂᆞ라가-	"fliegend gehen", sich beeilen
		날-	fliegen, instabiler Verbstamm ㄹ/∅
·되對·답答	對答	대답	Antwort, Erwiderung
:잃·돌		일-	s.o.
:말쏨ᄒᆞ시니		말쏨ᄒᆞ-	sprechen, reden; Honorativ-Form

Vokabeln zu Strophe 115

·과過·겁劫·에	過劫	과겁	vergangenes *Kalpa*, vergangenes Äon
	過	과	vergehen, vorüber sein, vergangen sein
·이제ᅀᅡ		이제ᅀᅡ	jetzt erst, jetzt endlich
		이제	jetzt
		-ᅀᅡ	qualifizierende Partikel (Hervor-hebung der Be-sonderheit) "erst nachdem, lediglich, allerdings nur"

일·우샨·둘	일-	vervollkommen, erlangen
	-우-	Faktitiv/Passiv
	-샤	subjektehrender Honorativ -시- + Konverbalform (Assimilation)
	-ㄴ	Attributivform des Verbs
	드	abhängiges Nomen (Sache, Ding, Ereignis, "etwas, das")
	-ㄹ	Akkusativ
·열:두·힐	열두히	12 Jahre
	히	Jahr
·그·리다·가	그리-	sehnen, denken an
	-다가	Konjunktionalform (unmittelbar aufeinanderfolgende Handlungen "und dann")
오·눌·싸	오눌싸	heute endlich, erst heute
드르·샨·둘	들-	hören; instabiler Verbstamm ㄷ/ㄹ
	-으-	Bindevokal
	-샤	subjektehrender Honorativ -시- + Konverbalform (Assimilation)
	-ㄴ	Attributivform des Verbs

		ᄃᆞ	abhängiges Nomen (Sache, Ding, Ereignis, "etwas, das")
		-ᄅ	Akkusativ

Vokabeln zu Strophe 116

·소ᇹ少씨時·ᄊᆞ事	少時事	소시사	Ereignisse aus der Jugendzeit
	少時	소시	Jugendzeit
	少	소	wenig, kurze Zeit, jung
	事	사	Angelegenheit, Ereignis, Sachverhalt, Dinge
금今·ᅀᅵᇙ日·ᄊᆞ事	今日事	금일사	Ereignisse von heute, ...heutzutage
	今日	금일	heutzutage
	今	금	jetzt, heute

Vokabeln zu Strophe 117

비ᇫ·이샤·ᄃᆡ		비ᇫ이-	schminken, schmücken
		-이-	Faktitiv/Passiv
		-시-	subjektehrender Honorativ

		-오디	Konjunktionalform: 1) verbindet eine allgemeinere Aussage mit detaillierteren Ausführungen; 2.) leitet direkte oder indirekte Reden ein
:금錦·슈繡	錦繡	금수	Brokat
	錦	금	Seidenstoff, Seide
	繡	수	Stickerei
쇼·ㅎ		숗	Sitz-, Liegekissen, Matratze
:봄寶쌍床	寶床	보상	mit Edelsteinen verzierter Tisch
	床	상	Tisch, Eßtisch, hölzerne Schlafstelle
가袈사裟·롤	袈裟	가사	Sk. *kaṣāya*, Körperrobe des budd. Priesters

Vokabeln zu Strophe 118

딘珍슈羞·쎵盛:쫜饌	珍羞盛饌	진수성찬	kostbare Speisen in reichlicher Auswahl
	珍	진	Kostbarkeit, Köstlichkeit
	羞	수	Speise, Essen

	盛	셩	reichlich sein, großartig sein, prächtig sein
	饌	찬	Zuspeise, Zukost, Nebengericht
·맛:내		맛	Geschmack
		맛나-	köstlich sein, schmackhaft sein,
		-이	Adverben bildende Ableitung
:좌시·며		좌시-	essen, verzehren (honoratives Verb)
·좀·자싫		좀	Schlaf
		좀자-	schlafen
·제		제	Assimilation aus dem abhängigen Nomen 적 ("Zeit") und Lokativ 에 "als, wenn"
ᄀ·바·숩더·니		ᄀ바-	zusammen tun, etwas teilen, begleiten,
띠持·밣鉢·큻乞·씩食	持鉢乞食	지발걸식	mit der Schale Essen betteln, Almosen sammeln
	持	지	bei sich haben, tragen, halten
	鉢	발	Schale, Sk. *Pātra*
	乞食ᄒ-	걸식	betteln, um Almosen bitten
삼三·미昧·뗭定·에	三昧定	삼매정	Fixierung bzw. Konzentration der *Samādhi*

	三昧	삼매	Sk. *Samādhi*, Versenkung, Meditation
	定	정	festmachen
·셕釋·뻠梵·이	釋梵	셕범	*Śākra* und *Brahmā*
	釋	셕	*Śākra*
	梵	범	*Brahmā*

Vokabeln zu Strophe 119

·쑤뮨		쑤미-	verzieren, ausschmücken
		-우-	Faktitiv/Passiv
술·위·예		술위	Fuhrwerk, Wagen
:메더·니		메-	ins Joch spannen, aufziehen, tragen
바·사		밧-	ausziehen, abnehmen
:매		매	wie, wieviel
알프·시리		알프-	wehtun, schmerzen
:오五통通	五通	오통	Fünf Übernatürliche Fähigkeiten, Sk. *Pañca-abhijñā*, s. No. 81
메·윤		메-	ins Joch spannen
		-에우-	Faktitiv/Passiv
마·곤		막-	versperren, hindern, blockieren, abhalten von etw.
·길		길	Weg
머·흘·면		머흘-	steil sein (Weg)

Vokabeln zu Strophe 120

:고·븅시·고	고븅-	schön sein, hübsch sein, fein sein
쳔쳔·ᄒ·더시·니	쳔쳔ᄒ-	erhaben sein, würdevoll sein,
갓ᄀ·시·고	갓ᄀ-	scheren, rasieren
누·비·옷	누비옷	wattierte, gesteppte Kleidung
니브·샤	닙-	ankleiden, anziehen
붓·그료·미	붓그리-	sich schämen,
	-옴	Verbalnomen (Volitiv -오- + Nominalsator -ㅁ)
:엇뎨	엇뎨	warum, wieso
:업·스신·가	없-	nicht vorhanden sein
	-시-	subjektehrender Honorativ
	-ㄴ가	Frageendung (Entscheidungsfrage: "Ja/Nein")

Vokabeln zu Strophe 121

므슴·ᄋ·란	므슴	Herz
	-ᄋ란	emphatische qualifizierende Partikel (Thema, kontrastierende Hervorhebung)

닷·고	닭-	pflegen, vervollkommnen, ausbilden
·이롤·사	이	dies(-e,-er,-es), Demonstrativpronomen
	-롤	Akkusativ
	-사	qualifizierende Partikel (Hervorhebung der Besonderheit) "erst nachdem, lediglich, allerdings nur"
붓·그·리다·니	붓그리-	sich schämen
	-다니	= -다 ᄒᆞ니, Quotativ, hier: rhetorische Frage, vgl. No. 140
·현마	현마	wieviel, wie lange, wie weit, Fragepronomen
·수며·도	수미-	schmücken, verzieren
	-어	Konverbalform
	-도	qualifizierende Partikel (subsumierende Hervorhebung) "auch, sogar"
	-어도	Konjunktionalform "selbst wenn, auch wenn"
:됴타	둏-	gut, schön sein,

·호·리잇·가		ㅎ-	Hilfsverb, hier: Quotativ
		-오-	Infix -오/우- ("Volitiv")
		-리-	Präsumptiv
		-이-	Verbindlichkeit gegenüber dem Hörer.
		-ㅅ가	Frageendung (Entscheidungsfrage: "Ja/Nein")
·오시·아		옷	Kleidung
		-이	Nominativ
		-아	qualifizierende Partikel (Hervorhebung der Besonderheit) "erst nachdem, lediglich, allerdings nur"
진眞·쏠實ㅅ	眞實	진실	Wahrheit und Wirklichkeit

Vokabeln zu Strophe 122

금金은銀	金銀	금은	Gold und Silber
그·르·세		그릇	Geschirr, Behälter, Schüssel
담·온		담-	füllen, hineintun,
		-오-	Infix -오/우- ("Volitiv")

:죵種:죵種	種種	죵죵	verschiedene (mehrere) Arten, Vielerei
	種	죵	Art, Sorte, Gattung
·차·반		차반	Speise, Essen mit vielen Beilagen
·이러·니		-이-	Prädikativ (Kopula)
		-러-	Retrospektiv -더- > -러- nach dem Prädikativ
비·론		빌-	betteln
·바·볼		밥	gekochter Reis
·마·시 드외·야		맛	Geschmack
		드외-	werden
니·조·디		닞-	vergessen
먹·노이·다		먹-	essen
		-노-	< Indikativ ᄂ + Infix -오/우- ("Volitiv")
		-이-	Verbindlichkeit gegenüber dem Hörer.

Vokabeln zu Strophe 123

삼三씨時·뎐殿	三時殿	삼시뎐	3-Jahreszeiten-Palast, ganzjährig bewohnbar[44]

---

44) nach dem indischen Kalender mit drei Jahreszeiten

	時	시	Zeit, Jahreszeit
:치媞:녀女ㅣ	媞女	채녀	Hofdame
조:쫍더니		좇-	folgen, nachfolgen, gehorchen, sich unterwerfen
심深·곡谷심深산山·애	深谷深山	심곡심산	tiefe Täler und tiefe Berge
:언·마		언마	wie (viel, hoch, schwer...), Fragepronomen
저프·거시·뇨		저프-	ängstlich sein, sich fürchten
		젛-	sich fürchten, ängstigen
		-브-	Ableitungs-morphem: Bildner von Eigenschafts-verben
주·굼		죽-	sterben
		-움	Verbalnomen (= Volitiv -우- + Nominalsator -ㅁ)
사·로·몰		살-	leben
		-옴	Verbalnomen (= Volitiv -오- + Nominalsator -ㅁ)
더·라		덜-	mindern, ver-ringern, reduzieren
		-아	Konverbalform, un-regelhaft, eigtl. -어
시·름·이		시름	Schwermut, Düsterkeit, Kummer

:업거니	없-		nicht vorhanden sein, ㅅ-Fortfall bei ㅄ-Verben vor Konsonanten
	-거-		Assertativ
어·느	어느		wie; welch-, was; Fragepronomen
이시·리잇·고	이시-/잇-		vorhanden sein, instabiler Verbstamm
	-이-		Verbindlichkeit gegenüber dem Hörer
	-ㅅ고		Frageendung (materielle Frage: Satz mit Fragepronomen)

Vokabeln zu Strophe 124

향香:쉬水·예·목沐·욕浴·더시·니	香水	향수	Duftwasser baden; das Hilfsverb ᄒ- ist unregelhaft ausgelassen worden
:훃草·목木·서리·예	草木	초목 서리	Gräser und Bäume Zwischenraum; zwischen
:겨·샤		겨시-	vorhanden sein (honoratives Verb)
므·슴		무슴	welcher, was, wie,

·뼈		뼈	Schmutz, Dreck
시스·시는·가		싯- -ㄴ가	waschen, Frageendung (Entscheidungsfrage: "Ja/Nein")
삼三·똑毒·이	三毒	삼독	Drei Gifte: Begierde, Ärger und Torheit
:업·사		-아	Konverbalform, (unregelhaft, eigtl. -어)
·쾌快·락樂·이	快樂	쾌락	Freuden, Verlustigung, Vergnügung
	快	쾌	sich erfreuen an, froh sein
	樂	락	sich erfreuen an
:ᄀᆞᆺ		ᄀᆞᆺ	Grenze, Ende, Rand

Vokabeln zu Strophe 125

:ᄌᆞ子·식息·울	子息	자식	Kinder, Nachwuchs
:ᄃᆞᆺ·샤		ᄃᆞᆺ-	lieben, schätzen
졍正·법法	正法	정법	der Rechte *Dharma*, das Rechte Lehrgesetz
·셰世간間ㅅ	世間	세간	Welt, hier: die irdische Welt, das Diesseits
드틀·을		드틀	Staub

가·줄·벼		가줄비-	vergleichen, gegenüberstellen
삼三·개界	三界	삼계	"die drei Welten", drei Sphären, in denen die Lebewesen verweilen[45]
·육肉신身	肉身	육신	fleischlicher, physischer Körper
므·슴·만		므슴	was, wie, welcher, Fragepronomen
		-만	qualifizierende Partikel (einschränkende Hervorhebung) "nur"

Vokabeln zu Strophe 126

똥調·딿達·이	調達	조달	Sk. D*evadatta*, Vetter des Buddha, vgl. No. 39
·셩性·이	性	셩	innere Natur, Charakter, Gemütsart
:모딜·씨		모딜-	hartherzig sein, verrucht sein, unbarmherzig sein

---

[45] die Sphären 1.) der Sinnlichkeit und Begierden, 2.) die der Form, und 3.) die formlose Welt reinen Geistes, Sk. *Trayo dhātavaḥ, Trailokya*

허虛콩空·애	虛空	허공	Luft, Himmel, Leere, der leere Raum
거·러		걷-	gehen, laufen; instabiler Verbstamm ㄷ/ㄹ
	년·글	녀/녀느	der (die, das) Andere; unregelmäßiges Nomen: Fortfall des Vokalauslautes und Einfügung von -ㄱ
·ᄀ티		ᄀ티	wie, gleich wie, in gleicher Weise
		곧ᄒ-	derselbe sein, gleich, ähnlich sein;
		-이	Adverben bildende Ableitung
거·름		거름	Schritt (deverbales Nomen)
		걷-	gehen, instabiler Verbstamm ㄷ/ㄹ
		-으-	Bindevokal
		-ㅁ	Nominalsator
:본本릭來ㅅ	本來	본래	von Anfang an, ursprünglich, eigentlich
나·도		나	ich
		-도	qualifizierende Partikel (subsumierende Hervorhebung), "und auch"

| ·슐術·을 | 術 | 슐 | Zauberkunst, Magie, Technik |

Vokabeln zu Strophe 127

화花향香·이	花香	화향	Blumenduft
그		그	dies(-e,-er,-es), dies(-e,-er,-es) da, Demonstrativpronomen
·낤		날	Tag
		ㅅ	Genitiv (1. bei unbelebten Dingen, 2. bei Lebewesen: honorativ)
장莊엄嚴·을	莊嚴	장엄	Erhabenheit, Herrlichkeit
:다		다	alle
코枯슈樹·에	枯樹	고수	trockener Baum
	枯	고	trocken sein
여·름		여름	Frucht (deverbales Nomen)
		열-	reifen
		-으-	Bindevokal
		-ㅁ	Nominalsator
:열·며		열-	reifen, Frucht tragen
·갏竭쳔川·에	竭川	갈천	ausgetrockneter Fluß
	竭	갈	austrocknen

391

:쉼·이 쉼 Quelle, Brunnen

Vokabeln zu Strophe 128

아·돌:님		아돌	Sohn
		-님	Honorativ, "Herr"
·반가·비		반갑-	sich freuen, froh, erfreulich, p/W-Verb
		-이	Adverben bildende Ableitung
은恩·이愛	恩愛	은애	Liebe (eines Kindes, der Eltern, zwischen Eheleuten)
	恩	은	Gnade, Gunst, Wohltat
·경敬·심心·이	敬心	경심	Verehrung, Ehrerbietung,
오·ᄋ·더시·니		오올-	vollkommen sein, vollständig sein; ㄹ/0 - Verb
·변變·화化·롤	變化	변화	Veränderung, Wechsel, Transformation, vgl. No. 109
무無·쌍上	無上	무상	allerhöchst, allerbest, unübertrefflich

:똉道:리理·예	道理	도리	hier wrtl. "Leitlinien, Grundrichtung des (Rechten) Weges"
·벓發심心·ㅎ시·니	發心	발심	das Fassen des Entschlusses [die Buddhaschaft anzustreben],

Vokabeln zu Strophe 129

:말씀		말씀	Wort, Rede; (Honorativ-Form)
·취出·령令·으·로	出令	취령	Befehl, Anordnung erlassen
:겨집·돌·토		겨집	Frau
		-둘	Pluralsuffix; ㅎ-auslautendes Nomen
		-도	qualifizierende Partikel (subsumierende Hervorhebung)
·법法:안眼·올	法眼	법안	*Dharma*-Auge, Sk. *dharma-cakṣus*, "Auge für die Lehre", *Dharma*-Einsicht, *Dharma*-Urteilsvermögen
:즁·을		즁	Benehmen, Verhalten; Handlung

| :긔·걸·로 | | 긔걸 | Anordnung, Befehl |
| 사沙몬門·이 | 沙門 | 사문 | Sk. *Śramaṇa*, Einer, der seine familiären Bindungen gelöst hat, Enthaltsamer, Asket, hier: buddh. Mönch |

Vokabeln zu Strophe 130

뚱調·땋達·인	調達	조달	*Devadatta*, s. No. 39
곳·갈·올 밧·고		곳갈 밧-	Mönchshaube ausziehen, abnehmen
:오五역逆	五逆	오역	die Fünf (schweren) Verfehlungen, hier abweichend: die ″5 unverzeihlichen Verfehlungen des *Devadatta*″:46)

---

46) 1. er störte die Harmonie der Gemeinschaft und versuchte sie zu spalten und sich an die Spitze einer Partei zu setzen
   2. er verletzte den *Śākyamuni* mit einem Stein beim Versuch, ihn zu töten
   3. er befahl, einen Elephanten auf den Buddha loszulassen
   4. er tötete eine Nonne
   5. er vergiftete seinen Fingernagel, um den Buddha bei der Begrüßung zu töten

계·와		계오-	nicht besiegen können, nicht überwinden können
하阿·삐鼻·띠地·옥獄·애			
	阿鼻地獄	아비지옥	*Avīci*-Hölle, Sk. *Avīci naraka*, "Hölle ohne Erlösung", d.h. ununterbrochenen Leidens, unterste der "acht heißen Höllen"
홰和리離·ㄴ	和離	화리	(?) Verwandter, Freund, Diener oder Schüler von *Devadatta* (?瞿伽離 *Kokālika, Gokālī, Kokālī*), vgl. aber die chin. Zeichen des Namens
	和	화	Friede
	離	리	sich entfernen; entfernt sein
·샤舍·리利·붏弗	舍利弗	사리불	*Śāriputra*, Name eines der zehn bedeutenderen Schüler des Buddha (十大弟子)
킈欺·롱弄·ㅎ·야	欺弄	기롱	Hohn, Spott; lächerlich machen, bespötteln
	欺	기	betrügen, Betrug

련蓮화花·따地·옥獄·애	弄	농	Scherz, Spaß
	蓮花地獄	련화지옥	Lotus-Hölle, Sk. *puṇḍḍarikā naraka*, unterste der "acht Eis-Höllen"

Vokabeln zu Strophe 131

·휘慰·롱勞·를	慰勞	위로	Trost
·목目련連·이	目連	목련	*Maudgalyāyana*, einer der zehn bedeutenderen Schüler des Buddha (十大弟子)
잇·부·미		잇붐	Mühseligkeit, Quälerei, Qual
		잇브-	ermüden, schwer tun, sich quälen
		-움	Verbalnomen (= Volitiv -우- + Nominalsator -ㅁ)
한安·븅否·를	安否	안부	Befinden, Gesundheitszustand, wörtl: Wohl- oder Un[wohlsein]
물·여시·놀		묻-	fragen; instabiler Verbstamm ㄷ/ㄹ
		-이-	Faktitiv/Passiv
		-어-	Assertativ
		-시-	subjektehrender Honorativ

			-어시눌	Konjunktionalform (kausal: "da", oder konzessiv: "obwohl, selbst wenn") mit eingefügtem subjektehrendem Honorativ
삼三쎤禪텬天 · 에		三禪天	삼선천	der 3. von vier *dhyāna*-Himmeln, der Sphäre der Form
· 즐거 · 봄			즐거봄	Freude, Vergnügung
			즐겁-	fröhlich sein, lustig sein, glücklich sein p/W-Verb

Vokabeln zu Strophe 132

		나-	hervor-, heraus-, hinausgehen, -kommen; geboren werden
나 · 고 · 져			
		-고져 식브-	kompositionelle Optativform: wünschen, vorhaben zu tun, vgl. 고져 ㅎ-
식브 · 녀		식브-	möchten, wünschen
		-녀	Frageendung; neutraler Sprachstil

하阿난難·일	阿難	아난	Sk. *Ānanda*, Vetter des historischen Buddha, einer der zehn bedeutenderen Schüler des Buddha (十大弟子), des Buddhas erster Schüler und ständiger Begleiter
		일	namens- und personenkenn-zeichnendes -이 + Akkusativ -ㄹ
·브·리신·대		브리-	anstellen, gebrauchen, beschäftigen
		-ㄴ대	Konjunktionalform (kausal "weil", koordinativ "und", adversativ "aber", temporal "als", gibt allgemein eine Vorbedingung an)
:나·리이·다		나-	hervor-, heraus-, hinausgehen, -kommen; geboren werden
		-∅	Assimilation des Infix -오/우- ("Volitiv") (! Seitenpunkte: ·나- 〉 :나-)

	-리-	Präsumptiv (Anschluß an den Volitiv...)
	-이다	dem Hörer gegenüber verbindliche Deklarativendung
	-오+리이다	Absicht des Handlungsträgers
·오·시리·오	오-	kommen
	-시-	subjektehrender Honorativ
	-리-	Praesumptiv
	-오	< 고; Frageendung (materielle Frage: Satz mit Fragepronomen
이·쇼리·라	이시-/잇-	vorhanden sein, instabiler Verbstamm
	-오-	Infix -오/우- ("Volitiv")
	-리-	Präsumptiv
	-라	Deklarativ

Vokabeln zu Strophe 133

·눔		눔	die Andere
·위爲혼	爲	위ᄒ-	machen, handeln, für, wegen
므슴·은		-은	qualifizierende

399

·먼萬·복福·이	萬福	만복	Partikel, (Thema, kontrastierende Hervorhebung) zehntausendfaches Glück, Segen
몯ᄂ·니		몯-	(sich) versammeln, sammeln
끼耆빠婆:둏鳥·이	耆婆鳥	기파조	Sk. *Jīva*-Vogel, zweiköpfiges Fabelwesen
몬·졈		몬졈	?? 〉먼저 zuerst, vorab
머·근		먹-	essen
		몬졈 먹-	?? 〉"zuerst essen" = nur an sich denken. Evtl. kann auch eine Ableitung von 滿 "voll, füllen, (Zahl) vollmachen" zugrunde liegen
:모딘		모딜-	böse sein, unbarmherzig sein, instabiler Verbstamm ㄹ/∅

Vokabeln zu Strophe 134

어·울오·도	어울-	(sich) vereinen, gemeinsam sein oder handeln

	-오	<-고 Konjunktionalform (nebenordnend: "und"), ㄱ-Fortfall nach ㄹ
	-도	qualifizierende Partikel (subsumierende Hervorhebung) "auch, sogar"
	-오도-	< 고도, Konjunktionalform (konzessiv: "obwohl"), ㄱ-Fortfall nach ㄹ
제여 · 고밀 · 씨	제여곰	getrennt, einzeln, jeder
	-곰	qualifizierende Partikel "jeder, je, Stück für Stück"
	-이-	Prädikativ (Kopula)
	-ㄹ씨	Konjunktionalform (kausal: "da, weil")
머 · 굼 · 도	먹-	essen, speisen;
	-움	Verbalnomen (= Volitiv -우- + Nominalsator -ㅁ)
	-도	qualifizierende Partikel (subsumierende Hervorhebung) "auch, sogar"

	ᄆᆞᅀᆞᆷ 먹-	sich entschließen, beabsichtigen
제여·고·미러·니	제여곰	jeder, getrennt
	-이러니	Prädikativ (Kopula) + 더 + 니
:둘·히라·도	둟	zwei; ㅎ-auslautendes Nomen
	-이	Prädikativ (Kopula)
	-라도	Konjunktionalform (konzessiv: "obwohl", "selbst wenn")
·비블·옴·도	비브르-	satt sein, voll sein, satt werden
	-옴	Verbalnomen (= Volitiv 오 + Nominalsator -ㅁ)
ᄒᆞᆫ가·지러·니	ᄒᆞᆫ가지	der-(die-,das-)selbe, gleich

Vokabeln zu Strophe 135

·자거·늘	자-	schlafen
ᄀᆞ·뱌이·샤	ᄀᆞᆲ보-	vgl. in Nr. 118: Seite an Seite sein, zusammen sein, begleiten, hier aber – dem Kontext nach- 곱- "wach sein"? (vgl. 깨우-)
	-아	Konverbalform
	-이시-/잇-	vorhanden sein,

	-아이시-/잇-	perfektiver und durativer Aspekt (Zustand)
	-아	Konverbalform
자·라·ᄒ·야	자-	schlafen
	-라	Aufforderungs-/ Befehlsform (Imperativ)
	-라ᄒ-	Quotativ
저·도	저	Pronomen der 3. Person "er, sie, es", und Dritten gegenüber höflich als Pronomen der 1. Person "ich"
ᄀ·뱌이·셔		= ᄀ·뱌이·샤, s.o.

Vokabeln zu Strophe 136

일·훔·이		일훔	Name
가迦:룸嘍따茶	迦嘍茶	가루다	Sk. *Garuḍa*, der "gute Kopf" des *Jīva*-Vogels
ㅣ러·니		-이-	Prädikativ (Kopula)
		-러-	Retrospektiv -더- > -러- nach dem Prädikativ
·이		이	dies(-e,-er,-es),
넉·시·러시·니		넋	Geist, Seele (eines Verstorbenen)

403

훕優삐婆가迦:릉嘍따茶優婆迦嘍茶 우파가루다			Sk. *Upagaruḍa*, der "böse Kopf" des *Jīva*-Vogels
·뎌		뎌	dies(-e,-er,-es) dort, Demonstrativpronomen

Vokabeln zu Strophe 137

종宗친親ㅅ	宗親	종친	Clan-Verwandschaft, s. No. 23
알·피		앒	vor, vorne, zum Anfang
련蓮ㅅ	蓮	연	Lotus
·귁國신人	國人	국인	Leute des Landes, Bevölkerung, Volk
	國	국	Land, Staat
	人	인	Mensch
의疑심心·이	疑心	의심	zweifelndes Herz, Zweifel, Bedenken, Mißtrauen, Verdacht
ᄒ·마		ᄒ마	schon, vorher,
:업·서니·와		없-	nicht vorhanden sein
		-어니와	< 거니와 Konjunktionalform (konzessiv "zwar.... aber darüberhinaus")

아·라·보실·씨		아라보-	ermitteln, sich erkundigen
더·욱		더욱	mehr
:업스·니이·다		없-	nicht vorhanden sein
		-으-	Bindevokal

Vokabeln zu Strophe 138

:유무·ᄒ·샤		유무ᄒ-	benachrichten, mitteilen, eine Nachricht schicken
라羅운雲·이·롤	羅雲	라운	Sk. *Rāhula*, Buddhas Sohn, einer der zehn bedeutenderen Schüler des Buddha (十大弟子)
		-이	namens- und personen- kennzeichnendes Suffix
:모·디		모디	unbedingt
보·내·라		보내-	schicken, senden
		-라	Aufforderungs-/ Befehlsform (Imperativ)
기·피		깊-	tief sein
ᄀ·초시·니		ᄀ초-	verbergen, verstecken,

405

Vokabeln zu Strophe 139

:윙永·셰世	永世	영세	ewige Welten, ewige Zeiten
·쾌快·락樂·올	快樂	쾌락	Freude
ᄀ·쟝		ᄀ쟝	äußerst, höchst, meist
:먼		멀-	fern, weit, instabiler Verbstamm ㄹ/∅
		먼	in ferner Zukunft, zukünftig
:혜·미		혜-	erwägen, erraten, zählen, kalkulieren
		-ㅁ	Nominalisierung
·잃一싱生		일생	ein Leben, ganzes Leben
:셜본		셟-	traurig sein, schmerzerfüllt sein, betrübt sein

Vokabeln zu Strophe 140

쳬妻·권眷·이	妻眷	처권	Ehefrau
	妻	처	Ehefrau
	眷	권	für jdn. sorgen, Verwandschaft
하·눌·곹		하눌	Himmel
		-곹	der selbe sein, gleich sein, ähnlich sein

셤·기·ᄉᆞᆸ다·니		셤기-	(hier ist der Verbstamm 곤- ohne weitere Endung adverbial) dienen; achten respektieren
		-다니	< -다 ᄒᆞ니, Quotativ, hier: emphatische Konjunktionalform, vgl. No. 121
·차		ᄎᆞ-	erfüllt sein, voll werden, reichen, fällig werden
·셰世간間	世間	세간	die irdische Welt, das Diesseits
돌·아		돌-	sich drehen, kreisen
		-아	Konverbalform
		돌아	Wegfall des Faktitiv 이 + Konverbalform; vgl. 도라
명盟·쎄誓·로	盟誓	맹서	Eid, Schwur, Gelöbnis
알·외샤·ᄃᆡ		알외-	sagen, mitteilen, erzählen
		-샤ᄃᆡ	<subjektehrender Honorativ -시- + -오ᄃᆡ
		-오ᄃᆡ	Konjunktionalform: 1) verbindet eine allgemeinere

도·라		돌-	Aussage mit detaillierteren Ausführungen; 2.) leitet direkte oder indirekte Reden ein sich drehen, kreisen
		-아	Konverbalform
:오려·ᄒᆞ시·니		오-	kommen
		-∅	Assimilation des Volitiv (! Seitenpunkte: ·오- > :오-)
		-려	Konjunktionalform (Intensional: Absicht)
		-오/우려ᄒᆞ-	kompositioneller Ausdruck der Absicht

Vokabeln zu Strophe 141

·록鹿삐皮	鹿皮	록피	Reh-, Hirschhaut, Reh-, Hirschfell
	皮	피	Haut, Leder, Fell
묏:골·애		묏골	Bergtal
		뫼	Berg
		골	Tal
도·라·오샤·디		도라오-	zurückkommen

		-샤디	< subjektehrender Honorativ -시- + -오디
		-오디	Konjunktionalform: 1) verbindet eine allgemeinere Aussage mit detaillierteren Ausführungen; 2.) leitet direkte oder indirekte Reden ein
은恩·혜蕙·를	恩蕙	은혜	Wohltat, Gunst, Freundlichkeit, Dankbarkeit
친親:끈近·히	親近	친근히	vertraut, innig
	親近	친근	Vertrautheit, Innigkeit
		-히	Hilfsverb ᄒ- + Adverben bildende Ableitung -이
·로路신人·올	路人	로인	Leute auf den Wegen, Vorüberziehende, Unbekannte
·ᄀ티		ᄀ티	wie, gleich wie

Vokabeln zu Strophe 142

어버·싀		어버·싀 Eltern

여·희슣·고	여희-	verlieren, fortschicken, verlassen
브·터	븥-	anhaften, feststecken, kleben
	-어	Konverbalform
이·쇼·딕	이시-/잇-	vorhanden sein, instabiler Verbstamm
	-오딕	Konjunktionalform: 1) verbindet eine allgemeinere Aussage mit detaillierteren Ausführungen; 2.) leitet direkte oder indirekte Reden ein
어·싀	어싀	Mutter; da hier die Mutter des *Rāhula* selber klagt, entspricht dies einem unpersönlichen "ich"
:입·게	입-	nicht ein noch aus wissen, nicht mehr weiter wissen
:사·노이·다	살-	leben, instabiler Verbstamm ㄹ/∅
	-노-	Indikativ -ᄂ- + emphatisches -오/옷-

·즐기·리잇·가	즐기-	genießen
	-리-	Präsumptiv
	-이-	Verbindlichkeit gegenüber dem Hörer
	-ㅅ가	Frageendung (Entscheidungsfrage: "Ja/Nein")
주·구·믈	죽-	sterben
	-움	Verbalnomen (= Volitiv -우- + Nominalsator -ㅁ)
기·드·리노·니	기드리-	erwarten, hoffen; warten, abwarten
목:숨	목숨	Leben, Schicksal
·므거·버	므겁-	schwer sein, bedrückend sein, hartnäckig sein, p/W-Verb
·손소	손소	mit eigener Hand

Vokabeln zu Strophe 143

:셟·고	셟-	traurig sein, schmerzerfüllt sein, betrübt sein
:애·받븐	애받-	herzzerreißend, jammervoll sein
·쁘디·여	뜯	Sinn, Gedanke, Wunsch, Ziel, Hoffnung

		-이-	Prädikativ (Kopula)
		-여	Konverbalform
		-이여	interjektive Endung, Ausruf
:누·를		누	wer, Fragepronomen
		-를	Akkusativ
가·줄빓·가		가줄비-	vergleichen
:사룸·이라·도		사룸	Mensch
		-이라도	Konjunktionalform (konzessiv: "obwohl")
즁싱·만	衆生	즁싱	die Schar der Lebewesen, alle Geschöpfe
		-만	qualifizierende Partikel (einschränkende Hervorhebung) "nur"
:몯 ·호이·다		몯-	Verneinung des nachstehenden Verbums ("nicht möglich sein", "unfähig, etw. zu tun sein")
		ᄒ-	Hilfsverb
		-오-	Infix -오/우- ("Volitiv")
사·로·미		살-	leben
		-옴	Verbalnomen (= Volitiv 오 + Nominalsator -ㅁ)

·이·러커·늘·아	이러ᄒ-	wie dies sein
	-거-	Assertativ
	-거늘	Konjunktionalform (kausal: "da", oder konzessiv: "obwohl, selbst wenn")
:셜ᄫᅮ·미	셟-	traurig sein
	-움	Verbalnomen (= Volitiv -우- + Nominalsator -ㅁ)
·이·러ᄒᆞᆯ·쎠	이러ᄒ-	wie dies sein
	-ㄹ쎠	-ㅭ시 + 어 Interjektive Endung; Präsumptiv ㅭ > ㄼ + Nominalisator ㅅ + Prädikativ -이- + Konverbalform어

Vokabeln zu Strophe 144

:잀	일	Angelegenheit, Ereignis, Sache
	-ㅅ	Genitiv (1. bei unbelebten Dingen, 2. bei Lebewesen: honorativ)
듕中·에	中	즁 Mitte
		즁에 von, unter, in, zwischen

413

리離·뼖別·이	離別	이별	Trennung, Abschied
·씸甚ᄒ·니	甚	심ᄒ-	groß sein, heftig sein, bitter sein
:엇던·고		엇더ᄒ-	wie, was (Kurzform wird ohne Hilfverb gebildet)
		-ㄴ고	Frageendung (materielle Frage: Satz mit Fragepronomen)
·이런		이러ᄒ-	so, so ein, solcher, derartig, wie dies (Kurzform, s.o.)
		-ㄴ	Attributivform
ᄍᆞ慈비悲	慈悲	자비	Barmherzigkeit
어·늬신·고		어느	wie; welch-, was; Fragepronomen
		이시-/잇-	vorhanden sein, instabiler Verbstamm
		-ㄴ고	s. o.

Vokabeln zu Strophe 145

·쪙淨·뻔飯왕王	淨飯王	정반왕	König "Reine-Reisspeise", Sk. *Śuddhodana,*

·때大·히愛:똥道ㅣ	大愛道	대애도	König von *Kapila-Vastu*, Buddha's Vater "Die-auf-dem-Weg-der-großen-Liebe", Sk. *Mahāprajāpatī*, Schwester der Mutter des Buddha und seine Ziehmutter nach deren Tod
순·직		순직	immer noch, noch, eher, im Gegenteil
구·틔여		구틔-	erpressen, erzwingen,
·뒷·더시·니		두-	stellen, legen, setzen
·화化신人·이	化人	화인	Verwandlungsmensch, ein Buddha, der sich in eine menschliche Gestalt verwandelt hat, Sk. *nirmitaka*
	化	화	Verwandlung,
고·대		곧	sofort, gleich, auf der Stelle

Vokabeln zu Strophe 146

깃·교리·라		졎-	sich freuen,

			-이	Faktitiv/Passiv
			-오/우+리라	Absicht des Handlungsträgers
쉰			쉰	fünfzig
아·히			아히	Kind, Abkömmling,
:뿌父왕王ㅅ		父王	부왕	väterlicher König, König Vater, der Vater und König
:쎤善심心·이		善心	선심	gutes Herz, Gemüt
굴·외·어시·눌			굴외-	einbrechen, überfallen, sich widersetzen, Unfug treiben
			-어-	Assertativ
			-시-	subjektehrender Honorativ
			-어시눌	Konjunktionalform (kausal: "da", oder konzessiv: "obwohl, selbst wenn") mit eingefügtem subjektehrendem Honorativ
다·시			다시	wieder, noch einmal
·쎯說·법法		說法	설법	Darlegung des Dharma, Predigt
			설법ㅎ-	predigen, erklären
쯩慈심心·이		慈心	자심	erbarmungsvolles Herz

Vokabeln zu Strophe 147

가迦·셥葉·의	迦葉	가섭	Sk. *Kāśyapa*, häufiger Familienname, hier kurz für Sk. *Mahā-Kāśyapa*, Name eines der zehn bedeutenderen Schüler des Buddha (十大弟子)[47]
허虛콩空·이	虛空	허공	Leere, leerer Raum, Luft, Himmel
:말·로		말	Worte, Sprache, Mitteilung, Botschaft
		-로	Instrumental
들·이·니		들-	hören; instabiler Verbstamm ㄷ/ㄹ
		-이-	Faktitiv/Passiv
·듁竹원園ㅅ	竹園	죽원	Bambushain, Sk. *Veṇuvana*
·길·흘		긿	Weg; ㅎ-auslautendes Nomen
·즉卽씨時·예	卽時	즉시	sofort, gleich, auf der Stelle
·향向ᄒ·니	向	향ᄒ-	(hier: seinen Weg) richten, zielen
	向	향	Richtung, Lage
옳·돌		오-	kommen
		-ᇙ돌	Konjunktionalform

---

47) nicht identisch mit *Uruvilvā Kāśyapa* aus Nr. 98

라羅·한漢:과果·롤	羅漢果	라한과	wrtl. "Arhat-Frucht", "Ergebnis, ein Arhat zu sein"
	羅漢	라한	Sk. Arhat, "Heiliger", s.No 110
	果	과	Frucht; Ergebnis, Konsequenz; Sk. phala, Gegensatz von 因 "Ursache"
·즉卽·싫日·에 ·득得ᄒ·니	卽日 得	즉일에 득ᄒ-	an demselben Tag bekommen, erlangen, erreichen, erhalten

Vokabeln zu Strophe 148

·샤舍·위衛·귁國	舍衛國	사위국	Sk. Śrāvastī, Hauptstadt des Reiches Uttara-Kōsala, ein bevorzugter Aufenthaltsort des Buddha
슈須·땷達·이	須達	수달	Sk. Sudatta; reicher Kaufmann[48]
뺘婆라羅몬門	婆羅門	파라문	Sk. Brahmana, 1. Brahmane (Angehöriger der

---

[48] aufgrund seiner Wohltätigkeit auch Sk. Anāthapiṇḍada ("Almosenspender der Schutzlosen") genannt

			Priesterkaste), 2. im weiteren Sinne: einer, der nach innerer Reinheit strebt
·아기아·둘·의		아기아둘	kleiner/kleinster Sohn, junger Sohn
		아기	Säugling, Kleinkind
왕王·샤舍셩城	王舍城	왕사셩	befestigte Stadt "Königshausen", Sk. *Rājagṛha*; Hauptstadt des Reiches *Magadha*, einer der zentralen Lehrorte des Buddha
·호護미彌	護彌	호미	ein reicher Kaufmann, Sk. *Mūśila*(?), *Sūśila*(?)
:알·오		알- -오	wissen, erkennen Konjunktionalform (nebenordnend: "und") 고 > 오 nach ㄹ
·아기·쏠·이		아기쏠	die Kleine, die jüngste Tochter
·보布·시施ᄒ·게 ᄒ·니	布施	보시ᄒ- 보시	ein Almosen geben Almosen, Gabe, Spende, Sk. *dāna*
		-게	Adverben bildende Ableitung
		-게ᄒ-	kompositioneller Faktitiv

Vokabeln zu Strophe 149

깃·거	겇-	sich freuen
	-어	Konverbalform
얼·유·려터·니	얼-	sich vereinigen, paaren, verbinden
	-이-	Faktitiv/Passiv
	오/우려ㅎ-	kompositioneller Ausdruck der Absicht (Intensional)
	-터	Aspiration durch das voranstehende -ㅎ- + -더- Retrospektiv
·䕵護미彌 ·쫄·올	護彌쫄	Genitiv-Fortfall, das ㅅ von 쫄 ist Teil des Wortstammes
얼·이·라	얼-	s.o.
	-이-	Faktitiv/Passiv
	-라	Konjunktionalform (final: "um zu")

Vokabeln zu Strophe 150

이바·딜	이바디	Festmahl, Bankett
무·러·늘	묻-	fragen; instabiler Verbstamm ㄷ/ㄹ
	-어-	Assertativ
	-어늘	Konjunktionalform (kausal: "da", oder

			konzessiv: "obwohl, selbst wenn")
공功·득德·을	功德	공덕	Verdienste und Tugenden, Wohltaten, Tugendkraft, Sk. *Guṇa*
	功	공	Erfolg, Großtat, Verdienst
	德	덕	Tugend, (Wirk-/Heil-)Kraft, (moralisches) Verhalten
·졔祭딴壇·올	祭壇	제단	Opferaltar, heilige Stätte
	祭	제	Opfer, Ahnenopfer
	壇	단	Plattform, der erhöhte Platz, Altar
·보다·가		보-	sehen
		-다가	Konjunktionalform (unmittelbar aufeinanderfolgende Handlungen "und dann")
어·듭거늘		어듭-	dunkel sein
공恭·경敬·을	恭敬	공경	Respekt, Verehrung, Sk. *satkāra*
:버·디		벋	Freund, Kamerad, Genosse
		-이	Nominativ
알·외·니		알외-	mitteilen, sagen, benachrichtigen, ankündigen

Vokabeln zu Strophe 151

:례禮·롤	禮	례	die rechte Form, Etiquette, Anstand, Höflichkeit; Riten
ᄒᆞᆫ번·도		ᄒᆞᆫ번도	vor Negation: (nicht) auch nur einmal; vor positiver Aussage: noch einmal
		ᄒᆞᆫ	ein, eine; der-, die-, dasselbe, Attributivform von ᄒᆞ낳
		번	Mal, X-mal, Nummer in einer Reihenfolge (chin. 番), abhängiges Nomen
		-도	qualifizierende Partikel (subsumierende Hervorhebung) "auch, sogar"
도·라·눌		돌-	sich (um-)drehen, umkreisen, herumgehen, umlaufen
ᄀᆞᄅᆞ·쵸·려ᄒᆞ·니		ᄀᆞ라치- -오/우려ᄒᆞ-	lehren, unterrichten, kompositioneller Ausdruck der Absicht (Intensional)

:세	세		drei; Attributivform
·볼·울	볼		Mal, X-mal, Nummer in einer Reihenfolge (var. 번, s.o.), abhängiges Nomen
값도·라눌	값돌-		umschreiten; (Weg:) eine Kurve beschreiben, (Fluß:) eine Biegung machen

Vokabeln zu Strophe 152

쪙情쎵誠·으·로	情誠	정성	Wahrhaftigkeit (der Gefühle)
	情	정	Gefühl
	誠	성	wahrhaftig
·ᄉᆞ四·뎨諦·를	四諦	사체	die „Vier Wahrheiten",[49] Sk. *Ārya-satyāni-catvāri*
	諦	체	untersuchen, einschätzen, buddh.: "Wahrheit"
슈須따陀웘洹·울	須陁洹	수타원	Sk. *Śrota-āpanna*; "der gegen den Strom der Wieder-

---

49) s. No. 95

정精・샤舍	靜舍	정사	geburt geht", Sk. *Śrāvaka,* die erste Stufe des vierstufigen Weges eines *Arhat* bzw. Hörers "Haus der Reinheit", Eremitage, Tempel, Kloster
지・수・려커・늘		짓-	bauen, bilden, machen; s/△-Verb

Vokabeln zu Strophe 153

・의그에		-의그에	Dativ in *statu nascendi*
		-의	Genitiv (bei Lebewesen, ohne Höflichkeitsbezug, neutral)
		그에	adverbiales abhängiges Nomen im Lokativ
무・라		묻-	fragen; instabiler Verbstamm ㄷ/ㄹ
		-아	unregelmäßige Konverbalform, eigtl. -어
즘・겟		즘게	Entfernungsmaß; ca. 12 Kilometer (30 *li*)

·길:마·다		길	Weg
		-마다	qualifizierende Partikel (Gleichrangigkeit) "jeder, immer wenn"
뎡亭·샤舍·롤	亭舍	정사	Pavillon, Unterkunft
		亭	Pavillon
:세·콤		셓	drei
		-곰	qualifizierende Partikel "jeder, je, Stück für Stück"
끼祇따陁	祇陁	지타	Sk. *Jeta;* Prinz von *Śrāvastī*, Sohn des Königs *Prasenajit*
·의그에		-의그에	s.o.
:꿩頃	頃	경	"Morgen", Flächenmaß, Maßeinheit
동東산山·애	東山	동산	Ostberg, auch: Garten
황黃금金·을	黃金	황금	Gold
	黃	황	gelb
:채		채	vollständig, völlig
·꼬로·려ᄒ·니		질-	belegen, pflastern, beschütten

Vokabeln zu Strophe 154

| 관官·쏭訟·이러·니 | 官訟 | 관송 | (Amts)prozeß, gerichtliches Vorgehen |

	官	관	(Amts)stelle, Behörde
	訟	송	Prozess führen, rechtlich vorgehen
구·처		구치-	sich grämen, mißvergnügt, niedergeschlagen sein, als unangenehm empfinden
		-어	Konverbalform
:내·야		내-	herausgeben
		나-	(heraus)kommen
		-이-	Faktitiv/Passiv
		-아	Konverbalform
·ᄑᆞ·니		ᄑᆞᆯ-	verkaufen, instabiler Verbstamm ㄹ/∅
빋		빋	Preis; Schulden
받·더·니		받-	erhalten, bekommen
즘·게·를		즘게	(großer) Baum
부·러		부러	absichtlich, vorsätzlich

Vokabeln zu Strophe 155

·륙六ᄉᆞ師ㅣ	六師	육사	"sechs Lehrer", d.h. 外道六師, die sechs Lehrer außerhalb der buddh. Lehre[50]

---

50) Vertreter sechserlei philosophischer Lehren, die gegen den Buddha standen

:업시·바	업시보-	gering schätzen, ver-, mißachten
지·실	짓-	bauen, machen
	-이	Nomina bildendes Ableitungsmorphem
	-ㄹ	Akkusativ
:몯·게	몯-	Verneinung des nachstehenden Verbums ("nicht möglich sein", "unfähig, etw. zu tun sein")
	-게	Adverben bildende Ableitung
미·다	믿-	ver-, zutrauen, glauben
눌·근	늙-	alt, abgetragen, abgenutzt sein
니·버	닙-	anziehen, ankleiden
시·름	시름	Schwermut, Kummer, Düsterkeit,
ᄀᆞ·쟝	ᄀᆞ쟝	äußerst, höchst, meist

Vokabeln zu Strophe 156

ᄀᆞ득호	ᄀᆞ득ᄒᆞ-	voll, überfüllt sein
무읧·들	무-	bewegen
	-우-	Faktitiv/Passiv
	-ㅭ	präsumptive Attributivform

427

		-둘	abhängiges Nomen + Akkusativ
·곰·아		곰-	sich waschen, baden
·왯는		오-	kommen, besuchen
		-아	Konverbalform
		이시-/잇-	vorhanden sein, hier: Hilfsverb
		-앳-	perfektiver und durativer Aspekt (Zustand)
		-는	Indikativ -ᄂ- + Attributivform -ㄴ
사沙몬門·이	沙門	사문	Sk. *Śramaṇa*, vgl. No. 129
·륙六ᄉ師·와	六師	육사	sechs Lehrer, vgl. No. 155
겻·굻·둘		겨-	wetteifern, wettkämpfen konkurrieren
		-우-	Faktitiv/Passiv
·부·플		붚	Trommel
·텨		티-	(an)schlagen
뫼·호·니		뫼호-	versammeln

Vokabeln zu Strophe 157

흔 ·몸·이		흔몸	allein, wrtl. "ein Körper"
즘·게		즘게	(großer) Baum
미·틔		밑	Unterteil; unter, unterhalb, nieder

		의	Genitiv als Lokativ
안·자		앉-	sitzen
·쉽入·뎡定·ᄒ·야	入定	입정	in die Versenkung eintreten
	定	졍	festmachen, hier: Konzentration des Geistes, Versenkung[51]
괴외·ᄒ더·니		괴외ᄒ-	still, ruhig, ganz ohne Regung sein
삼三·흑億·먼萬·이	三億萬이	삼억만이	Myriaden, Unzählige, ("Drei X 100 Millionen X Zehntausend")
		-이	namens- und personenkennzeichnendes Suffix
재·야		재-	flink, geschickt, listig, gewandt sein
숫두벼·리더·니		숫두버리-	plappern, klatschen, schwätzen, redselig, geschwätzig sein

Vokabeln zu Strophe 158

| 룽勞·또度챠差ㅣ | 勞度差 | 노도차 | Sk. *Raktakṣa*, ein Anhänger einer der 6 o.a. nichtbuddh. Lehren[52] |

---

51) s. No. 58
52) man beachte auch die Bedeutungen der einzelnen chinesischen Schriftzeichen der Umschrift

	勞	노	Mühe, sich abmühen
	度	도	Maß, -stab; hier: für 渡 hinübersetzen (buddh.: zum anderen Ufer in Gestalt des *Nirvāṇa* ...)
	差	차	Fehler, Abweichung
열·본		엻-	flach, seicht, dünn, leicht sein
·뜨디·라		뜯	Wille, Absicht
		-이-	Prädikativ (Kopula)
		-라	Terminalform
		-이라	hier: Konjunktionalform (begründend)
:내·니		나-	hervor-, herauskommen
		-이-	Faktitiv/Passiv
·퍼		프-	blühen
두·프·니		둪-	be-, zu-, abdecken
쎤旋람嵐봉風·이	旋嵐風	션남풍	Wirbelsturm
	旋	션	sich drehen, wirbeln, kreisen
	嵐	남	Bergwind
	風	풍	Wind
:부·니		불-	wehen; instabiler Verbstamm ㄹ/∅
불·휘		불휘	Wurzel
·쌔·혀		쌔혀-	herausziehen,

	샌-	herausnehmen herausnehmen, herausziehen
	-아	Konverbalform
	-혀-	ziehen
븟·아 디·니	븟아디-	zerschmettert, zerbrochen werden, kaputt gehen
	븟-	etw. zerbrechen
	-아	Konverbalform
	디-	Hilfsverb "werden (zu)", "machen, daß", kompositionelles Passiv/Faktitiv

Vokabeln zu Strophe 159

·ᄉᆞ四·면面·이	四面	사면	Vier Richtungen
	面	면	Gesicht, Oberfläche, Seite
그		그	die, der, das
가·온·디		가온디	Mitte, Zentrum
:종種:종種	種種	종종	vielerlei, alle Arten
륙六아牙	六牙	육아	sechs Stoßzähne
	牙	아	Stoß-, Backenzahn
:엄:마·다		엄	Backenzahn
		-마다	qualifizierende Partikel (Gleichrangigkeit) "jeder, immer wenn"

·옥玉 : 녀女	玉女	옥녀	edelsteingleiches Mädchen, Mädchen wie ein Juwel,53)
	玉	옥	Jade, Edelstein
·스·러디·니		스러디-	verschwinden, erlöschen

Vokabeln zu Strophe 160

여·름·이		여름	Früchte
ᄀ·초잇·더·니		ᄀ초-	ausgestattet sein
금金강剛·륵力 : 쏘士 金剛力士		금강력사	hier: Diamanten-Kraft-Gestalt, mit einem (Sk.) *Vajra* ausgestattete, unbesiegbare Gestalt, Sk. *Vajra-pāṇi-balin*
	金剛	금강	Diamant54)
	力	력	Kraft
	力士	역사	herkulische Gestalt, Kraftmensch, Sk. *Balin*
	士	사	Gelehrter, hier: Recke
금 金강剛 : 쳐杵·를 金剛杵		금강저	Diamantenstab, Donnerkeilzepter Sk. *Vajra,*
	杵	저	Stößel, Mörserkeule

---

53) s. Anmkg 7
54) Sk. *vajra*, Symbol für das unzerstörbare Absolute; hier: Diamantstab, s.u. 金剛杵

자·바		잡-	greifen, fassen, festhalten
머·리		멀-	weit, fern, entfernt sein
견·지·니		견지-	zielen, richten auf
고·대		곧	gleich, sofort, auf der Stelle, unverzüglich
		-애	Lokativ
믈·어디·니		믈어디-	zusammenbrechen, zerfallen, einstürzen

Vokabeln zu Strophe 161

텬天:똥動	天動	천동	Donner
·번·게·를		번게	Blitz
:놀·라더·니		놀라-	sich wundern, erstaunen, erschecken
금金·시翅:둉鳥	金翅鳥	금시조	„Vogel mit goldenen Schwingen" Sk. *Garuḍa*[55]
	翅	시	Flügel
:올:오·리		올오리	(in) Stücke(n)
·빠·저		빳-	(zer-)reißen,
머·거브·리·니		머거브리-	aufessen
		브리-	Hilfsverb, Aspekt der Endgültigkeit

---

[55] halb Greifvogel, halb Mensch, Feind der Drachen bzw. Schlangen, kommt in vier Unterarten vor

Vokabeln zu Strophe 162

·한·쇼·롤	한	groß, viel sein
	쇼	Kuh, Bulle
·쓸·이	쁠	Horn
·갈·곧	갈곧	messergleich
	갈	Messer
	-곧	der selbe, gleich, ähnlich sein (hier ist der Verbstamm ohne weitere Endung adverbial)
·놀 캅·고	놀캅-	scharf, spitz sein
소·리·코	소리ㅎ-	schreien, brüllen
·짜	짜	Erde, Erdboden, ㅎ-auslautendes Nomen
허·위·여	허위-	bohren, wühlen, ausschaufeln, ausgraben
·드·리드라	드리드르-	heran, umher stürmen, wild umher rennen
·오더·니	오-	kommen

Vokabeln zu Strophe 163

롱勞·또度차差·이	勞度差	노도차	Sk. *Rakṭaṣa*, s. 158
·황幻·슐術·이	幻術	환술	Illusionskünste, Zauberei, Magie

:쪔漸:쪔漸	漸漸	졈졈	allmählich, nach und nach, mehr und mehr
외·야갈·씨		외야가-	schiefgehen, im Sand verlaufen, scheitern
		외-	fehl gehen, mißlingen, verschlechtern
		-아가-	Konverbalform + "gehen" = durative Aktionsart
·돗가·비·롤		돗가비	Kobold, entspricht teilweise den 夜叉, (Sk.) Yakṣa
:윰有여餘홀·씨	有餘	유여	Überschuß haben, mehr sein als..., ausreichend sein, hier: zunehmen
삐毗사沙몬門·올	毗沙門	비사문	Sk. Vaiśravaṇa, Vaiśramaṇa[56]
:자·내		자내	selber, persönlich, von selbst, natürlicherweile

Vokabeln zu Strophe 164

·입·쾌		입	Mund, Maul

---

56) einer der 四天王 Catur-Maharadja, "Vier-Himmel-Könige", Weltenhüter des Nordens, Führer der Yakṣas

	-괘	Reihung von konjunktionaler Partikel + Nominativ
·블이·며	블	Feuer
	-이	Prädikativ (Kopula)
	며	Konjunktionalform (nebenordnend)
·톱	톱	Finger-, Fußnagel, Kralle
:길·오	길-	lang sein
	-오	Konjunktionalform (nebenordnend: "und") 고 > 오 nach ㄹ
므·싀·엽고·도	므싀엽-	furchterregend, schrecklich, gräßlich sein
	-고도	Konjunktionalform (konzessiv: "obwohl")
니·러	닐-	sich entflammen, entbrennen, aufgehen, aufsteigen
:갏	가-	gehen
	-ᇙ	präsumptive Attributivform
·길·히	긿	Weg; ㅎ-auslautendes Nomen
이·볼·씨	입-	verwirrt sein
업·더·디·여	업더디-	auf die Knie fallen, sich nieder werfen

사르·쇼·셔ᄒ·니	살-		leben
	-으-/-으-		Faktitiv/Passiv
	-쇼셔		Aufforderungs- und Befehlsform des hohen Redestiles
	ᄒ-		Hilfsverb des Quotativs

Vokabeln zu Strophe 165

돈·니·며	돈니-		hin und her gehen
머·믈·며	머믈-		stehen bleiben,
누·부·믈	눕-		sich hinlegen, sich niederlegen
쿵空듕中·에	空中	공중	in der Luft, zwischen Himmel und Erde
·변變·화化ㅣ러·니	變化	변화	Veränderung, Wechsel, Umwandlung, vgl. hierzu aber Nr. 109
슈須따陁斃洹	須陁洹	수타원	Sk. *Śrota-āpanna*; "der gegen den Strom der Wiedergeburt geht", die erste Stufe des vierstufigen Weges eines (Sk.) *Śrāvaka*s bzw. "Hörers", d.h. Anhängers
ㅅ斯따陁함숨	斯陁숨	사타함	Sk. *Sakṛd-āgāmin*, "der einmal kommt", d.h. dem nur noch eine Wiedergeburt bis zum Erreichen des Nirvāṇa bevorsteht, die zweite Stufe des vierstufigen Weges eines (Sk.) *Śrāvaka*s

하阿나那함含	阿那含	아나함	Sk. *Anāgāmin*, "der nicht kommt", "der nicht wiedergeboren wird", die dritte Stufe des vierstufigen Weges eines (Sk.) *Śrāvakas*
하阿라羅・한漢・ᄋᆞᆯ	阿羅漢	아나한	Sk. *Arhat*, "Heiliger", der Befreiung aus den Drei Sphären erreicht hat, die höchste Stufe des vierstufigen Weges eines (Sk.) *Śrāvakas*, das *Arhat*-Sein
・즉卽・싫日・에	卽日	즉일	derselbe Tag

Vokabeln zu Strophe 166

:움有여餘ᄒᆞᆯ・씨	有餘	유여ᄒᆞ-	Überschuß haben, mehr sein als..., ausreichend sein, genügend sein;
	餘	여	Überschuß, Überfluss
이・길		이기-	siegen, besiegen
		-ㄹ	präsumptivische Attributivform ᅟퟝ 〉 ㄹ vor ㅅ
:ᄲᅮᆫ 아・니・라		-ㄹᄲᅮᆫ 아니라	nicht nur, sondern auch
		-ᄲᅮᆫ	qualifizierende Partikel/abhängiges Nomen (vereinzelnde Hervorhebung) "nur, allein, bloß"

·졔濟·또渡·즁衆싱生·이		濟渡衆生이	„Lebewesen, die ans andere Ufer übergesetzt werden", d.h. denen zum Eingang in das *Nirvāṇa* verholfen wird"
	濟	제	hinüberbringen, Fähre
	渡	도	hinüberfahren
	衆生	중생	die Schar der Lebewesen, die Lebewesen, alle Geschöpfe
		-이	Nominativ
:긔幾쳔千·먼萬	幾千萬	기천만	"wieviele Millionen?"
	幾	기	Fragepronomen "wieviel(e))"
·이어·뇨		-이어뇨	< 이거뇨; ㄱ-Fortfall nach Prädikativ 이; Frageendung materielle Frage57)
:입·게		입-	verwirrt, durcheinander, unzulänglich sein
·원願위爲사沙몬門·이	願爲沙門이	원위사문이	"*Śramaṇa*-sein-Wollende" 58)
	願	원	wünschen, wollen

---

57) obwohl das Fragepronomen in der chinesischen Phrase steht!
58) wollen-zu-sein-*Śramaṇa* (chin.) + personenkennzeichnendes 이

爲	위	hier: "sein"
沙門	사문	Sk. *Śramaṇa*

Vokabeln zu Strophe 167

·당·이아·지 벌·에	당이아지 벌에	Gottesanbeterin Wurm, Insekt; hier klassifizierender Zusatz
술·위·삐 거·스논·돌	술위삐 거슬-	Wagenrad sich widersetzen, entgegenstellen
:웃ᄂ·니이·다	웃-	lachen, auslachen
	-ᄂ-	Indikativ
	-니이다	dem Hörer gegen- über verbindlicher Deklarativ
	-이-	Verbindlichkeit gegenüber dem Hörer.
	-다	Deklarativ
겻·구던·돌	겻ㄱ-	wetteifern, rivalisieren
·이	이	dies(-e,-er,-es)
내	내	mein; Genitiv
더·욱	더욱	um so mehr, mehr
:웃·노이·다	웃-	lachen, auslachen
	-노-	Indikativ -ᄂ- + emphat. -오/옷-

Vokabeln zu Strophe 168

마·조		마조	von Angesicht zu Angesicht
·줄·을		줄	Seil, Leine, Schnur
·터·흘		텋	Baugrund, -stelle, Platz, Grundlage
·되더·니		되-	messen
·륙六텬天·에	六天	육천	sechs Himmel[59]
우·수·믈		우숨	Lachen, Lächeln
듕中텬天·에	中天	중천	mittlerer Himmel
두·게ㅎ·니		두-	legen, stellen, setzen, gründen, errichten
		-게	Adverben bildende Ableitung
		-게ㅎ-	kompositioneller Faktitiv

Vokabeln zu Strophe 169

| 아·흔 흔 | | 아흔 흔 | 91[60] |

---

59) sechs himmlische Welten, die über dem Berg *Sumeru* liegen. Die Welt zwischen der Erde und dem *Brahmaloka,* die Welt der Götter, die aber noch der Wiedergeburt unterliegen

60) Die Bedeutung der Zahlenangabe ist hier unklar. Evtl. handelt es sich um ein Mißverständnis, bzw. eine Anspielung auf 九因一果, d.h. von zehn *dhātu* (Sphären, Regionen, Daseinsbereichen, u.s.w.) entstehen in neun *dhātu* Ursachen (因), und in der zehnten erntet man das Resultat (果), die Buddhaschaft

		아홉	90
		흔	ein, eine; der-, die-, dasselbe Attributivform von 호낳
브·터		브터	"seit, von, ab"; Konverbalform von 븥- "anhaften, dicht beieinander sein"
·벐發심心	發心	발심	das Fassen des Entschlusses, die Buddhaschaft anzustreben
너·버		넙-	breit, groß sein
:져긇·가		젹-	wenig, gering sein, ungenügend sein
		-ᇙ가	Frageendung mit Präsumptiv (Entscheidungsfrage: "Ja/Nein")
닐·굽 부텨		닐굽부텨	Sieben Buddhas, sechs Buddhas vor ihm und der histor. Buddha
·위爲·ᄒᆞᅀᆞ·봐	爲	위ᄒᆞ- -ᅀᆞ봐-	hier: "für" ᅀᆞ Honorativ der Ergebenheit vor der Subjektperson + -아 Konverbalform

공恭·경敬·이	恭敬	공경	Verehrung, Ehrerbietung, Sk. *satkāra*
:덜·리잇·가		덜-	mindern, verringern
		-리-	Präsumptiv
		-이-	Verbindlichkeit gegenüber dem Hörer.
		-ㅅ가	Frageendung (Entscheidungsfrage: "Ja/Nein")

Vokabeln zu Strophe 170

가야·미	가야미	Ameisen
사·리	살-	leben
	-이	Nomina bildendes Ableitungsmorphem
오·라·고	오라-	lang sein, dauern
닷·기	닷-	polieren, putzen, sich vervollkommnen
슬·피	슳-	traurig sein, bedauerlich sein
너·기·니	너기-	denken, meinen, glauben
:뵈·오	뵈-	zeigen
	-오	Konjunktionalform (nebenordnend: "und") 고 > 오 nach ㄹ

443

| ·퀀勸·ᄒᆞ야·눌 | 勸 | 권ᄒᆞ- | raten, empfehlen |

Vokabeln zu Strophe 171

쳔千·별別·실室	千別室	천 별 실	tausend einzel-stehende Klausen, ... Häuser
	別	별	gesondert, auseinander
	室	실	Haus, Raum, Klause, Zimmer
·빅百죵鐘·실室·올	百鐘室	백종 실	hundert Klausen mit Glocken
	鐘	종	Glocke
장莊엄嚴·을	莊嚴	장엄	Majestät, Erhabenheit
:다 ᄒᆞ·고		다ᄒᆞ-	alles (im Bereich des Möglichen) tun, beenden
듀中쳔千·개界	中千界	중천계	"Mittlerer Chiliokosmos", s. No. 16
·때大쳔千·개界·예	大千界	대천계	"Großer Chiliokosmos", s. No. 16

Vokabeln zu Strophe 172

| 하·ᄂᆞᆯ·토 | | 하ᄂᆞᆶ -토 | Himmel auslautendes ㅎ |

			+ qualifizierende Partikel (subsumierende Hervorhebung)
:뮈·며		뮈-	bewegen, sich rühren, beben
·따·토		짱	Erde
:닐·며		닐-	sich erheben, aufgehen, in die Luft steigen
·뼝病ᄒ·니·도	病	병ᄒ니	Kranker
	病	병ᄒ-	krank sein
		-ㄴ	Attributform
		이	Mensch, Person; abhängiges Nomen
:됴터·니		둏-	gut sein, wohl ergehen
·리利·혁益·을	利益	이익	Nutzen, Vorteil, Gewinn, Ertrag

Vokabeln zu Strophe 173

쪙情쎵誠·일씨	精誠	정성	Wahrhaftigkeit
	精誠	정성이-	aufrichtig sein
·즁衆	衆	중	hier: die Lebewesen
·위爲·ᄒ·샤	爲	위ᄒ-	hier: für jmd. etw. tun
공公:쥬主ㅣ	公主	공주	Prinzessin
무無:비比신身·이	無比身	무비신	der unvergleichbare Körper (des Buddha)

445

·싱勝만滿鬘경經	勝鬘經	승만경	Sk. *Śrī-Mālā-sūtra, Śrī-Mālā-siṃhanāda-sūtra,* "Das Sutra vom Löwenbrüllen der *Śrīmālā*"
	勝鬘	승만	*Śrī-Mālā,* Tochter des Königs *Prasenajit,* alias *Mālā-Śrī*[61]

Vokabeln zu Strophe 174

·그리:숩더·니		그리-	sich sehnen nach
·톱·과		톱	Nagel
터·리·를		터리	Haar
바·다		받-	bekommen, erhalten
ᄀ·초ᅀ·ᄫ·니		ᄀ초-	besitzen, aufheben, ausrüsten
·뼝病ᄒ·얫더·니	病	병ᄒ-	krank sein
		야	Konverbalform bei ᄒ-
		이시-/잇-	vorhanden sein, instabiler Verbstamm, hier: Hilfsverb
		-얫-	perfektiver und durativer Aspekt (Zustand)

---

61) *Śrī* übersetzt als 勝, und der Name *Mālā* transkribiert als 鬘

| 하阿나那함含·슝授·긔記 | 阿那含 授記 | 아나함 수기 | Sk. *Anāgāmin*[62] Vorhersage, hier: der zukünftigen Buddhaschaft |

Vokabeln zu Strophe 175

둏兜·솔率텬天·에	兜率天	두솔천	der (Sk.) *Tuṣita*-Himmel, der vierte von sechs Himmeln der hiesigen Welt
올·아·가 텬天ᄌ子ㅣ ᄃ외·오	天子	올아가- 천자 ᄃ외- -오	aufsteigen, steigen, himmlisches Wesen werden Konjunktionalform (nebenordnend: "und") 고 > 오 nach ㄹ
·보·ᅀᆞᆸ고·져 ᄒᆞ·니		보- -ᅀᆞᆸ- -고 져 ᄒᆞ-	(an)sehen Honorativ der Ergebenheit vor der Subjektperson Konjunktionalform (nebenordnend: "und") Optativ Hilfsverb

---

62) wrtl.: "der nicht kommt", "der nicht wiedergeboren wird", die dritte Stufe des vierstufigen Weges eines Sk. *Śrāvakas* bzw. "Hörers", d.h. Anhängers

·쪠偈·룰 지·서	偈	게 짓-	-고져ᄒ- kompositionelle Optativform: wünschen, vorhaben zu tun, Sk. *Gāthā*, Lied, Verse, Strophen machen, bilden, verfassen,

Vokabeln zu Strophe 176

믈·리져·ᄒ·야		믈리-	ver-, aufschieben, zurückstellen, wegräumen
		-져ᄒ-	Konjunktionalform (Absicht)
거·스·니		거슬-	sich widersetzen, widersprechen, nicht gehorschen
·跋跋쪠提	跋提	발제	Sk. *Bhadrika*, ein Vetter des Buddha[63]
:긔		그 ㅣ	dies(-e,-er,-es), dies(-e,-er,-es) da, Demonstrativ- pronomen Nominativ
:읏볼·니		읏볼-	lächerlich, drollig, lustig sein

---

63) einer der ersten fünf vom Buddha zur Erlösung geführten Schüler, Bruder des *Anuruddha*

| 하阿나那·룳律 | 阿那律 | 아나율 | Sk. *Anuruddha*, ein Vetter des Buddha[64] |
| ·올ᄒ·니 | | 옳- | richtig, vernünftig, angemessen sein |

Vokabeln zu Strophe 177

난難따陁·롤	難陁	난타	Sk. *Nanda*, Halbbruder des Buddha[65]
·굼救·호리·라	救	구ᄒ-	retten, helfen, befreien, erlösen
		-오-	Infix -오/우- ("Volitiv")
		-리-	Präsumptiv
		-라	Konjunktionalform (final: "um zu")
		-오/우+리라	Absicht des Handlungsträgers
딕ᄒ·라·ᄒ시·니		딕ᄒ-	wachen, bewachen
		-라	Aufforderungs-/ Befehlsform

(Imperativ)

---

64) einer der zehn bedeutenderen Schüler des Buddha (十大弟子), Bruder des *Bhadrika*

65) Halbbruder und ein herausragender Schüler des Buddha, Sohn vom Vater des Buddha, Sk. *Śuddhodana* 淸飯王, und der Ziehmutter des Buddha, "Die-auf-dem-Weg-der-großen-Liebe" 大愛道, Sk. *Mahāprajāpati*

	-라ᄒ-	Quotativ
가·시	갓	Braut, Weib
·그·리볼·씨	그립-	lieb, ersehnt sein p/W-Verb
·나신	나-	hervorgehen, -kommen
스·싀·로	스싀로	während, zwischen
	스싀	Lücke, Zwischenzeit/-raum, Abstand
	-로	Direktional
지·븨	집	Haus
	-의	Genitiv als Lokativ
:가리·라 ᄒ·니	가-	gehen
	-∅	Assimilation des Volitiv (! Seitenpunkte: ·가- > :가-)
	-리-	Präsumptiv
	-라	Deklarativendung, 다 > 라 nach 리
	-오/우+리라	Absicht des Handlungsträgers
	-다ᄒ-	Hilfverb: Quotativ

Vokabeln zu Strophe 178

| 뻐·며 | 뻐- | rinnen, herunterfließen, überfließen |
| 다·둔 | 닫- | (zu)schließen, zumachen |

	-오-	nicht zweifelsfrei erklärbare Einfügung
·이·피	잎	Reisigpforte (Bambus)
:열어·늘	열-	sich öffnen, öffnen, eröffnen
부·러	부러	vorsätzlich, absichtlich
:뷘	뷔-	leer sein/werden
·츠·자	츷-	suchen, herausfinden
맞·나ᅀᆞ·ᄫᆞ·며	맞나-	begegnen, treffen
들·여·늘	들-	(auf-)heben erheben
	-이-	Faktitiv/Passiv
	구·쳐	gezwungenerweise, unglücklicherweise
	구치-	betrüben, un- glücklich machen, unangenehm machen,
조쯘·뱌오·니	좇-	folgen
	-ᅀᆞᆸ-	Honorativ der Er- gebenheit vor der Subjektperson
	-아	Konverbalform
	오-	kommen, hier: Richtungsbezug

451

Vokabeln zu Strophe 179

가·시		갓	Braut, Weib
·양様	様	양	Aussehen, Gesichtszüge, Form, Gestalt
:무·르시·고		묻–	fragen; instabiler Verbstamm ㄷ/ㄹ
·눈		눈	Auge(n)
:먼		멀–	blind werden/sein
납		납	Affe
:웃·빙		웃빙	lustig, komisch, merkwürdig
		웃–	lächeln, lachen
		웃보–	lustig, lächerlich, komisch sein
		이	Adverben bildende Ableitung
너·기·니		너기–	meinen, denken
돌忉·리利텬天·을	忉利天	도리천	Sk. *Trāyastriṃśa*, zweiter von sechs Himmeln der Begierde[66]
깃·비		깃비	freudig, erfreulich, glückselig
		깃브–	froh, glücklich, fröhlich sein

---

66) sein Zentrum liegt am Gipfel des Sk. *Sumeru* und ist in allen vier Richtungen jeweils von acht Himmelsstädten umgeben, Herrschaftsgebiet des "Himmlischen Kaisers (Sk.) *Śākra* 帝釋, d.h. von (Sk.) *Indra*

	이	Adverben bildende Ableitung

Vokabeln zu Strophe 180

닐·웨	닐웨	sieben Tage
·추·디	추-	voll werden, erfüllt sein, fällig werden
	-디	Konverbalform vor Verneinungs- und bestimmten anderen Verben
·몯·ᄒ·야	몯-	Verneinung des nachstehenden Verbums ("nicht möglich sein", "unfähig, etw. zu tun sein")
	ᄒ-	Hilfsverb
:뿐 아·니·라	-뿐 아니라	nicht nur, überdies, darüberhinaus
	-뿐	qualifizierende Partikel/abhängiges Nomen (vereinzelnde Hervorhebung) "nur, allein, bloß"
	아니라	Konjunktionalform des verneinten Prädikativ (Kopula) "nicht..., und"

가迦시尸 · 귁國	迦尸國	가시국	das Land (Sk.) *Kāśi,* allg. mit Benares identifiziert
· 삐比쿵丘ᄃ · 려	比丘	비구	Sk. *Bhikṣu,* buddh. Mönch
		-ᄃ려	Dativ in *statu nascendi* (-ᄃ려 > -더러; eigtl. Konverbalform von ᄃ리- "begleiten, Seite an Seite

Vokabeln zu Strophe 181

나那껀乾하訶라羅 · 귁國			
	那乾訶羅國	나건가라국	Sk. *Nagarahāra,* Land im heutigen Afghanistan, auch 那揭羅喝羅
· 똑毒룡龍	毒龍	독용	giftige Drachen
라羅 · 찷刹 · 올	羅刹	라찰	Sk. *Rākṣasas,* bösartige Geister, Dämonen
계 · 워		계우-	nicht besiegen können, nicht überwinden können
방方샹攘 · 앳	方攘 方	방양 방	eigtl. 妨攘 Abwehr vertauscht mit 妨 "verhindern, widerstehen"

	攘	양	abschlagen, zurückschlagen, beseitigen
·쇽·졀:업더·니		쇽졀업-	nichtig, unnütz sein
·붏弗바波뽕浮떼提왕王	弗波浮提王	불파부제왕	(?) König *Pūrvavideha,* (auch Name des nördlichen Kontinents)
·뺨梵·지志	梵志	범지	Sk. *brahmacārin,* 1. junger Brahmane (Priesterkaste), 2. im weiteren Sinne: buddh. Asket
콩空씬神·이	空神	공신	(?) hier: Name, eigtl. "Geist der Leere", evtl. Sk. *Śūnyatā*
향香·이	香	향	Duft
금金·개蓋	金蓋	금개	goldener Schirm, Deckel, Baldachin, Symbol des Schutzes durch die Buddhalehre

Vokabeln zu Strophe 182

륳瑠리璃산山	琉璃山	유리산	Kristallberg, Sk. *Vaiḍūrya*-Berg. Der *Vaiḍūrya*-Stein ist einer der sieben Schätze desBuddha

455

우·흿		웋	die obere Seite, der obere Teil, Oben
		우희	oben auf, über
모·새		못	Teich
·칧七붏寶 행行·슈樹 行樹		행수	"gereihte Bäume aus den sieben Edelsteinen", vgl. 七寶樹林 "Sieben-Edelstein-Wald", Teil des Reinen Landes
간間·애	間	간	zwischen
·굻堀ㅅ	堀	굴	Höhle, Grube
가·온·디		가온디	Mitte, Zentrum; in, zwischen, mitten in
이·렛더·니		일-	bilden, formen, sich erfüllen
		-어	Konverbalform
		-엣-	perfektiver und durativer Aspekt
앉·고		앉-	sitzen
:뗴弟:즈子·돌·히	弟子	제자	Schüler, Anhänger
		-둟	Pluralsuffix
뚱頭따陀·휑行·올	頭陀行	두타행	Sk. *Dhūta*-Praxis
	頭陀	두타	Sk. *Dhūta*, zwölf Regeln mönchisch-einfachen Lebens
	行	행	hier: Praxis
닷·긔ᄒ·니		닷マ-	polieren, putzen, vervollkommnen, ausbilden
		-긔	Adverben bildende Ableitung

		-긔ᄒ	kompositioneller Faktitiv

Vokabeln zu Strophe 183

서·리·여		서리-	sich zusammen-rollen, aufwickeln
안·좇 거·시		앉-	sitzen; vor Vokal 앉- , vor Konsonant 앉
		-오-	Infix -오/우-, ("Volitiv"), vgl. das Formans für Verbalnomen 옴/움, hier aber vor der Attributivform -ᇙ-
		ᇙ	präsumptivische Attributivform als Anschlußform für das abhängige Nomen 것
		것	Ding, Sache; Geschehen, Ereignis, abhängiges Nomen
이·벳		입	Mund
		-벳	Lokativ + Genitiv
:볼寶·댱帳	寶帳	보장	mit Edelsteinen geschmücktes Tuch
	帳	장	Vorhang, Tuch
·개蓋	蓋	개	Baldachin, Schirm,

똥幢	幢	당	Symbol des Schutzes durch die Buddhalehre Fahne, Flagge, Wimpel, Symbol des Sieges der Buddhalehre
편幡	幡	번	Flagge, Wimpel
아·래		아래	Unten, untere Seite; unter
·때大·목目:껀揵련連 大目揵連		대목건련	"Großer *Maudgalyāyana*", Sk. *Mahā-maudgalyāyana*, id. mit 目連 in No. 112, 131, usw.
·안팟·기		않 밨	Innen Außen

Vokabeln zu Strophe 184

·눉雪산山	雪山	설산	die "Schneeberge", Sk. *Himālaya*
	雪	설	Schnee
·쎡白·옥玉·쿪堀	白玉堀	백옥굴	Höhle aus weißer Jade
사沙미彌	沙彌	사미	Sk. *Śrāmaṇera*, Novize
들·이·니		들-	hören; instabiler Verbstamm ㄷ/ㄹ
		-이-	Faktitiv/Passiv

Vokabeln zu Strophe 185

황黃금金띠臺·오	黃金臺	황금대	goldene Plattform, goldene Bühne
	臺	대	Gestell, Stütze, Untersatz, Plattform, Bühne
		-오	Konjunktionalform (nebenordnend: "und") 고 > 오 nach ㄹ
금金·개蓋러·니			Fortfall des Prädikativs (Assimilation), 더 > 러 nach dem Prädikativ
가迦젼梅연延·이	迦梅延	가전연	Sk. *Kātyāyana*, Name eines der zehn bedeutenderen Schüler des Buddha (十大弟子)
드·리·니		드리-	begleitet sein; begleiten, mitbringen, mitnehmen
모·다		모다	alle, zusammen
		몯-	sich sammeln
흘·러		흐르-	fließen, ㄹ-verdoppelnder -ㄹ/르-auslautender Verbalstamm
저·즈·니		젖-	naß werden, befeuchtet werden

Vokabeln zu Strophe 186

·뼤比뀽구·옴	比구	비구옴 -옴	mit je ... *Bhikṣu* < -곰 qualif. Partikel "jeder, je, Stück für Stück"; ㄱ-Wegfall nach Vokal
·이·리		이리	so, wie dies, auf diese Weise
·안鴈왕王	鴈王	안왕	wrtl. "König der Wildgänse", eine Bezeichnung für einen Buddha
	鴈	안	Wildgans

Vokabeln zu Strophe 187

희衣·밮鉢	衣鉢 衣 鉢	의발 의 발	Robe und Schale Kleidung, Gewand, Sk. *Pātra*, Almosenschale
디·니·샤		디-	tragen, auf sich nehmen
하阿난難·이·롤	阿難	아난	Sk. *Ānanda*, Vetter des hist. Buddha, einer der 10 wichtigsten Schüler, des Buddhas ständiger Begleiter

더·브러		더블-	zusammenkommen, mitgehen, begleiten
ᄒᆞᆫ·ᄢᅴ		ᄒᆞᆫᄢᅴ	gleichzeitig, zusammen

Vokabeln zu Strophe 188

·열여·슷		열여슷	16
·똑毒룡龍	毒龍	독용	giftige Drachen
·무뤼·롤		무뤼	Hagel
비ᄒᆞ·니		비ᄒᆞ-	regnen
		비	Regen
라羅·찷刹:녀女ㅣ	羅刹女	라찷녀	Sk. *Rākśasī*, bösartige weibliche Geister, Dämoninnen
골:업슨		골없-	kein Anblick, nicht anzusehen sein
		골	Erscheinung, Anblick, Gesicht
:즛·을		즛	äußere Erscheinung, Form
·번게		번게	Blitz

Vokabeln zu Strophe 189

금金강剛씬神	金剛神	금강신	Sk. *Vajrapāni; vajradhara*, wrtl. "Diamant-Geist" (vgl. 160),

금金강剛 : 쳐杵·에	金剛杵	금강저	Schutzgötter des Buddhismus Diamantstab, Sk. *Vajra*, Donnerkeilzepter
두리·여터·니		두리여ㅎ-	sich fürchten
		두리-	sich fürchten
		-여	Konverbalform mit Jotierung nach ㅣ
		-터니	< ㅎ더니, Aspiration durch voranstehendes ㅎ- + 더 Retrospektiv
그르·메·예		그르메	Gestalt, Schatten-bild, hier: Hülle, äußere Form
감甘·로露·롤	甘露	감로	Süßer Tau, Nektar, Honigtau, Götter-trank, Sk. *Amṛta*
	甘	감	süß, wohl-schmeckend; Süßigkeit
	露	로	Tau
쓰·리어·늘		쓰리-	tröpfeln, sprühen, fein regnen
사·라·나·ㅅ봉·니		사라나-	wieder lebendig werden, wieder zu sich kommen, wieder zur Besinnung kommen

Vokabeln zu Strophe 190

만滿허虛콩空	滿虛空	만허공	die Luft, die Leere ausfüllen
	滿	만	ausfüllen, füllen,
	虛空	허공	Luft, Himmel, das Leere
·각各·각各	各各	각각	jede(-er, -e,-es) für sich, jeder einzelne
	各	각	jeweils
저쓰·볼·리		젛-	sich fürchten

Vokabeln zu Strophe 191

두·리ᄉ·바		두리-	eingeschlossen, eingekesselt, umgeben, umringt werden
뼝平쌍쌍床·좌座	平床座	평상좌	flache Lagerstätte
	平	평	flach, eben, ausgeglichen
	床	상	Bett, Schlafstelle, Tisch
부텨·하		부텨하	"Oh, Buddha!"
		-하	ehrender Vokativ
·뻭白·뎝氎진眞쥬珠:망網		백첩진주망	Netz aus weißer Wolle und Perlen, weiße Decke mit Perlennetzwerk

	白	백	weiß
	氎	쳡	gekämmte Wolle, Wollstoff
	眞珠	진주	Perle
	網	망	Netz
공恭·경敬ᄒᆞᅀᆞᆸ·바		ᄒ-	< ᄒ-, entweder ein Druckfehler, oder Assimilation nach ㆁ

Vokabeln zu Strophe 192

·발·올		발	Fuß
드르·시·니		들-	heben, aufheben, sich erheben
불·홀		봃	Arm
:보·비		보비	Schatz, Juwel, Kleinod
드·라		들-	tropfen, tropfenweise fallen; instabiler Verbstamm ㄷ/ㄹ
금金·시翅	金翅	금시	goldene Flügel, hier: die Flügel des 金翅鳥, Sk. *Garuḍa*, s. No. 161
	翅	시	Flügel
저·키ᄒᆞ·니		젛-	sich fürchten
		-긔	Adverben bildende Ableitung
		-긔ᄒ	kompositioneller Faktitiv

Vokabeln zu Strophe 193

·칧七:붑寶금金떠臺·예	七寶金臺	칠보금대	goldene Plattform geschmückt mit den Sieben Edelsteinen
	臺	대	Untersatz, Plattform, Bühne
가加부趺·좌坐·롤	加趺坐	가부좌	"Sitz mit untergekreuzten Beinen", Sk. *nyaṣīdat-paryaṅkam ābhujya*, Meditationsstellung
:화火광光삼三·매昧	火光三昧	화광삼매	Feuerglanz-*Samādhi*. Versenkung, während derer der Körper Flammen hervorbringt

·윓月·힌印쳔千강江지之·콕曲·썅上

BIBLIOGRAPHIE

An, Jung-Hee	"Die Honorativmorpheme im Mittel-koreanischen", *Bochumer Jahrbuch zur Ostasienforschung,* Bd.20/1996, 211-29
An Pyŏng-Hŭi 安秉禧	*Wŏl-in-ch'ŏn'gang-chi-kok-haeje* 月印千江之曲解題, Seoul: 1992
Beckh, Hermann	*Buddha und seine Lehre*, Stuttgart: 1998
Bunce, Frederic W.	*Encyclopedia of Buddhist Deities* 1-2, New Delhi: ³1998
Carrithers, Michael	*Der Buddha - Eine Einführung*, Stuttgart: 1996
Cho Hŭng-Uk 趙興旭	"*Wŏl-in-ch'ŏn'gang-chi-kok*" *yŏn'gu* 〈월인천강지곡(月印千江之曲)〉 연구, Diss. 文學博士 學位論文, Seoul National University 서울大學校, 1994
Chu Po-Yŏn 朱譜淵 (komp.)	*Milgyo-sajŏn* 密敎辭典, Seoul:1998
Chŏn Chae-Kang 全在康,	"Wŏl-in-ch'ŏn'gang-chi-kok-ŭi sŏsa-chŏk kujo-wa chuje hyŏngsŏng-ŭi tach'ŭngsŏng 月印千江之曲의 敍事的 構造와 主題 形成의 多層性", *Andong-ŏmunhak* 안동어문학 4, 1999
Couchoud, Paul-Louis	*Asiatic Mythology*, New York: Crescent Books, o.D.
Crystal Mirror Series	Nr. 1 (*Journal of The Tibetan Nyingma Meditation Center*), Berkeley: 1984

dto.	Nr. 8: *Light of Liberation: A History of Buddhism in India*, Berkeley: 1992
dto.	Nr. 10: *The Buddha and His Teachings*, Berkeley: 1995
dto.	*The Voice of the Buddha, the Beauty of Compassion (Lalitavistara)* 1-2, Berkeley 1983
Eitel, Ernest J.	*Handbook of Chinese Buddhism, being A Sanskrit-Chinese Dictionary*, Tokyo: 1904, Nachdr. San Francisco: 1979
Hackmann, Heinrich	*Erklärendes Wörterbuch zum Chinesischen Buddhismus* (A-NI) überarb v. Johannes Nobel, Leiden: o.D.
Han Chŏng-Hŭi 韓政熙 (hg.)	*Pulgyo-yongŏ-sajŏn* 불교용어사전, Seoul: 1998
Ikeda, Daisaku	*Living Buddha - An Interpretive Biography*, üb. Burton Watson, New York/Tokyo: 1976
Kang Kyu-sŏn 姜圭善, (komm.)	*Chuhae Wŏl-in-sŏkpo (kwŏn 1, 2)* 註解 月印釋譜 (卷 1, 2), Seoul: 1998
Karetzky, Patricia E.	*Early Buddhist Narrative Art*, Lanham/New York/Oxford: 2000
Kim Ki-Chong 金己宗	*'Wŏl-in-ch'ŏn'gang-chi-kok'-ŭi paegyŏng-kwa kusŏng-pangshik yŏn'gu* 〈月印千江之曲〉의 背景과 構成方式 硏究, M.A. thesis 碩士學位論文 Tongguk-taehakkyo 東國大學校, 1998

Kim Tong-So 김동소	*Sŏkpo-sangjol ŏhwi saegin* 석보상절 어휘 색인, Taegu: 2000
Ko Yŏng-kŭn 고영근	*Pyojun Chungse-kugŏ-munbŏp-non* 표준 중세국어문법론, Seoul: ³2000
drs.	"Han'guk kojŏn chakp'um-e taehan *text-ŏnŏhak-chŏk punsŏk* 한국 고전 작품에 대한 텍스트 언어학적 분석", *Sae-kugŏ-saenghwal* 새국어생활 6-1 (1996), S. 89-107
Min Yŏng-Kyu 閔泳珪 und Cho Myŏng-Ki 趙明基 (hg.)	*Han'guk-pulgyo-tae-sajŏn* 韓國佛教大辭典 Bd.e 1-7, Seoul: 1982
Olof, Allard M.	*The Buddha's Life as Told in the <u>Wŏl-in-ch'ŏn-gang-ji-gok,</u>* unveröff. Manuskript (Übers. und komm. Nr. 1-86)
drs.	*The Song of the Moon Reflected in a Thousand Rivers*, unveröff. Manuskript (Vollst. Übers.)
Pak Pyŏng-Ch'ae 朴炳采	*Nonju Wŏl-in-ch'ŏn'gang-chi-kok* 論註 月印千江之曲, Seoul: 1991
Sa Chae-tong 사재동	"『Wŏl-in-ch'ŏn'gang-chi-kok』-ŭi myŏt kaji munje 『月印千江之曲』의 몇 가지 문제, in: Kugŏ-kungmunhak-hoe (hg.) *Koryŏ-kayŏ, Akchang yŏn'gu* 고려가요.악장연구, Seoul: 1997, S. 525-555
Schumann, Hans Wolfgang	*Buddhistische Bilderwelt*, Darmstadt: ³1997

drs.	*Der historische Buddha: Leben und Lehre des Gotama*, München: ⁴1995
drs.	*Mahāyāna-Buddhismus: Das Große Fahrzeug über den Ozean des Leidens*, überarb. Ausg. München: 1995
Sejong-taewang-kinyŏm-saŏp-hoe 세종대왕기념사업회 (hg.)	*Yŏkchu Wŏl-in-sŏkpo, Che 1, 2* (역주 월인석보, 제 1, 2), Seoul: 1992
Shin Hyŏn-kyu 申鉉圭	"Pulgyo-sŏsashi-ŭi maengnak yŏn'gu 佛教 敍事詩의 脈絡 研究", *Ŏmun-nonjip* 語文論集 26, S. 141-156
Soothill, William E. und Lewis Hodous	*A Dictionary of Chinese Buddhist Terms*, London: ?, Nachdr. Taipei: 1960
Tulku, Tarthang	*Lineage of Diamond Light*, Berkeley, CA: 1991 (Crystal Mirror Series, Bd. 5)
Waldschmidt, Ernst	*Die Legende vom Leben des Buddha*, Berlin: 1929, Graz: 1981, Hamburg: 1991
Yi Chong-Sŏk 이종석	*"Wŏl-in-ch'ŏn'gang-chi-kok"-kwa sŏnhaeng pulyo-sŏsa-shi pigyo-yŏn'gu* 《月印千江之曲》과 선행 불교서사시 비교연구, Diss. 文學博士 學位論文, Seoul National University 서울대학교, 2001
Zotz, Volker	*Buddha*, Hamburg: 1991 (rowohlts monographien)

ANHANG I :	Eigennamen, Ortsnamen und spezielles sino-koreanisches Vokabular	1
ANHANG II :	Grammatische Morpheme und Endungen	11

ANHANG I: Eigennamen, Ortsnamen und spezielles sino-koreanisches Vokabular

(Der Anhang verweist jeweils auf das erste Vorkommen, die Zahlen beziehen sich auf die Nummern der Doppelzeilen)

迦茶龍		가도용	65
伽闍山		가사산	61
迦嘍茶		가루다	136
歌利		가리	93
加趺坐		가부좌	85
袈裟		가사	56
迦葉	Mahā-Kāśyapa	가섭	147
迦葉	Uruvilvā Kāśyapa	가섭	98
迦尸國		가시국	180
迦夷國		가이국	12
迦栴延		가전연	185
甘露		감로	68
甘蔗		감자	5
騫特		건특	24
乞食		걸식	118
劫		겁	1
偈		게	112
偈		게	90
堅牢地神		견로지신	82
苦行		고행	55
苦行林		고행림	55
恭敬心		공경심	77
功德		공덕	1
空神		공신	82
供養		공양	65
供養功德		공양공덕	92
空天		공천	96
過劫		과겁	115
憍陳如	Kauṇḍinya	교진여	61
憍陳如	Ājñāta-K.	교진여	94

1

瞿曇	구담	67
瞿曇氏	구담씨	10
瞿耶尼	구야니	104
九龍	구룡	20
俱夷	구이	6
鬼	귀	16
金剛	금강	160
金剛力士	금강력사	160
金剛神	금강신	189
金剛杵	금강저	160
金剛座	금강좌	65
金輪寶	금륜보	34
金翅	금시	192
金翅鳥	금시조	161
耆婆鳥	기파조	133
吉祥茅草	길상모초	66
那乾訶羅國	나건가라국	181
羅雲	나운	59
那由天	나유천	95
羅刹	나찰	181
羅刹女	나찰녀	188
羅漢	나한	110
羅漢	나한	147
羅漢果	나한과	147
難陁	난타	39
勞度差	노도차	158
鹿野苑	녹야원	94
樓殿	누전	16
尼連水	니련수	63
尼樓	니루	10
大瞿曇	대구담	5
大目揵連	대목건련	183
大法	대법	84
大寶殿	대보전	30

大神	대신	23
大愛道	대애도	145
大慈悲	대자비	75
大千界	대천계	171
大千世界	대천세계	48
德	덕	6
道	도	95
道理	도리	71
忉利天	도리천	179
道士	도사	95
頓敎	돈교	83
兜率天	도솔천	12
頭陀	두타	182
頭陀行	두타행	182
魔	마	67
摩竭陀	마갈타	98
魔宮	마궁	67
馬勝	마승	112
摩耶	마야	15
魔王	마왕	22
末利花	말리화	49
明星	명성	79
明帝	명제	27
名賢劫	명현겁	9
目連	목련	112
妙法	묘법	75
無量無邊	무량무변	1
無比身	무비신	173
無量劫	무량겁	43
無憂樹	무우수	17
文殊	문수	83
蜜多羅	밀다라	35
鉢	발	118
發心	발심	128

發願	발원	21
跋提	발제	176
方便	방편	84
白毫	백호	69
煩惱	번뇌	55
梵	범	118
梵摩達	범마달	93
梵志	범지	25
梵天	범천	106
法 = 術法	법	100
法 Dharma	법	12
法幢	법당	13
法寶	법보	96
法眼	법안	95
法會	법회	13
變化	변화	109
瓶沙	병사	98
普光佛	보광불	5
寶瓶	보병	51
菩薩	보살	16
布施	보시	148
菩提	보제	63
菩提樹	보제수	63
菩提心	보제심	91
補處	보처	12
普賢	보현	83
傅毅	부의	27
佛	불	1
佛法僧	불법승	90
佛寶	불보	96
不用處定	불용처정	58
弗于逮	불우체	104
弗波浮提王	불파부제왕	181
比丘	비구	44
比丘僧	비구승	44
毘藍園	비람원	17

毗盧자那	비로자나	88
非非想處定	비비상처정	58
毘沙門	비사문	163
毗沙門王	비사문왕	88
毘奢蜜多羅	비사밀다나	35
沸星	불성	14
舍那身	사나신	97
舍利佛	사리불	112
沙門	사문	129
沙彌	사미	184
四禪天	사선천	9
舍衛國	사위국	148
獅子聲	사자성	54
獅子座	사자좌	65
四天王	사천왕	54
四天王天	사천왕천	106
四天下	사천하	48
四諦	사체	95
斯陁含	사타함	165
四海	사해	34
薩婆悉達	살파실달	32
三界	삼계	21
三歸依	삼귀의	95
三毒	삼독	124
三藐三佛陀	삼막삼불타	92
三昧	삼매	71
三昧定	삼매정	118
三明	삼명	79
三禪天	삼선천	131
三時殿	삼시전	123
三示現	삼시현	110
三千大千	삼천대천	16
西天	서천	27
釋	석	118
釋迦	석가	1

釋迦佛	석가불	1
釋迦氏	석가씨	10
釋梵	석범	118
釋種	석종	12
仙	선	81
善鹿王	선록왕	93
仙人	선인	33
善慧	선혜	6
說法	설법	146
雪山	설산	55
性	성	10
成道	성도	85
成佛	성불	30
世尊	세존	2
蘇由	소유	27
受苦	수고	21
授記	수기	7
須達	수달	148
須陁洹	수타원	152
修行	수행	53
術	술	126
術法	술법	99
僧	승	44
勝鬘	승만	173
勝鬘經	승만경	173
僧寶	승보	96
神力	신력	40
神靈	신령	86
信誓	신서	8
神通力	신통력	76
十方世界	십방세계	12
十神力	십신력	79
十億天	십억천	91
十地經	십지경	85
十八法	십팔법	79

阿那律	아나율	176
阿羅漢	아나한	165
阿那含	아나함	165
阿難	아난	111
阿藍迦蘭	아람가란	58
阿蠡勒	아려늑	104
阿摩勒	아마륵	104
阿鼻地獄	아비지옥	130
阿私陁	아사타	30
阿僧祇	아승지	3
鴈王	안왕	186
耶輸	야수	56
如來	여래	28
燃燈如來	연등여래	91
蓮花	연화	19
蓮花地獄	연화지옥	130
涅槃	열반	84
閻浮提	염부제	104
閻浮提	염부제	13
閻逼	염핍	104
醴泉	예천	41
五方	오방	110
五瑞	오서	13
烏蘇慢	오소만	50
五衰	오쇠	13
五逆	오역	130
五通	오통	81
五通仙	오통선	81
王舍城	왕사성	148
外道	외도	25
外道人	외도인	6
欲火	욕화	101
龍	용	7
優曇鉢羅	우담본라	25
優陀耶	우타야	113
優婆迦嘍茶	우파가루다	136

7

憂婆鞠多	우파국다	75
鬱單越	울단월	104
鬱頭藍弗	울두람불	58
鬱卑羅	울비라	98
願	원	6
圓滿報身盧舍那	원만보신로사나	83
願爲沙門이	원위사문이	166
位	위	3
六師	육사	155
六天	육천	72
六通	육통	79
恩蕙	은혜	141
衣鉢	의발	187
因緣	인연	94
忍辱仙人	인욕선인	93
仁慈	인자	21
入定	입정	79
慈	자	71
慈悲	자비	144
慈悲心	자비심	76
慈心	자심	71
自然粳米	자연갱미	104
丈六身	장육신	97
轉	전ᄒᆞ-	94
前世	전세	3
漸敎	점교	97
定	정	58
正覺	정각	15
淨居天	정거천	43
正道	정도	109
淨飯	정반	15
淨飯王	정반왕	145
正法	정법	125
淨瓶	정병	68
靜舍	정사	3

精進	정진	53
濟渡	제도	94
濟渡衆生	제도중생	166
帝釋	제석	56
帝釋梵天	제석범천	106
諸天	제천	13
調達	조달	39
澡缾	조병	43
尊者	존자	75
周昭王	주소왕	27
竹園	죽원	111
衆生	중생	10
中千界	중천계	171
智力	지력	74
持鉢乞食	지발걸식	118
地神	지신	82
地獄	지옥	18
祇陁	지타	153
智慧	지혜	80
眞實	진실	121
執杖釋	집장석	37
車匿	차닉	52
差梨尼迦	차리니가	85
天	천	7
天上塔	천상탑	41
天神	천신	32
天龍八部	천용팔부	7
天人	천인	13
天帝釋	천제석	64
天中天	천중천	32
天地	천지	20
靑蓮	청련	9
靑衣	청의	23
出家	출가	30
七寶	칠보	33

七寶金臺	칠보금대	193
七寶殿	칠보전	33
他化自在天	타화자재천	85
彈王	탄왕	82
貪慾心	탐욕심	92
婆羅門	파라문	32
波旬	파순	22
八部	팔부	81
八部鬼兵	팔부귀병	72
平等王	평등왕	10
畢鉢羅樹	필발라수	66
漢	한	27
行	행	182
行樹	행수	182
香山	향산	30
賢劫	현겁	9
護彌	호미	148
火光三昧	화광삼매	193
和離	화리	130
華嚴經	화엄경	83
化人	화인	145
火珠	화주	51
孝道	효도	46

ANHANG II: Grammatische Morpheme und Endungen

(Dieser Anhang ist gedacht als Hilfe beim Lesen des vorliegenden Textes. Bei Morphemen und Endungen mit mehreren Funktionen und Bedeutungen werden daher nur jeweils diejenigen angeführt, die tatsächlich im Text vorkommen.)

-거-	Assertativ
-거늘	Konjunktionalform (kausal: "da", oder konzessiv: "obwohl, selbst wenn")
-건마른	Konjunktionalform (adversativ: "zwar, aber")
-게	Adverben bildende Ableitung
-게ㅎ-	kompositioneller Faktitiv
겨시-	"vorhanden sein" (honoratives Verb)
-고	Konjunktionalform (nebenordnend: "und")
-고도	Konjunktionalform (konzessiv: "obwohl")
-고사	"nur nachdem"
-고져ㅎ-	kompositionelle Optativform: "wünschen, vorhaben zu tun"
-곰	qualifizierende Partikel "jeder, je, Stück für Stück"
-과	Konjunktionale Partikel nach Konsonantenauslaut
-괘	Reihung von konjunktionaler Partikel -과 + Nominativ
-그에	adverbiales abhängiges Nomen im Lokativ
-긔	Adverben bildende Ableitung
-긔	adverbiales abhängiges Nomen im Lokativ
-긔ㅎ	kompositioneller Faktitiv
-ㄴ	Attributivform des Verbs
-ㄴ	Qualifizierende Partikel (Thema bzw. kontrastierende Hervorhebung),
-ㄴ가	Frageendung (Entscheidungsfrage: "Ja/Nein")
-ㄴ고	Frageendung (materielle Frage: Satz mit Fragepronomen)
-ㄴ대	Konjunktionalform (kausal "weil", koordinativ "und", adversativ "aber", temporal "als", gibt allgemein eine Vorbedingung an)
-ㄴ둘	Konjunktionalform (konzessiv: "selbst wenn", "obwohl")

11

-나-	Assertativ
-나	Konjunktionalform (adversativ, konzessiv: "zwar aber", "wenn auch")
-나눌	Konjunktionalform (kausal: "da", oder konzessiv: "obwohl, selbst wenn")
-녀	Frageendung; neutraler Sprachstil, (Entscheidungsfrage "ja/nein")
-노-	< Indikativ ㄴ + Infix -오/우- ("Volitiv")
-노-	Indikativ -ㄴ- + emphatisches -오/옷-
-뇌	verkürzte deklarative Terminalform (Sprecher ist Subjekt)
-뇨	Frageendung (materielle Frage: Satz mit Fragepronomen)
-는	Qualifizierende Partikel (Thema bzw. kontrastierende Hervorhebung)
-니-	Apodiktiv
-니	verkürzte Teminal- und Konjunktionalform (Deklarativ, Interrogativ)
-니이다	dem Hörer gegenüber verbindlicher Deklarativ
-니잇가	니...-ㅅ가 Frageendung , (Entscheidungsfrage "ja/nein") + -이- Verbindlichkeit gegenüber dem Hörer
-ㄹ써	-ㅭ 시 + 여 Interjektive Endung; Präsumptiv ㅭ > ㅅ + Nominalisator ㅅ + Prädikativ (Kopula) 이 + Konverbalform 어
-님	Honorativ, "Herr", "gnädige Frau", usw.
-ㄴ-	Indikativ
-ㄴ	Indikativ -ㄴ- + Attributivform -ㄴ
-ㄴ	Qualifizierende Partikel (Thema bzw. kontrastierende Hervorhebung)
-다	Terminalform (Deklarativ)
-다가	Konjunktionalform (unmittelbar aufeinanderfolgende Handlungen)
-다니	=-다 ᄒ니, Quotativ, auch: emphatische Konjunktionalform
-다ㅎ-	Quotativ: Terminalform -다 + Hilfsverb ᄒ-
-더-	Retrospektiv
-도	qualifizierende Partikel (subsumierende Hervorhebung) "auch, sogar"
디-	Hilfsverb "werden (zu)", "machen, daß", kompositionelles Passiv/Faktitiv
-디	Konverbalform vor Verneinungs- und bestimmten anderen Verben
-디시	Adverben bildende Ableitung "als ob"

-ㅁ	Nominalisierung
-마다	qualifizierende Partikel (Gleichrangigkeit) "jeder, immer wenn"
-만	qualifizierende Partikel (einschränkende Hervorhebung) "nur"
-며	Konjunktionalform (nebenordnend: "und")
-면	Konjunktionalform (konditional: "wenn")
몯-	Verneinung des nachstehenden Verbums ("nicht möglich sein", "unfähig, etw. zu tun sein")
-브-	Ableitungsmorphem: Bildner von Eigenschaftsverben
브리-	Hilfsverb, Aspekt der Endgültigkeit
-ㅅ	Genitiv (1. bei unbelebten Dingen, 2. bei Lebewesen: honorativ)
-ㅅ가	Frageendung (Entscheidungsfrage: "Ja/Nein")
-ㅅ고	Frageendung (materielle Frage: Satz mit Fragepronomen)
-ㅅ긔	Dativ in *statu nascendi*
-샤	subjektehrender Honorativ + Konverbalform
-샤딕	subjektehrender Honorativ -시- + Konjunktionalform -오딕
-샳	subjektehrender Honorativ 시 + Volitiv -오- + Attributivform ㅭ (Assimilation)
-샴	subjektehrender Honorativ -시- + -옴/움 Verbalnomen (Assimilation)
-쇼셔	Aufforderungs-/Befehlsform des hohen Redestiles
-시-	subjektehrender Honorativ
-신	Attributivform mit subjektehrendem Honorativmorphem
숏	abhängiges Nomen (Nominalisator)
-숩-	Honorativ der Ergebenheit vor der Subjektperson
-쑨	qualifizierende Partikel / abhängiges Nomen (vereinzelnde Hervorhebung) "nur, allein, bloß"
-쑨 아니라	"nicht nur, überdies, darüberhinaus"

둣	abhängiges Nomen (Nominalisator)
-드려	Dativ in *statu nascendi* (heute > -더러; eigtl. Konverbalform)
-들	abhängiges Nomen + Akkusativ
-듥	Pluralsuffix, ㅎ-auslautendes Nomen
-둧	Adverben bildende Ableitung "als ob"
-ㄹ	Akkusativ
-ㄹ	<ㅭ präsumptive Attributivform
-ㄹㅅ	<ㅭ präsumptive Attributivform
-ㄹ뿐 아니라	"nicht nur, sondern auch"
-ㄹ쎠	Interjektive Endung; -ㅭ 시 + 어; Präsumptiv ㅭ > ㄾ + Nominalisator ㅅ + Prädikativ -이- + Konverbalform -어
-ㄹ씨	Konjunktionalform (kausal: "da, weil")
-라	Aufforderungs-/Befehlsform (Imperativ)
-라	Deklarativendung, 다 wird 라 nach Präsumptiv -리- und -오/우-
-라	Konjunktionalform (final: "um zu")
-라도	Konjunktionalform (konzessiv: "obwohl", "selbst wenn")
-라ㅎ-	Quotativ: Terminalform -다>-라 + Hilfsverb ㅎ-
-러-	Retrospektiv -더- > -러- nach dem Prädikativ
-려	Konjunktionalform (Intensional: Absicht)
-로	Direktional
-로	Instrumental
-를	Akkusativ
-리-	Präsumptiv
-리	verkürzte Terminalform (Deklarativ und Interrogativ)
-리야	<-리여; Frageendung (Entscheidungsfrage: "Ja/Nein")
-리여	Frageendung (Entscheidungsfrage: "Ja/Nein")
-리오	<-리고; Frageendung (materielle Frage: Satz mit Fragepronomen)
-룰	Akkusativ
-ㅭ	präsumptive Attributivform
-ㅭ가	Frageendung mit Präsumptiv (Entscheidungsfrage: "Ja/Nein")
-ㅭ둘	Konjunktionalform (konzessiv: "selbst wenn", "obwohl")
-ㅭ제	Konjunktionalform (temporal: "als, wenn")

-사	qualifizierende Partikel (Hervorhebung der Besonderheit) "erst nachdem, lediglich, allerdings, nur"
-숩-	Honorativ der Ergebenheit vor der Subjektperson
-슗-	Honorativ der Ergebenheit vor der Subjektperson
-아	Konverbalform
-아	(selten:) unregelmäßige Konverbalform, eigtl. -어
-아-	Assertativ
-아가-	Konverbalform + "gehen" = durative Aktionsart
-아늘	Konjunktionalform (kausal: "da", oder konzessiv: "obwohl, selbst wenn")
아니	Verneinung des nachfolgenden Verbums
아니라	Konjunktionalform des verneinten Prädikativ (Kopula) "nicht..., und"
-아놀	Konjunktionalform (kausal: "da", oder konzessiv: "obwohl, selbst wenn")
-아시놀	Konjunktionalform, (kausal: "da", oder konzessiv: "obwohl, selbst wenn"), hier mit eingefügtem subjektehrendem Honorativ
-아이시-/잇-	perfektiver und durativer Aspekt (Zustand)
-애	Lokativ
-앳-	Konverbalform + 이시-/잇-, perfektiver u. durativer Aspekt (Zustand)
-야	Konverbalform nach ᄒ-
-얫-	Konverbalform + 이시-/잇-, perfektiver u. durativer Aspekt (Zustand)
-어-	Assertativ
-어	Konverbalform
-어가-	Konverbalform + "gehen" = durative Aktionsart
-어늘	Konjunktionalform (kausal: "da", oder konzessiv: "obwohl, selbst wenn")
-어니와	<-거니와 Konjunktionalform (Konzessiv "zwar....aber darüberhinaus")
-어도	Konjunktionalform "selbst wenn, auch wenn"
-어시놀	Konjunktionalform (kausal: "da", oder konzessiv: "obwohl, selbst wenn")

-어신마론	Konjunktionalform (adversativ: "zwar, aber") mit eingefügtem subjektehrendem Honorativ
-언마론	adversative Konjunktionalform "zwar, aber",
-언마론	Konjunktionalform (adversativ: "zwar, aber")
-에	<-게 Adverben bildende Ableitung , Fortfall des ㄱ nach ㄹ
-에	Lokativ
-엣	Lokativ + Genitiv
-엣-	Konverbalform + 이시-/잇-, perfektiver und durativer Aspekt (Zustand)
-여	Konverbalform mit Jotierung nach ㅣ
-예	Lokativ
-오	<-고 Konjunktionalform (nebenordnend: "und"), ㄱ-Fortfall nach ㄹ
-오-	Infix -오/우- ("Volitiv")
-오	Konjunktionalform (nebenordnend: "und") 고 > 오 nach ㄹ
-오-/-우-	Faktitiv/Passiv
-오/우+리라	Absicht des Handlungsträgers
-오/우+려ᄒ-	kompositioneller Ausdruck der Absicht (Intensional)
-오도	<-고도, Konjunktionalform (konzessiv: "obwohl"), ㄱ-Fortfall nach ㄹ
-오디	Konjunktionalform: 1) verbindet eine allgemeinere Aussage mit detaillierteren Ausführungen; 2.) leitet direkte oder indirekte Reden ein
-옴	<-곰 qualifizierende Partikel "jeder, je, Stück für Stück"; ㄱ-Wegfall
-옴	Verbalnomen (= Volitiv 오 + Nominalsator -ㅁ)
-와	Konjunktionale Partikel nach Vokalauslaut
-왜	Reihung von konjunktionaler Partikel -와 + Nominativ
-요-	Infix -오/우- ("Volitiv") (jotiert nach ㅣ)
-우-	Faktitiv/Passiv
-우-	Infix -오/우- ("Volitiv")
-우/오+리라	Absicht des Handlungsträgers
-움	Verbalnomen (= Volitiv -우- + Nominalsator -ㅁ)
-으-	Bindevokal
-을	Akkusativ

-의	Genitiv (bei Lebewesen, ohne Höflichkeitsbezug, neutral)
-의	Genitiv als Lokativ
-의그에	Dativ in *statu nascendi*
-잇	Reihung von Lokativ + Genitiv
-ㅣ	Genitiv (bei Lebewesen, ohne Höflichkeitsbezug, neutral)
-ㅣ	Komplemental
-ㅣ	Nominativ
-ㅣ-	Prädikativ (Kopula)
-이	Adverben bildende Ableitung
-이-	Faktitiv/Passiv
-이	Komplemental
-이	Mensch, Person; abhängiges Nomen
-이	namens- und personenkennzeichnendes Suffix
-이	Nomina bildendes Ableitungsmorphem
-이	Nominativ
-이-	Prädikativ (Kopula)
-이라도	Konjunktionalform (konzessiv: "obwohl")
-이라ᄒ-	Quotativ: Prädikativ -이- + Terminalform -다>-라 + Hilfsverb ᄒ-
-이러니	Prädikativ (Kopula) + 더>러 + 니
-이며	Prädikativ (Kopula) + 며 Konjunktionalform (nebenordnend: "und")
이시-/잇-	vorhanden sein, instabiler Verbstamm
-이어뇨	<-이거뇨; ㄱ-Fortfall nach Prädikativ 이; materielle Frage: Satz mit Fragepronomen)
-이여	interjektive Endung, Ausruf
-잇돈	Abtönungspartikel, hier Betonung
-ᄋ-	Bindevokal
-ᄋ/ᄋ-	Faktitiv/Passiv
-ᄋᆫ	qualifizierende Partikel, (Thema bzw. kontrastierende Hervorhebung)
-ᄋᆯ	Akkusativ
-의	Genitiv (bei Lebewesen, ohne Höflichkeitsbezug, neutral)
-의	Genitiv als Lokativ
-의그에	Dativ in *statu nascendi*.
-히-	Verbindlichkeit gegenüber dem Hörer.

-이다	dem Hörer gegenüber verbindlicher Deklarativ
-에우-	Faktitiv/Passiv
져	Konverbalform von 지- "werden, machen zu"
-져	Optativ
-져ᇹ-	Konjunktionalform (Absicht)
-즙-	Honorativ der Ergebenheit vor der Subjektperson
-줍-	Honorativ der Ergebenheit vor der Subjektperson
커	Kontraktion, 크- + Konverbalform -어
-커늘	Fortfall des Hilfsverbs ᄒ- und Aspiration des nachfolgenden Konsonanten
-케	Fortfall des Hilfsverbs ᄒ- und Aspiration des nachfolgenden Konsonanten
-콰	Konjunktionale Partikel; auslautendes -ᄒ + 과
-타	ᄒ- Assimilation, ᄒ+ 다
-터-	Aspiration durch das voranstehende -ᄒ- + -더- Retrospektiv
-터니	Quotativ, ᄒ더니, Aspiration durch voranstehendes ᄒ- + -더
-토	auslautendes ᄒ + qualifizierende Partikel (subsumierende Hervorhebung) "auch, sogar"
퍼	kontrahierte Konverbalform von 프- "blühen, sich entfalten"
-하	ehrender Vokativ
호-	Hilfsverb ᄒ- + Volitiv -오- (Assimilation)
-호-/-후-	Faktitiv/Passiv
-히	Faktitiv/Passiv
-히	Hilfsverb ᄒ- + Adverben bildende Ableitung -이 (Assimilation)
ᄒ-	Hilfsverb, Bildner denominaler Verben
ᄒ-	Hilfsverb, Quotativ
-히-	Hilfsverb ᄒ- + Faktitiv/Passiv -ㅣ